B. Reer

CAIRO
SHUBRA
MAIN STATION
NAHDET MISR STREET TO HELIOPOLIS
ZAMALEK
GEZIRA
FAGGALA
26 JULY STREET
KHAN EL KHALILI BAZAAR
EL AZHAR ST
KHALIG SARWAT ST
EL TAHRIR BRIDGE
BAB EL LUQ STATION
DOKKI
GARDEN CITY
SAYIDA ZEINAB
TO TOMBS OF THE
THE CITAD
UNIVERSITY (KRUPP) BRIDGE
MANYAL
AQUEDUCT
TOMBS OF THE KHALIFS
TOMBS OF THE MAMELUKES
OLD CAIRO
EL GIZA BRIDGE
EL RODA ST
RODA
FUSTAT
OLD WALL OF CAIRO
FARAG EBN BARQUQ M.
QAITBAI MOSQUE
TO CITADEL
TO MEADI & HELWAN
RIVER NILE
N
S
E
O

TAWFIK BORG

ÄGYPTISCH-ARABISCH FÜR AUSLÄNDER

EIN LEHRBUCH FÜR DIE ARABISCHE UMGANGSSPRACHE KAIROS

Deutsche Edition

Band 1

Dritte Auflage

Verlag Borg GmbH

Die Deutsche Bibliothek - CIP-Einheitsaufnahme

Borg, Tawfik:
Ägyptisch-Arabisch für Ausländer : ein Lehrbuch für die arabische Umgangssprache Kairos / Tawfik Borg.
- Hamburg : Borg
Bd. 1. - 3., überarb. und erw. Aufl. - 1998
ISBN 3-921598-25-7

ISBN 3-921598-25-7

Postfach 130170
20101 Hamburg, Germany
Tel. 040 / 45 80 39- 38 23 98
Fax 040 / 389 22 11

3. Auflage, 1. Nachdruck

Printed in Germany 2008

العَرَبِيَّةُ الدَّارِجَةُ لِلْأَجَانِبْ

كِتابُ تَعْلِيمِي لِلهْجَةِ القَاهِرَة

لِلدكتور توفيق برج

الطَّبْعَةُ الأَلْمانِيَّةُ

الجُزْءُ الأَوَّلُ

الطَّبْعَةُ الثَّالِثَةُ

Verlag Borg GmbH

Borg, Ägyptisch-Arabisch für Ausländer.
Ein Lehrbuch für die arabische Umgangs-
sprache Kairos
Band 1, 4. Auflage
Einbandentwurf:
Yassin A. Fattah, 82239 Alling / München
Herausgeber:
Prof. Dr. Tawfik Borg
Sprachen- und Übersetzungsfakultät,
Abteilung für Germanistik
Al-Azhar Universität, Nasr City, Cairo

Gesamtherstellung:
Verlag Borg GmbH
Postfach 130170
20101 Hamburg, Germany
Tel: 040 / 38 23 98
45 80 39
Fax: 040 / 389 22 11

طبع على مطابع:
مؤسسة برج للطباعة والنشر
صندوق بريد : ١٣٠١٧٠
٢٠١٠١ هامبورج - ألمانيا
تليفون : ٣٨٢٣٩٨ (٠٤٠)
٤٥٨٠٣٩
فاكس : ٣٨٩٢٢١١ (٠٤٠)

مُقدِّمَـةُ الطَّبْعَـةِ الثَّالِثَةِ

يَسُرُّنِى - أَعِزَّائِى الدَّارِسِينَ وَالدَّارِسَاتِ - أَنْ أُقَدِّمَ إِلَيْكُمُ الْيَوْمَ الطَّبْعَةَ الثَّالِثَـةَ لِلْجُزْءِ الْأَوَّلِ مِنْ كِتَابِنَا التَّعْلِيمِيِّ " **الْعَرَبِيَّةُ الدَّارِجَةُ لِلْأَجَانِبِ ، كِتَابٌ تَعْلِيمِيٌّ لِلَهْجَةِ الْقَاهِرَةِ** ".

وَلَقَدْ عَمَدْنَا فِى هَذِهِ الطَّبْعَـةِ أَلَّا نُغَيِّرَ كَثِيرًا فِى مُحْتَوَى الْكِتَابِ أَوْ تَرْتِيبِ قَوَاعِدِهِ ، حَتَّى لَا يُضْطَرَّ مَنْ يَقْتَنِى نُسْخَةً مِنَ الطَّبْعَةِ السَّابِقَةِ إِلَى شِرَاءِ الطَّبْعَةِ الْجَدِيدَةِ ، إِنْ قَامَ مُدَرِّسُهُ بِتَدْرِيسِ الطَّبْعَةِ الْجَدِيدَةِ ، فِيمَا عَدَا صَفَحَاتِ الْكِتَابِ، حَيْثُ اخْتَرْنَا لِكِتَابَةِ النُّصُوصِ الْعَرَبِيَّةِ حُرُوفًا أَجْمَلَ وَأَكْبَرَ مِنَ الطَّبْعَةِ السَّابِقَةِ، مِمَّا أَدَّى إِلَى احْتِلَالِ صَفَحَاتٍ أَكْثَرَ مِنَ الْكِتَابِ، وَأَدَّى بِالتَّالِى إِلَى تَغْيِيرِ أَرْقَامِ الصَّفَحَاتِ كَىْ تَتَلَاءَمَ وَهَذَا الْخطَّ الْجَدِيدَ الَّذِى اخْتَرْنَاهُ لَهَا.

وَتَنْحَصِرُ التَّغْيِيرَاتُ الْجَدِيدَةُ الَّتِى أَدْخَلْنَاهَا فِى الْكِتَابِ عَلَى الْآتِى:

١) أَضَفْنَا فِى الدَّرْسِ الثَّالِثِ إِلَى بَابِ الْإِضَافَةِ إِمْكَانِيَّةَ إِضَافَةِ أَكْثَرَ مِنْ كَلِمَتَيْنِ، وَوَضَعْنَا تَمْرِينَيْنِ خَاصَّيْنِ لِإِضَافَةِ ثَلَاثِ كَلِمَاتٍ إِلَى بَعْضِهَا.

٢) تَمَكَّنَّا مِنْ إِدْخَالِ الرُّمُوزِ الْخَاصَّةِ بِاللَّهْجَةِ الْعَامِّيَّةِ ، مِثْلَ: " قٶ ،قٍقِٶ $\hat{q}$ " إِلَى الْخطِّ الْجَدِيدِ .

٣) قُمْنَا كَالْعَادَةِ بِتَشْكِيلِ النُّصُوصِ الْعَرَبِيَّةِ وَتَمَكَّنَّا لِأَوَّلِ مَرَّةٍ مِنْ تَشْكِيلِ الْحَرْفِ (لَامِ أَلِف) "لَا ، لَأْ ، لَآ" تَشْكِيلًا كَامِلًا.

أَخِيرًا أَرْجُو - عَزِيزِى الدَّارِسَ - أَنْ تُعْجِبُكَ هَذِهِ الطَّبْعَةُ الْجَدِيدَةُ مِنَ الْكِتَابِ، وَيَسُرُّنِى أَنْ أَسْمَعَ الْمَزِيدَ مِنَ اقْتِرَاحَاتِكَ وَتَوْجِيهَاتِكَ .تَمَنِّيَاتِى لِلْجَمِيعِ بِالتَّوْفِيقِ دَارِسًا وَمُدَرِّسًا.

هَامْبُورْج فِى ١٥ / ٧ / ١٩٩٨ — دُكْتُور تَوْفِيق بُرْج

Vorwort zur dritten Auflage

Ich freue mich, liebe Lernende, Ihnen heute die dritte Auflage unseres Lehrbuches „**Ägyptisch-Arabisch für Ausländer,** ein Lehrbuch für die Arabische Umgangssprache Kairos” vorlegen zu können.

Absichtlich wurde in dieser Auflage weder der Inhalt noch die Reihenfolge der Grammatik geändert, damit ein Schüler, der die vorherige Auflage besitzt, nicht gezwungen wird, dieses Buch zu kaufen, sofern der Lehrer diese neue Auflage im Unterricht verwendet.
Für den arabischen Text wurden aber bessere und größere Buchstaben gewählt, die mehr Platz beanspruchen und dadurch eine Änderung der Seitenzahlen herbeigeführt haben.

Die hier vorgenommenen Änderungen beschränken sich auf folgendes:

1 - In Lektion drei wurde der Genitivverbindung die Verbindung von mehr als zwei Wörtern hinzugefügt. Zwei Übungen für die Verbindung von drei Wörtern wurden geschrieben.
2 - Es ist uns gelungen, die Sonderzeichen der ägyptischen Umgangssprache der neuen Schrift hinzufügen zu können, wie z. B.:
“ قِقُوء قٔ und $\acute{q}$ “.
3 - Wie gewöhnlich haben wir alle arabischen Texte vokalisiert. Wir konnten auch zum ersten Mal den Buchstaben Lam Alif “لاَ , لْأَ” voll vokalisieren.

Zum Schluß hoffe ich, liebe Lernende, daß Ihnen diese neue Auflage Ihres Lehrbuches gefällt. Ich wäre dankbar, von Ihnen weitere Anregungen und Vorschläge zu erhalten. Ich wünsche allen, Schülern wie Lehrern, viel Erfolg.

Hamburg, den 15.7.1998 Tawfik Borg

مُقدِّمـةُ الطَّبْعَـةِ الأُولـى

حَقِيقَةٌ لَا يُمْكِنُ إِنْكَارُهَا، وَهِيَ أَنَّ اللُّغَةَ الْعَرَبِيَّةَ فِي عَصْرِنَا الْحَاضِرِ مُقَسَّمَةٌ إِلَى لُغَةِ الْكِتَابَةِ وَلُغَةِ التَّخَاطُبِ. فَقَلَّمَا تَجِدُ عَرَبِيًّا يَتَحَدَّثُ الْآنَ الْعَرَبِيَّةَ الْفُصْحَى، بَيْنَمَا يُجْمِعُ الْعَرَبُ قَاطِبَةً عَلَى قَصْرِ الْكِتَابَةِ عَلَى الْعَرَبِيَّةِ الْفُصْحَى دُونَ سِوَاهَا.

وَلَيْسَ مِنَ الْغَرِيبِ أَنْ يُفَاجَأَ الْأَجْنَبِيُّ الَّذِي لَمْ يَتَعَلَّمْ فِي بَلَدِهِ سِوَى الْعَرَبِيَّةِ الْفُصْحَى بِعَجْزِهِ عَنِ التَّفَاهُمِ بِهَذِهِ اللُّغَةِ إِنْ سَافَرَ إِلَى إِحْدَى الدُّوَلِ الْعَرَبِيَّةِ. وَبِتَعْبِيرٍ أَدَقَّ، فَهُوَ وَإِنْ كَانَ يَسْتَطِيعُ الْإِعْرَابَ عَمَّا فِي نَفْسِهِ بِلُغَةٍ عَرَبِيَّةٍ فُصْحَى، وَيَتَمَكَّنُ بِذَلِكَ مِنْ إِيصَالِ أَفْكَارِهِ إِلَى الْعَرَبِ - الَّذِينَ لَا رَيْبَ يَفْهَمُونَ جَمِيعًا الْعَرَبِيَّةَ الْفُصْحَى - فَهُوَ فِي نَفْسِ الْوَقْتِ لَا يَسْتَطِيعُ فَهْمَ الْعَرَبِيِّ الَّذِي يُصِرُّ عَلَى التَّحَدُّثِ بِالْعَامِّيَّةِ أَيًّا كَانَتْ لَهْجَتُهُ. مَعْنَى هَذَا أَنَّ عَلَى الْأَجْنَبِيِّ الْمِسْكِينِ، كَيْ يَتَفَاهَمَ مَعَ الشَّعْبِ الْعَرَبِيِّ، أَنْ يَتَعَلَّمَ لُغَتَيْنِ: لُغَةً لِلْكِتَابَةِ هِيَ الْفُصْحَى، وَلُغَةً لِلتَّخَاطُبِ هِيَ الْعَامِّيَّةُ.

وَمِنْ حُسْنِ الْحَظِّ أَنَّ مُعْظَمَ الْكَلِمَاتِ الْمُسْتَعْمَلَةِ فِي اللُّغَةِ الْعَامِّيَّةِ هِيَ كَلِمَاتٌ مِنَ الْفُصْحَى مَعَ بَعْضِ التَّحْوِيرِ، بَلْ جُلُّهَا كَلِمَاتٌ مِنَ الْعَرَبِيَّةِ الْفُصْحَى سَقَطَ مِنْهَا الْإِعْرَابُ.

وَحِفْظُ الْمُفْرَدَاتِ وَمَعْرِفَةُ كَيْفِيَّةِ اسْتِعْمَالِهَا فِى الْجُمْلَةِ اسْتِعْمَالًا سَلِيمًا هُوَ أَشَقُّ مَا يُوَاجِهُ الْأَجْنَبِىَّ عِنْدَ تَعَلُّمِهِ لُغَةً جَدِيدَةً .

مَعْنَى هَذَا أَنَّ الْأَجْنَبِىَّ إِنْ تَعَلَّمَ الْعَرَبِيَّةَ الْفُصْحَى أَوَّلًا أَمْكَنَهُ أَنْ يَتَعَلَّمَ الْعَامِّيَّةَ بِسُهُولَةٍ وَيُسْرٍ، وَبِالتَّالِى فَإِنْ بَدَأَ أَوَّلًا بِتَعَلُّمِ الْعَامِّيَّةِ فَسَوْفَ يَتَمَكَّنُ مِنْ تَعَلُّمِ الْفُصْحَى وَإِجَادَتِهَا فِى وَقْتٍ قَصِيرٍ لِلْغَايَةِ .

وَمِنْ هَذَا الْمُنْطَلَقِ بَدَأْتُ فِى تَأْلِيفِ هَذَا الْكِتَابِ الَّذِى أَضَعُهُ الْآنَ بَيْنَ يَدَىِ الدَّارِسِ ، رَاجِيًا أَنْ يَكُونَ خُطْوَةً جَدِيدَةً نَحْوَ التَّقَارُبِ بَيْنَ الشُّعُوبِ وَتَيْسِيرِ التَّفَاهُمِ بَيْنَهَا .

وَلَقَدِ اخْتَرْتُ الْعَامِّيَّةَ الْمِصْرِيَّةَ لِأَنَّهَا مِنْ جَانِبٍ اللَّهْجَةَ الَّتِى أَتَحَدَّثُهَا، وَمِنْ جَانِبٍ آخَرَ فَهِىَ أَوْسَعُ اللَّهَجَاتِ الْعَرَبِيَّةِ انْتِشَارًا بِسَبَبِ الْأَفْلَامِ وَالتَّمْثِيلِيَّاتِ وَالْأَغَانِى الْمِصْرِيَّةِ الْمُنْتَشِرَةِ فِى الْعَالَمِ الْعَرَبِىِّ، وَبِسَبَبِ الرَّادْيُو وَالتِّلِفِزْيُونِ اللَّذَيْنِ يَبُثَّانِ مُعْظَمَ بَرَامِجِهِمَا بِالْعَامِّيَّةِ، وَكَذَلِكَ بِسَبَبِ آلَافِ الْمُدَرِّسِينَ الْمِصْرِيِّينَ الَّذِينَ يَعْمَلُونَ فِى مُخْتَلَفِ الدُّوَلِ الْعَرَبِيَّةِ .

وَقَدْ كَتَبْتُ نُصُوصَ هَذَا الْكِتَابِ بِالْحُرُوفِ الْعَرَبِيَّةِ ، مُفَضِّلًا إِيَّاهَا عَلَى الْحُرُوفِ اللَّاتِينِيَّةِ، لِأَنَّ الْحُرُوفَ الْعَرَبِيَّةَ أَقْدَرُ عَلَى عَرْضِ أَصْوَاتِ هَذِهِ اللُّغَةِ مِنْ غَيْرِهَا. فَالْحُرُوفُ اللَّاتِينِيَّةُ مَثَلًا لَا تُفَرِّقُ بَيْنَ الْحَاءِ (ح = ḥ) وَالْهَاءِ (هـ = h)، وَلَا بَيْنَ السِّينِ (س = s) وَالصَّادِ (ص = ṣ)، أَوِ التَّاءِ (ت = t)

توجدان فى العربيـة الفصحى، والناتجتين عن كل من الحركتين المركبتين ei ← ē و au ← ō مثل بيت (beit) التى تتحول فى العاميـة إلى بِيت (bḗt) ، ويَـوْم (yáum) التى تتحول فى العاميـة إلى يُوم (yṓm)، وذلك بابتكار الرمزين التاليين:

أ) ـِ وهى عبارة عن كسرة معقوفة إلى الخلف رمزا للحركة القصيرة e، أما الحركة الطويلة منها فهى (ـِى = ē)، وأطلقت عليها الكسرة الطويلة المفتوحة.

ب) ـُ وهى عبارة عن ضمـة مقلوبـة، رمزا للحركـة القصيرة ō ، أما الحركة الطويلة منها فهى (ـُو = ō) ، وأطلقت عليها الضمة الطويلة المفتوحة.

أما النصوص فقد شكلتها تشكيلا كاملا، حتى يسهل قراءتها.

ولمزيد من التيسير ـ وخاصة على من يحاول دراسة هذا الكتاب وحده دون الاستعانة بمدرس ـ فقد وضعت نطق الكلمات بالحروف اللاتينية تحت نصوص الدروس الثلاثة الأولى، إلا أنى كتبت الحروف اللاتينية على غير المعتاد من اليمين إلى اليسار، حتى يمكن مقارنتها بالحروف العربية. أما مفردات الكتاب فقد وضعت نطقها بالحروف اللاتينية بجوار الكلمات العربية ولكن كالمعتاد من اليسار إلى اليمين. وعلاوة على ذلك فقد بينت عليها موضع النبر من الكلمة.

بتجربته لعدة دورات دراسية، ولكن وصلتنى رسائل كثيرة ممن تعلم طريقتى الأولى فى اللغة العربية الفصحى يستعجل فيها أصحابها ظهور هذا الكتاب. ونزولا على هذه الرغبة فيسرنى أن أقدم هذا الجزء الأول من هذا الكتاب ، بعد أن قمت بتجرته فى العام الماضى على مجموعتين من الكبار ومجموعة من الصغار. وهذا الجزء يضم عشرة دروس، وقائمة بالمفردات. كما سيعقب ذلك ظهور شرائط مسجلة (كاسيت) للنصوص والمفردات التى وردت به ، ومفتاح لحل التمارين.

وأرجو أن أتمكن من مواصلة التأليف فى هذا الكتاب حتى يظهر الجزء المكمل له فى وقت عاجل. والله ولى التوفيق.

هامبورج فى ٢٠ مارس ١٩٨٦ دكتور توفيق برج

Vorwort zur ersten Auflage

Es ist eine nicht zu leugnende Tatsache, daß die arabische Sprache derzeit in zwei Teile gespalten ist: die geschriebene und die gesprochene Sprache.

In unserer Zeit findet man wohl kaum einen Araber, der die Schriftsprache, als Hocharabisch, spricht. Im Gegensatz dazu sind sich alle Araber einig, daß man nur Hocharabisch schreiben soll.

Es verwundert deshalb nicht, daß ein Ausländer, der irgendein arabisches Land besucht und in seinem Heimatland nur Hocharabisch gelernt hat, nicht in der Lage sein wird, sich in dieser Sprache zu verständigen. Anders gesagt: wenn der Ausländer fähig ist, sich auf Hocharabisch verständlich zu machen und das auszudrücken, was er meint und was er sagen will, ist er deswegen nicht nicht in der Lage - wenn er vorher keine Umgangssprache gelernt hat - einen Araber zu verstehen, der zwar zweifellos Hocharabisch versteht, aber nur einen der verschiedenen arabischen Dialekte spricht.

Wenn ein Ausländer mit Arabern geschəftlichen oder privaten Kontakt aufnehmen will, miß er also zwei Sprachen lernen:

a) eine Sprache, um schreiben zu können: also Hocharabisch,

b) eine Sprache, um sprechen zu können: also die Umgangssprache.

Glücklicherweise sind die meisten Wörter der Dialekte hocharabische Wörter mit kleinen Veränderungen. Meistens handelt es sich um hocharabischen Wörter ohne Kasusendung.

Beim Erlernen einer Fremdsprache ist es am schwierigsten, die Vokabeln auswendig zu lernen und den erworbenen Wortschatz richtig anzuwenden.

Auf das Arabische bezogen bedeutet dies:

Wenn ein Ausländer zuerst Hocharabisch lernt, wird ihm die Umgangssprache keine großen Schwierigkeiten bereiten; ebenso wird er

im ungekehrten Fall keine Probleme mit dem Hocharabischen haben wird.

Diese Gründe veranlaßten mich, dieses Buch zu schreiben, das ich heute den Studierenden vorstellen möchte. Ich hoffe, daß dies ein schritt auf dem Wege der Annäherung und Verständigung der Völker ist.

Den ägyptischen Dialekt habe ich gewählt, weil er meine Muttersprache ist; abgesehen davon ist er der in den arabischen Ländern am weitesten verbreitete Dialekte. Dies ist zurückzuführen auf ägyptische Kinofilme, Theaterstücke und Hörspiele und auf ägyptische Lieder und Musik, die in allen arabischen Ländern sehr bekannt und beliebt sind. Außerdem arbeiten Tausende von ägyptischen Lehrern in den verschiedenen arabischen Ländern und sprechen dort selbstversändlich ihren heimatlichen Dialekt.

Die Texte dieses Buches sind mit arabischen Buchstaben geschrieben, die den lateinischen Buchstaben vorzuziehen sind, da sie viel besser dazu geeignet sind, die Laute der arabischen Sprache wiederzugeben. Bei Verwendung von lateinischen Buchstaben werden einige Laute nur durch einen diakritischen Punkte, der verschiedenen Buchstaben hinzugefügt wird, unterschieden, wie z. B.:

ـه = h und ح = ḥ; س = s und ص = ṣ oder ت = t und ط = ṭ .

Auf diese Weise bleibt dem Lernenden das Bild der arabischen Buchstaben nur schwer und unklar im Gedächtnis, und er hat große Schwierigkeiten, sie in der Artikulation zu untersheiden, auch wenn er beim Erlernen der Sprache schon weit fortgeschritten ist.

Für die beiden Vokale ē und ō, die im Hocharabischen nicht vorhanden sind, und die aus dem Diphtong ei → ē und au → ō entstanden sind, habe ich zwei neue Zeichen entwickelt:

a) für "kurzes e" ein mit einem nach hinten führenden Häckchen versehenes kasra "ـ" und für den langen Vokal ـيـ = ē;

a) für "kurzes o" ein umgederehtes Damma "ـُ" und für den langen Vokal ـُو = ō;

Um das Lesen zu erleichtern, sind die arabischen Texte vollvokalisiert.
Zur weiteren Erleichterung, besonders für einen Autodidakten, sind die Texte der ersten drei Lektionen mit Uschrift versehen, jedoch nicht wie normal, von links nach rechts sondern von rechts nach links, um die Umschrift mit den arabischen Buchstaben besser vergleichen zu können. In der Vokabelliste ist die Umschrift neben den Wörtern, aber von links nach rechts geschrieben. Die Vokabeln sind zusätzlich mit Betonungszeichen versehen.
Ursprünglich war es meine Absicht, die gesamte Lehrmethode in zwei Bänden darzustellen und sie erst nach ihrer Erprobung in vielen Kursen zu veröffentlichen. Zahlreiche Studierende, die mit meinem ersten Lehrbuch für Hocharabisch diese Lehrmethode schätzen gelernt haben, baten mich jedoch, die Herausgabe dieses Buches zu beleunigen.
deshalb lege ich jetzt den ersten Teil vor. Er ist im Unterricht von zwei Erwachsenengruppen und einer Gruppe von Kindern erprobt.
Dieser Teil besteht aus zehn Lektionen mit Vokabelliste.
Sprachkassetten für die Texte und Vokabeln und ein Schlüssel für die Übungen werden folgen
Ich hoffe, dieses Buch forsetzen und den zweiten Teil bald vorlegen zu können.

Hamburg, 2 September 1980 Tawfik Borg

كَيْفَ تَتعَلَّمُ الْعَرَبِيَّةَ بِسُرْعَةٍ؟

لِكَيْ تَتمَكَّنَ مِنْ تَعَلُّمِ اللُّغَةِ الْعَرَبِيَّةِ وَإِجَادَتِهَا فِى أَقْصَرِ مُدَّةٍ مُمْكِنَةٍ، وَخَاصَّةً إِنْ كُنْتَ تَوَدُّ أَنْ تَتَعَلَّمَ هَذِهِ الطَّرِيقَةَ وَحْدَكَ دُونَ مُعَلِّمٍ، نَنْصَحُكَ بِاتِّبَاعِ الْآتِى:

١ ـ اِقْرَأْ أَوَّلًا الْقَوَاعِدَ النَّحْوِيَّةَ الْخَاصَّةَ بِالدَّرْسِ.

٢ ـ اِقْرَأْ مُفْرَدَاتِ الدَّرْسِ مَرَّةً أَوْ مَرَّتَيْنِ، وَحَاوِلْ نُطْقَ الْكَلِمَاتِ نُطْقًا صَحِيحًا. وَيُمْكِنُكَ الاِسْتِعَانَةُ فِى ذَلِكَ بِالْكِتَابَةِ اللَّاتِينِيَّةِ الْمَذْكُورَةِ بِجِوَارِ الْكَلِمَاتِ الْعَرَبِيَّةِ وَبِعَلَامَاتِ النَّبْرِ الْمَوْضُوعَةِ عَلَيْهَا. وَيُسْتَحْسَنُ أَنْ تَسْتَمِعَ أَثْنَاءَ قِرَاءَتِكَ إِلَى مُفْرَدَاتِ الدَّرْسِ الْمُسَجَّلَةِ عَلَى شَرَائِطِ الْكَاسِيت.

٣ ـ حَاوِلْ أَنْ تَفْهَمَ نَصَّ الدَّرْسِ مُسْتَعِينًا فِى ذَلِكَ بِالْمُفْرَدَاتِ وَبِالْقَوَاعِدِ، ثُمَّ اسْتَمِعْ إِلَى التَّسْجِيلِ الصَّوْتِىِّ وَحَاوِلْ تَقْلِيدَهُ فِى النُّطْقِ.

٤ ـ حِلَّ جَمِيعَ تَمَارِينِ الدَّرْسِ تَحْرِيرِيًّا أَكْثَرَ مِنْ مَرَّةٍ.

إِنْ فَعَلْتَ ذَلِكَ يَوْمِيًّا وَلَوْ لِمُدَّةِ نِصْفِ سَاعَةٍ فَسَوْفَ تَتَمَكَّنُ مِنْ إِجَادَةِ اللُّغَةِ الْعَرَبِيَّةِ وَالتَّفَاهُمِ بِهَا فِى وَقْتٍ قَصِيرٍ لِلْغَايَةِ.

Hinweise
Wie lernen Sie schnell Arabisch?

Wollen Sie die arabische Sprache in kürzester Zeit beherrschen, ganz besonders, wenn Sie nach dieser Methode allein ohne Lehrer lernen müssen, so sollten Sie folgendes beachten:

1 - Lesen Sie als erstes die Grammatik einer Lektion.

2 - Lesen Sie anschließend ein- bis zweimal die Vokabeln der Lektion und versuchen Sie, mit Hilfe der nebenstehenden Umschrift und der Betonungszeichen richtig auszusprechen.
Am besten hören Sie dazu gleich die entsprechenden Vokabeln auf Kassetten ab.

3 - Versuchen Sie, den Text der Lektion mit Hilfe der Vokabeln und der Grammatik zu verstehen. Hören Sie nachher die Kassette und versuchen Sie, genau nachzusprechen.

4 - Lösen Sie alle Übungsaufgaben schriftlich..

Lernen Sie auf diese Weise, auch wenn Sie täglich nur eine halbe Stunde arbeiten, so werden Sie sich in kürzester Zeit auf Arabisch verständigen können, ja, die Sprache beherrschen.

الْحُرُوفُ الْهِجَائِيَّة

Die arabischen Konsonanten

Das arabische Alphabet umfaßt 28 Konsonanten:

Buchstabe	Laut	Name	Lautwert
أ , ا	a	ʾálif	wie a, ā oder Stimmabsatz im Deutschen Beamter oder Theater
ب	b	bē	wie b
ت	t	tē	wie t
ث	ṯ	ṯē	stimmloses th, wie im Englischen "three"; im ägyptischen Dialekt nicht mehr vorhanden
ج	g	gīm	wie g
ح	ḥ	ḥa	kräftig gehauchtes h
خ	ḫ	ḫa	immer Ach-Laut wie Nacht
د	d	dāl	stimmhaftes d
ذ	ḏ	ḏāl	stimmhaftes the, wie im Englischen "father" im ägyptischen Dialekt nicht mehr vorhanden
ر	r	rā	wie r
ز	z	zēn	stimmhaftes s, wie Rose
س	s	sīn	scharfer ß-Laut, wie reißen
ش	š	šīn	sch-Laut, wie schön

Buchstabe	Laut	Name	Lautwert
ص	ṣ	ṣād	emphatisches stimmloses s
ض	ḍ	ḍād	emphatisches stimmhaftes d
ط	ṭ	ṭa	emphatisches stimmloses t
ظ	ẓ	ẓa	emphatisches stimmhaftes ḏ (ذ)
ع	ع	ع ēn	gepreßter Kehllaut
غ	ġ	ġēn	stimmhaft. ch, entspr. fast dem Zäpfchen-r
ف	f	fē	wie f
ق	q	qāf	emphatisches k
ك	k	kāf	stimmlos, wie k
ل	l	lām	wie l
م	m	mīm	wie m
ن	n	nūn	wie n
هـ	h	hē	wie h, wird auch im Silbenschluß gesprochen
و	w	wāw	wie w im Englischen "water"
ى	y	yē	wie j

P. S.: Die Buchstaben ث ،ح ،ذ ،ز ،ع und غ können leicht mit Hilfe der Tonaufnahme gelernt werden.
Für die emphatischen Laute ص ، ض ، ط ، ظ ، ق und رَ gibt es extra Übungen (s: S. 25 u. 43).

Anmerkung:

1) Im Ägyptisch-Arabischen gibt es noch zwei weitere Konsonanten, die nur im Fremdwörtern vorkommen:

ج ğ stimmhaftes dsch, wie im Englischen Journey. Beispiel:

بيجَامَة (biğâma) Schlafanzug

ڤ v entspricht dem deutschen w, Beispiel:

ڤَتْرِينَة (vatrîna) Schaufenster

2) Der Buchstabe ق q wird in Kairo wie ein Stimmabsatz gesprochen. Er wird deshalb in diesem Buch mit einem Hamza gekennzeichnet (ق , قٕ q̉).
Dafür wurde der Buchstab q̉, für die Umschrift entwickelt.
In manchen Wörtern, wie قُرْآن (lies qurʾān) Koran oder الْقَاهِرَة (il-qāhíra) Kairo wird ق richtig wie im Hocharabischen ausgesprochen, nämlich emphatisches k.

وَصْلُ الْحُرُوفِ الْعَرَبِيَّةِ بِبَعْضِهَا

Verbindung der arabischen Buchstaben

Die arabische Schrift läuft von rechts nach links. Die Buchstaben werden miteinander verbunden, soweit das möglich ist. Es sind darum bei jedem Buchstaben mehrere Schreibformen zu lernen, je nachdem, ob der Buchstabe am Anfang, in der Mitte oder am Ende des Wortes oder alleinstehend gebraucht wird.

Schreibweise: verbundene und alleinstehende Buchstaben	Laut	allein	am Ende	in der Mitte	am Anfang
ـا ا	a	ا	ـا	ـا	ا
ببب	b	ب	ـب	ـبـ	بـ
تتت	t	ت	ـت	ـتـ	تـ
ثثث	ṯ	ث	ـث	ـثـ	ثـ
ججج	ǧ	ج	ـج	ـجـ	جـ
ححح	ḥ	ح	ـح	ـحـ	حـ
خخخ	ḫ	خ	ـخ	ـخـ	خـ

P. S.: Die sechs Buchstaben ا , د , ذ , ر , ز , و werden nur von rechts verbunden (s. S. 32).

Schreibweise: verbundene und alleinstehende Buchstaben	Laut	allein	am Ende	in der Mitte	am Anfang
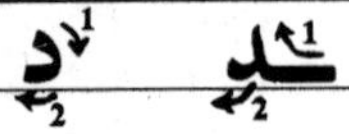 ـد د	d	د	ـد	ـد	د
ـذ ذ	ḏ	ذ	ـذ	ـذ	ذ
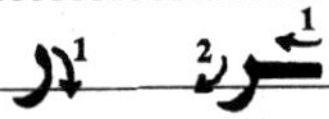 ـر ر	r	ر	ـر	ـر	ر
ـز ز	z	ز	ـز	ـز	ز
 سسس س	s	س	ـس	ـسـ	سـ
ششش ش	š	ش	ـش	ـشـ	شـ
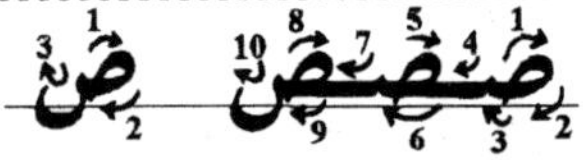 صصص ص	ṣ	ص	ـص	ـصـ	صـ
ضضض ض	ḍ	ض	ـض	ـضـ	ضـ
 ططط ط	ṭ	ط	ـط	ـطـ	ط
ظظظ ظ	ẓ	ظ	ـظ	ـظـ	ظ
 ععع ع	ع	ع	ـع	ـعـ	عـ
غغغ غ	ġ	غ	ـغ	ـغـ	غـ

Schreibweise: verbundene und alleinstehende Buchstaben	Laut	allein	am Ende	in der Mitte	am Anfang
ففف ف	f	ف	ـف	ـفـ	فـ
ققق ق	q	ق	ـق	ـقـ	قـ
ككك ك	k	ك	ـك	ـكـ	كـ
للل ل	l	ل	ـل	ـلـ	لـ
ممم	m	م	ـم	ـمـ	مـ
ننن	n	ن	ـن	ـنـ	نـ
ههه	h	ه	ـه	ـهـ	هـ
ـو و	w	و	ـو	ـو	و
ـلا لا	la	لا	ـلا	ـلا	لا
ييى	y	ى	ـى	ـيـ	يـ

P. S.: 1) Wenn die beiden Buchstaben ل und ا aufeinanderfolgen, entsteht nicht, wie zu erwarten لا, sondern لا .

2) Die sechs Buchstaben ا , د , ذ , ر , ز , و werden nur von rechts verbunden (s. S. 32).

Die Vokale اَلْحَرَكَاتُ

Im Ägyptisch-Arabischen gibt es 8 Vokale, drei kurze und fünf lange:

	Name der Vokale	Lautzeichen	mit dem Konsonanten
kurze Vokale	fátḥa فَتْحَة	ـَـ a	فَ fa
	ḍámma ضَمَّة	ـُـ u	فُ fu
	kásra كَسْرَة	ـِـ i	فِ fi
lange Vokale	fat. ṭawīla فَتْحَة طَوِيلَة	ـَـا ā	فَا fā
	ḍám. ṭawīla ضَمَّة طَوِيلَة	ـُـو ū	فُو fū
	kás. ṭawīla كَسْرَة طَوِيلَة	ـِـي ī	فِي fī
die langen Vokale ō u. ē	ضَمَّة طَوِيلَة مَفْتُوحَة ḍámma ṭawīla maftūḥa	ـٗـو ō	فٗو fō
	كَسْرَة طَوِيلَة مَفْتُوحَة kásra ṭawīla maftūḥa	ـٖـي ē	فٖي fē

P.S.: 1) Die Zeichen der beiden langen Vokale ō und ē (ـٗـو, ـٖـي) stammen von mir. Man findet sie sonst in keinem Buch

2) Die Vokale werden von den umgebenden Konsonanten beeinflußt, so daß helle und dumpfe Varianten entstehen (s. “Der Einfluß der emphatischen Laute” S. 25).
Die Unterscheidung zwischen den kurzen und langen Vokalen ist äußerst wichtig.

Sukûn السُّكُــونُ

Wenn dem Konsonanten kein Vokal folgt, dann wird er durch Sukûn (ـْـ) gekennzeichnet. Sukûn ist gleichbedeutend mit Null, wie:

مَكْتَبٌ (máktab) Schreibtisch

Verdoppelung التَّشْدِيدُ

Verstärkt ausgesprochene Konsonanten werden schriftlich nicht verdoppelt, sondern mit dem "Taschdîd-Zeichen ـّـ" versehen. Über dieses werden die kurzen Vokale ـَـ *a*, ـُـ *u* und ـِـ i nämlich: ـَّـ , ـُّـ u. ـِّـ gesetzt. Das Kasra wird manchmal unter den Buchstaben (statt unter das Taschdîd-Zeichen) gesetzt ـّـِ wie: شَدَّ *schádda,* : يَشُدُّ ya*schúddu,* : يُقَدِّمُ od. يُقَدّمُ yuqáddimu.

Tâ؏ marbûṭa التَّاءُ الْمَرْبُوطَةُ

Weibliche Adjektive sowie viele weibliche Nomina werden mit Femininzeichen (ة) gekennzeichnet. Dieses Zeichen ist ursprünglich eine Kombination der zwei Buchstaben ت t und ه h nämlich (ت ه), das in der Verbindung als ةٌ *tun* beziehungsweise ةُ *tu* ausgesprochen wird. Als Pausalform wird es ه h gesprochen, wie: فَاطِمَةُ *fatima(h).* Die Nationalgrammatiker nennen dieses Zeichen

tâ؏ marbûṭa تَاءٌ مَرْبُوطَةٌ .

Mádda الْمَــدَّةُ

Anstelle von zwei اأ (d. h. langes ā) schreibt man, um die Folge zweier Alif zu vermeiden آ. Das Zeichen ـــٓ auf dem Alif آ heißt Madda (Dehnung), wie: سَاآتِي *saꜥātī.*

Hamza الْهَمْــزَةُ

Hamza kennzeichnet einen Stimmabsatz, wie im Deutschen das Wort "Be-amter", im Gegensatz zu "Theater", wenn man das nicht "The-ater" ausspricht.

Ursprünglich war Hamza هَمْزَةٌ ein Alif أَلِفٌ und zählt aus diesem Grund nicht zu den Konsonanten. Hamza steht unmittelbar über dem ا, و, ى (أ, ؤ, ئ), die als seine Träger bezeichnet werden Arabische Stämme, die keinen Stimmabsatz gesprochen haben, haben stattdessen Hamza als lange Vokale ـَا *a*, ـُو *u* und ـِي *i* gesprochen.

Mit Kasra kann man Hamza unter das Anfangs-Alif setzen إ. Gelegentlich steht Hamza ohne Träger ء.

P. S.: Hamza ist im Anhang dieses Buches ausführlich erklärt (s. S. 303).

هَمْزَةُ الْقَطْعِ وَأَلِفُ الْوَصْلِ

Der Stimmabsatz und das Verbindungs-Alif

Im Arabischen unterscheidet man zwischen zwei Alif

a - Stimmabastz-Alif b - Verbindungs-Alif

a) **Der Stimmabsatz:** هَمْزَةُ الْقَطْعِ

Wie wir gelernt haben, kennzeichnet Hamza ء einen Stimmabsatz wie im Deutschen "Be-amter" im Gegensatz zu "Theater", wenn man es nicht "The-ater" ausspricht (s. S. 18). Hamza wird wie ein Konsonant behandelt und mit fatḥa ـَ *a, ḍámma* ـُ *u, kásra* ـِ *i,* oder mit *sukūn* ـْ versehen.

Im Arabischen kann Hamza am Anfang oder am Ende einer Silbe stehen, wo es einen Stimmabsatz bezeichnet - im Gegensatz zum Deutschen, in dem der Stimmabsatz nur am Silbenanfang vorkommt. Beispiele:

	im Arabischen	im Deutschen
Am Silbenanfang	فِئَة = fí-ءa	Be-amter
Am Silbenschluß	سُؤْدُد = súء-dud	nicht vorhanden

Steht Hamza am Anfang eines Wortes, so ist sein Träger immer ein Alif (s. hierzu "Hamza-Zeichen" im Anhang dieses Buches). Beginnt ein Wort mit Alif und ist es mit Hamza versehen, so bezeichnen wir es als Stimmabsatz-Alif. Trägt es kein Hamza, so ist es ein Verbindungs-Alif. Es kann mit oder ohne Vokal geschrieben werden.

Im Anlaut wird Alif also a, u oder i ausgesprochen, einerlei ob es ein Hamza trägt oder nicht:

اَ	اُ	اِ	und	أَ	أُ	إِ
a	u	i		a	u	i

Im Kontext wird Alif nur dann als Stimmabsatz gesprochen, wenn es mit Hamza versehen ist, wie:

مِنْ أَمْرِيكَا (min ءamrīka) = aus Amerika

فِي أَلْمَانْيَا (fī ءalmânyā) = in Deutschland

b) **Das Verbindungs-Alif:** أَلِفُ الْوَصْلِ

Trägt Alif am Anfang eines Wortes kein Hamza (ob mit oder ohne Vokal), so fällt es mit seinem Vokal beim Sprechen weg (bleibt jedoch in der Schrift erhalten), wenn das davor stehende Wort mit einem Vokal endet. Der Endvokal des vorherstehenden Wortes schließt dann direkt an den nachstehenden Konsonanten an, d. h. er verbindet beide Wörter, wie:

وِانْتَ مِين؟	*(wi inta mīn)* und wer bist du?
أَنَا احْمَد	*(ana aḥmad)* ich bin Ahmed

مَتَى تَأْتِي أَلِفُ الْوَصْلِ؟

Wann kommt das Verbindungs-Alif vor?

Das Verbindungs-Alif kommt u. a. in den folgenden Fällen vor:

1) In den Fremdwörtern, die mit zwei Konsonanten beginnen, wie:

إِشْتُوتْجَارْت	*(ištutgârt) Stuttgart*

2) beim Artikel اَلْ , wie:

اَلْبِيت	il-bếyt	=	das Haus
اَلسَّمَا	is-sámā	=	der Himmel

3) Im Imperativ, wenn bei seiner Bildung das Wort mit zwei Konsonanten beginnt (s. S. 218), wie:

اِكْتِبْ	(íktib)	=	schreib!
اِفْرَحْ	(ífraḥ)	=	freue dich!

Beachten Sie!

Das folgende Kapitel nämlich:

Hamza-Zeichen und seine Träger اَلْهَمْزَةُ وَكَيْفَ تُكْتَبُ

ist im Anhang dieses Buches zu finden (s. S. 320)

الْحُرُوفُ الْمُطْبَقَةُ وَالْحُرُوفُ غَيْرُ الْمُطْبَقَةِ

Emphatische und nichtemphatische Laute

a) Emphatische Laute:

Die emphatischen Laute sind: ص , ض , ط , ظ , ق und der Buchstabe ر , wenn er mit a ـَـ vokalisiert ist, nämlich رَ.
Den Unterschied kann man besonders hören, wenn diese Buchstaben mit “a ـَـ “ vokalisiert sind. Nach ihm wird “a ـَـ “ wie a im Deutschen Tal oder Saal ausgesprochen.

b) Nichtemphatische Laute:

Die restlichen arabischen Buchstaben sind nichtemphatische Laute. Nach diesen Buchstaben wird der Vokal “a ـَـ “ wie a im Englischen fat oder bad ausgesprochen.

تَأْثِيرُ الْحُرُوفِ الْمُطْبَقَةِ عَلَى الْحُرُوفِ غَيْرِ الْمُطْبَقَةِ

Der Einfluß der emphatischen auf die nichtemphatischen Laute

Wenn ein emphatischer Buchstabe innerhalb oder am Ende eines Wortes steht, dann beeinflußt er alle nichtemphatischen Laute, die vor ihm stehen, welche dann emphatisch ausgesprochen werden, wie:

emphatisch	nicht emphatisch	emphatisch	nicht emphatisch
wárṭa(h) وَرْطَةٌ	wárda(h) وَرْدَةٌ	šāṭir شَاطِرٌ	šākir شَاكِرٌ

Der Buchstabe “ r ر “ ist emphatisch, wenn er mit “ a ـَـ “ vokalisiert

ist "رَ" und wirkt sich gleichermaßen auf die vorhergehenden Buchstaben aus, wie:

emphatisch	nicht emphatisch	emphatisch	nicht emphatisch
wáraع وَرَعٌ	wáriع وَرِعٌ	fáras فَرَسٌ	fāris فَارِسٌ

الْمَقَاطِعُ

Die Silben

Die Silbe ist entweder offen oder geschlossen.

a) Die offene Silbe الْمَقْطَعُ الْمَفْتُوحُ

Die offene Silbe entsteht aus einem Konsonanten und einem Vokal, sei es ein kurzer oder langer Vokal, wie: فَدَى *fádā*. Das Wort فَدَى (fá + dā) hat zwei Silben. Beide sind offen.

fa (= Konsonant f + Vokal ā) und da (= Konsonant d + Vokal ā)

b) Die geschlossene Silbe الْمَقْطَعُ الْمُغْلَقُ

Die geschlossene Silbe entsteht aus einem Konsonanten, einem Vokal und einem Konsonanten, wie: مِنْ *mín*. Das Wort مِنْ *min* besteht nur aus einer Silbe.

min (= Konsonant m + Vokal i + Konsonant n)

أَرْبَعُ قَوَاعِـدَ عَامَّـةٍ

Vier allgemeine Regeln

Regel 1 الْقَاعِدَةُ الأُولَى

Grundsätzlich beginnt im Arabischen kein Wort mit zwei Konsonanten:

a) Fremdwörter, die mit zwei Konsonanten beginnen, erhalten im Arabischen ein Verbindungs-Alif (s. S. 23), manchmal auch Stimmabsatz-Alif oder einen Zwischenvokal, wie:

Stuttgart	=	(iš tutgârt)	اِشْتُوتْجَارْت
Spanien	=	(ʾasbânyā)	أَسْبَانْيَا
Britannien	=	birīṭânyā)	بِرِيطَانْيَا

b) Der Imperativ erhält ein Verbindungs-Alif, wenn durch den Ausfall der Vorsilbe aus dem Präsens zwei Konsonanten entstehen, wie:

يِكْتِب →	* كْتِبْ *(ktib)* →	اِكْتِـبْ *(iktib)*
يِفْهَم →	* فْهَـمْ *(fham)* →	اِفْهَـمْ *(ifham)*

Regel 2 الْقَاعِدَةُ الثَّانِيَةُ

Im Ägyptisch-Arabischen folgen keine drei Konsonanten aufeinander. Entstehen im Kontext drei Konsonanten durch eine Wortver-bindung, so erhält der zweite Konsonant einen kurzen Vokal, meistens ein "i ـِـ ", wie:

nicht verbunden		verbunden	
(qád + iktámala)	قَدْ + اِكْتَمَلَ	*(qadi 'ktámal)*	قَدِ اكْتَمَل
(bínt + maṣríyya)	بِنْت + مَصْرِيَّة	*(binti maṣríyya)*	بِنْتِ مَصْرِيَّة

Anmerkung:

In dem Kontext wird das Verbindungs-Alif sowie sein Vokal nicht ausgesprochen. Der vorherige Konsonant erhält aus diesem Grund einen extra Vokal, meistens i ــِـ selten a ــَـ

Regel 3 **الْقَاعِدَةُ الثَّالِثَة**

Wenn im Ägyptisch-Arabischen zwei offene Silben aufeinanderfolgen und die zweite Silbe einen kurzen unbetonten Vokal hat, nämlich I oder u (jedoch nicht den Vokal a), dann verliert die zweite Silbe ihren Vokal, wie:

nicht verbunden		verbunden	
(ínta + minḗn?)	اِنْتَ + مِنِين؟	*(ínta mnḗn?)*	اِنْتَ مْنِين؟

Regel 4 **الْقَاعِدَةُ الرَّابِعَة**

Ein langer Vokal in einer geschlossenen Silbe wird gekürzt, wie:

nicht verbunden		verbunden	
(fī + i-bḗ)	فِى + الْبِيتِ	*(fi 'l-béyt)*	فِى الْبِيتِ

تَمَارِينُ لِتَعَلُّمِ الْحُرُوفِ الْهِجَائِيَّةِ

Übungen zum Erlernen der arabischen Buchstaben

تَمْرِينُ أ) صِلِ الْحُرُوفَ طِبْقًا لِلنَّمَاذِجِ، وَاقْرَإِ الْكَلِمَاتِ بِصَوْتٍ مُرْتَفِعٍ أَثْنَاءَ الْكِتَابَةِ، وَذَلِكَ بِالِاسْتِعَانَةِ بِالْحُرُوفِ اللَّاتِينِيَّةِ.

Verbinden Sie die Buchstaben gemäß den Beispielen und sprechen Sie während des Schreibens die Wörter mit Hilfe der Umschrift laut aus!

تَ + ا = تَا	tā	جَ + ا = جَا	gā
تُ + و = تُو	tū	جُ + و = جُو	gū
تِ + ى = تِى	tī	جِ + ى = جِى	gī

(a)

بَ + ا = ________	bā	ثَ + ا = ________	ṯā
بُ + و = ________	bū	ثُ + و = ________	ṯū
بِ + ى = ________	bī	ثِ + ى = ________	ṯī

(b)

حَ + ا = ________	ḥā	خَ + ا = ________	ḫā
حُ + و = ________	ḥū	خُ + و = ________	ḫū
حِ + ى = ________	ḥī	خِ + ى = ________	ḫī

(c)

سَ + ا	=	______	sā	شَ + ا	=	______	šā
سُ + و	=	______	sū	شُ + و	=	______	šū
سِ + ى	=	______	sī	شِ + ى	=	______	šī

(d)

صَ + ا	=	______	ṣā	ضَ + ا	=	______	ḍā
صُ + و	=	______	ṣū	ضُ + و	=	______	ḍū
صِ + ى	=	______	ṣī	ضِ + ى	=	______	ḍī

(e)

طَ + ا	=	______	ṭā	ظَ + ا	=	______	ẓā
طُ + و	=	______	ṭū	ظُ + و	=	______	ẓū
طِ + ى	=	______	ṭī	ظِ + ى	=	______	ẓī

(f)

عَ + ا	=	______	ʿā	غَ + ا	=	______	ġā
عُ + و	=	______	ʿū	غُ + و	=	______	ġū
عِ + ى	=	______	ʿī	غِ + ى	=	______	ġī

(g)

qā	______	=	قَ + ا	fā	______	=	فَ + ا
qū	______	=	قُ + و	fū	______	=	فُ + و
qī	______	=	قِ + ى	fī	______	=	فِ + ى

(h)

lā	______	=	لَ* + ا	kā	______	=	كَ + ا
lū	______	=	لُ + و	kū	______	=	كُ + و
lī	______	=	لِ + ى	kī	______	=	كِ + ى

(i)

nā	______	=	نَ + ا	mā	______	=	مَ + ا
nū	______	=	نُ + و	mū	______	=	مُ + و
nī	______	=	نِ + ى	mī	______	=	م + ى

(j)

yā	______	=	ىَ + ا	hā	______	=	هَـ + ا
yū	______	=	ىُ + و	hū	______	=	هُـ + و
yī	______	=	ىِ + ى	hī	______	=	هِـ + ى

*P. S.: (لَ + ا) schreibt man so: لاَ

تَمْرِينُ ب) اَلْحُرُوفُ السِّتَّةُ (ا ، د ، ذ ، ر ، ز ، و) لَا تُوصَلُ مِنَ الْيَسَارِ.
أُكْتُبِ الْحَرْفَ التَّالِيَ لَهَا بِجِوَارِهَا.

Die sechs Buchstaben (و , ز , ر , ذ , د , ا) werden von links nicht mit den nachfolgenden Buchstaben verbunden. Schreiben Sie den nächsten Buchstaben unmittelbar daneben!

ءā	آ = أَ + ا	dā	دَا = دَ + ا
ءū	أُو = أُ + و	dū	دُو = دُ + و
ءī	إِى = إِ + ى	dī	دِى = دِ + ى

(a)

rā	________ = رَ + ا	ḏā	________ = ذَ + ا
rū	________ = رُ + و	ḏū	________ = ذُ + و
rī	________ = رِ + ى	ḏī	________ = ذِ + ى

(b)

wā	________ = وَ + ا	zā	________ = زَ + ا
wū	________ = وُ + و	zū	________ = زُ + و
wī	________ = وِ + ى	zī	________ = زِ + ى

تَمْرِينُ ج) أُكْتُبِ الْحُرُوفَ اللَّاتِينِيَّةَ بِحُرُوفٍ عَرَبِيَّةٍ، وَصِلْ مَا يُمْكِنُ وَصْلُهُ مِنْهَا. تَتَبَّعِ النَّمُوذَجَ.

Schreiben Sie gemäß den Beispielen die lateinische Umschrift mit arabischen Buchstaben und verbinden Sie diese, soweit es möglich ist!

kā	كَ + ا = كَا	fa	فَ + ا = فَا
ʾā	أَ + ا = آ	zi	زِ + ى = زِى

mū	___ + ___ = ______	mā	مَ + ا = ______
ḍī	___ + ___ = ______	hū	___ + ___ = ______
tā	___ + ___ = ______	fī	___ + ___ = ______
ḏū	___ + ___ = ______	ḏa	___ + ___ = ______
ʿā	___ + ___ = ______	bū	___ + ___ = ______
qī	___ + ___ = ______	rā	___ + ___ = ______
fī	___ + ___ = ______	šū	___ + ___ = ______
ġā	___ + ___ = ______	ṣī	___ + ___ = ______
dū	___ + ___ = ______	ḍā	___ + ___ = ______
ṣū	___ + ___ = ______	ṭā	___ + ___ = ______

تَمْرِينُ د) صِلِ الْحُرُوفَ طِبْقًا لِلنَّمُوذَجِ، مَعَ نُطْقِ الْكَلِمَاتِ أَثْنَاءَ الْكِتَابَةِ.

Verbinden Sie die Buchstaben gemäß den Beispielen und sprechen Sie während des Schreibens die Wörter!

náẓufa	نَ + ظُ + فَ = نَظُفَ	kátaba	كَ + تَ + بَ = كَتَبَ
fáhima	فَ + هِـ + مَ = فَهِمَ	ḏáhaba	ذَ + هَـ + بَ = ذَهَبَ

ʿálima	عَ + لِ + مَ = ______	fátaḥa	فَ + تَ + حَ = ______
qádima	قَ + دِ + مَ = ______	rágama	رَ + جَ + مَ = ______
báqiya	بَ + قِ + ىَ = ______	ṭábaḫa	طَ + بَ + خَ = ______
násiya	نَ + سِ + ىَ = ______	ḫaḍaʿa	خَ + ضَ + عَ = ______
sáquma	سَ + قُ + مَ = ______	bádaʾa	بَ + دَ + أَ = ______
ḥásuna	حَ + سُ + نَ = ______	hágama	هَـ + جَ + مَ = ______
ʿáẓuma	عَ + ظُ + مَ = ______	ḫáraga	خَ + رَ + جَ = ______
káṯura	كَ + ثُ + رَ = ______	náqala	نَ + قَ + لَ = ______
báruda	بَ + رُ + دَ = ______	ḫásira	خَ + سِ + رَ = ______
qáṣura	قَ + صُ + رَ = ______	fáriḥa	فَ + رِ + حَ = ______
ṯáqula	ثَ + قُ + لَ = ______	ráḍiya	رَ + ضِ + ىَ = ______
šárufa	شَ + رُ + فَ = ______	sámiʿa	سَ + مِ + عَ = ______
sáḫuna	سَ + خُ + نَ = ______	fáhima	فَ + هِـ + مَ = ______

تَمْرِينُ هـ) صِلِ الْحُرُوفَ طِبْقًا لِلنُّمُوذَجِ، مَعَ نُطْقِ الْكَلِمَاتِ أَثْنَاءَ الْكِتَابَةِ.

Verbinden Sie die Buchstaben gemäß den Beispielen und sprechen Sie während des Schreibens die Wörter aus!

ɛáw	أَ + وْ = أَوْ	káy	كَ + ىْ = كَىْ
bál	بَ + لْ = ________	kám	كَ + مْ = ________
ḫúḏ	خُ + ذْ = ________	qád	قَ + دْ = ________
kúl	كُ + لْ = ________	láw	لَ + وْ = ________
hál	هَـ + لْ = ________	mín	مِ + نْ = ________
qúm	قُ + مْ = ________	ɛám	أَ + مْ = ________

تَمْرِينُ و) صِلِ الْحُرُوفَ طِبْقًا لِلنُّمُوذَجِ، مَعَ نُطْقِ الْكَلِمَاتِ أَثْنَاءَ الْكِتَابَةِ.

Verbinden Sie die Buchstaben gemäß den Beispielen und sprechen Sie während des Schreibens die Wörter aus!

sûr	سُ + و + ر = سُور	bâb	بَ + ا + ب = بَاب
		šâl	شَ + ا + ل = ________
		ǧâr	جَ + ا + ر = ________
		ɛâm	عَ + ا + م = ________
		sûq	سُ + و + ق = ________
		nûr	نُ + و + ر = ________

	tū́t	____________	=	تُ + و + ت
	ṭū́l	____________	=	طُ + و + ل
	ǧī́r	____________	=	جِ + ى + ر
	ṭī́n	____________	=	طِ + ى + ن
	ʿī́r	____________	=	عِ + ى + ر
	qī́l	____________	=	قِ + ى + ل
	fī́l	____________	=	فِ + ى + ل
	šáwq	____________	=	شَ + وْ + ق
	ṣáwm	____________	=	صَ + وْ + م
	ʿáwm	____________	=	عَ + وْ + م
	ḍáwʾ	____________	=	ضَ + وْ + ء
	báyt	____________	=	بَ + ىْ + ت
	záyn	____________	=	زَ + ىْ + ن
	báyḍ	____________	=	بَ + ىْ + ض
	ṣáyd	____________	=	صَ + ىْ + د
	ṭáyr	____________	=	طَ + ىْ + ر

تَمْرِينُ ز) صِلِ الْحُرُوفَ طِبْقًا لِلنُّمُوذَجِ، مَعَ نُطْقِ الْكَلِمَاتِ أَثْنَاءَ الْكِتَابَةِ.

Verbinden Sie die Buchstaben gemäß den Beispielen und sprechen Sie während des Schreibens die Wörter aus!

	sấmiḥ	سَ + ا + مِ + حْ = سَامِحْ

	qấsim	قَ + ا + سِ + مْ = ________
	sấmir	سَ + ا + مِ + رْ = ________
	ṣấfiḥ	صَ + ا + فِ + حْ = ________
	ʿấwid	عَ + ا + وِ + دْ = ________
	hấǧim	هَـ + ا + جِ + مْ = ________
	fấṣil	فَ + ا + صِ + لْ = ________
	sấhim	سَ + ا + هِـ + مْ = ________
	šấwir	شَ + ا + وِ + رْ = ________
	ḥấḍir	حَ + ا + ضِ + رْ = ________

تَمْرِينُ ح) صِلِ الْحُرُوفَ طِبْقًا لِلنُّمُوذَجِ، مَعَ نُطْقِ الْكَلِمَاتِ أَثْنَاءَ الْكِتَابَةِ.

Verbinden Sie die Buchstaben gemäß den Beispielen und sprechen Sie während des Schreibens die Wörter aus!

sállim	سَ + لْ + لِ + مْ = سَلِّمْ	šádda	شَ + دْ + دَ = شَدَّ

	fáḍḍa	فَ + ضْ + ضَ = ________
	hádda	هَـ + دْ + دَ = ________

qáṣṣa	______________	=	قَ + صْ + صَ
máṭṭa	______________	=	مَ + طْ + طَ
lámma	______________	=	لَ + مْ + مَ
ʿáḍḍa	______________	=	عَ + ضْ + ضَ
ǧárra	______________	=	جَ + رْ + رَ
šámma	______________	=	شَ + مْ + مَ
báddil	______________	=	بَ + دْ + دِ + لْ
ʾállif	______________	=	أَ + لْ + لِ + فْ
šáṭṭab	______________	=	شَ + طْ + طَ + بْ
fáṣṣal	______________	=	فَ + صْ + صَ + لْ
kállim	______________	=	كَ + لْ + لِ + مْ
šákkil	______________	=	شَ + كْ + كِ + لْ
ḥássin	______________	=	حَ + سْ + سِ + نْ

تَمْرِينُ ط) صِلِ الْحُرُوفَ طِبْقًا لِلنُّمُوذَجِ، مَعَ نُطْقِ الْكَلِمَاتِ أَثْنَاءَ الْكِتَابَةِ.

Verbinden Sie die Buchstaben gemäß den Beispielen und sprechen Sie während des Schreibens die Wörter aus!

qámar	قَمَر = قَ + مَ + ر	ṣidq	صِدْق = صِ + دْ + ق
		málik	______________ = مَ + لِ + ك

wálad	______________	=	وَ + لَ + د
sámak	______________	=	سَ + مَ + ك
šáğar	______________	=	شَ + جَ + ر
báṭal	______________	=	بَ + طَ + ل
máṭar	______________	=	مَ + طَ + ر
báṣal	______________	=	بَ + صَ + ل
عásal	______________	=	عَ + سَ + ل
šáms	______________	=	شَ + مْ + س
mílḥ	______________	=	مِ + لْ + ح
bárq	______________	=	بَ + رْ + ق
ءákl	______________	=	أَ + كْ + ل
bínt	______________	=	بِ + نْ + ت
wárd	______________	=	وَ + رْ + د
zárع	______________	=	زَ + رْ + ع

تَمْرِينُ ى) صِلِ الْحُرُوفَ طِبْقًا لِلنُّمُوذَجِ، مَعَ نُطْقِ الْكَلِمَاتِ أَثْنَاءَ الْكِتَابَةِ.

Verbinden Sie die Buchstaben gemäß den Beispielen und sprechen Sie während des Schreibens die Wörter aus!

saɛā	سَ + عَ + ى = سَعَى *	sámā	سَ + مَ + ا = سَمَا *

P. S.: *) Das Alif -a am Ende des Wortes wird manchmal Alif -a ـَا z. B. "عَصَا". und manchmal yāɛ -a ـَى z. B. "لَيْلَى" geschrieben. Im Band II dieses Lehrwerkes wird dieses Problem eingehend behandelt. Wir müssen uns also noch ein wenig gedulden.

(a)

ɛáṣā	______	عَ + صَ + ا =
ǧálā	______	جَ + لَ + ا =
dáɛā	______	دَ + عَ + ا =
ɛálā	______	عَ + لَ + ا =
námā	______	نَ + مَ + ا =
ḫálā	______	خَ + لَ + ا =

(b)

qáḍā	______	قَ + ضَ + ى =
ǧánā	______	جَ + نَ + ى =
hádā	______	هَـ + دَ + ى =
mū́sā	______	مُ + و + سَ + ى =

mușṭáfā	________ =	مُ + صْ + طَ + فَ + ى
mustášfā	________ =	مُ + سْ + تَ + شْ + فَ + ى

P.S.: *) Das ءálif -ā am Ende des Wortes wird manchmal ءálif -ā ـَا und manchmal yāء -ā ـَى geschrieben. Im Band II dieses Lehrwerkes wird dieses Problem eingehend behandelt. Wir müssen uns also noch ein wenig gedulden.

تَمْرِينُ ك) صِلِ الْحُرُوفَ طِبْقًا لِلنُّمُوذَجِ، مَعَ نُطْقِ الْكَلِمَاتِ أَثْنَاءَ الْكِتَابَةِ.

Verbinden Sie die Buchstaben gemäß den Beispielen und sprechen Sie während des Schreibens die Wörter aus!

ءúsra(h)	أُسْرَة = أُ + سْ + رَ + ة	ṣiḥī	صِحِي = صِ + حِ + ى

(a)

	عíli	________ =	عِ + لِ + ى
	ríḍī	________ =	رِ + ضِ + ى
	fíḍī	________ =	فِ + ضِ + ى
	عími	________ =	عِ + مِ + ى
	wiṭī	________ =	وِ + طِ + ى
	hídī	________ =	هِـ + دِ + ى

(b)

sámaka(h)	________________	=	سَ + مَ + كَ + ة
šáǧara(h)	________________	=	شَ + جَ + رَ + ة
wárda(h)	________________	=	وَ + رْ + دَ + ة
šárika(h)	________________	=	شِ + رْ + كَ + ة
qúṭṭa(h)	________________	=	قُ + طْ + طَ + ة
ginḗna(h)	________________	=	جِ + نِ + ى + نَ + ة
madrása(h)	________________	=	مَ + دْ + رَ + سَ + ة
ḥadī́qa(h)	________________	=	حَ + دِ + ى + قَ + ة
maṭḥána(h)	________________	=	مَ + طْ + حَ + نَ + ة

P. S.: Das Femininzeichen ة , ـة wird in der Pausalform oder als Einzelwort wie ـه h, in der Verbindung (mit einem anderen Wort) wie ت t ausgesprochen. Also sprechen Sie bitte hier das Femininzeichen ـة wie ein hörbares ـه h aus!

تَمْرِينُ ل) اِنْطِقِ الْكَلِمَاتِ التَّالِيَةَ مُسْتَعِينًا فِي ذَلِكَ بِالْحُرُوفِ اللاَّتِينِيَّةِ . لَاحِظْ
عِنْدَ نُطْقِكَ لِلْكَلِمَاتِ أَنَّ الْحُرُوفَ الْمَوْضُوعَ تَحْتَهَا خَطٌّ فِى الْمَجْمُوعَةِ
" a " يُنْطَقُ بِهَا مُطْبَقَةً، مُقَارِنًا بَيْنَهَا وَبَيْنَ كَلِمَاتِ الْمَجْمُوعَةِ " b ".

Sprechen Sie die folgenden Wörter mit Hilfe der Umschrift aus! Achten Sie bei der Aussprache darauf, daß die Buchstaben in Gruppe “a” emphatisch ausgesprochen werden, d. h. “a” wie das deutsche “a” in Tal oder Saal und vergleichen Sie die Wörter in Gruppe “a” mit denen in Gruppe “b”!

a emphatisch	b nichtemphatisch	a emphatisch	b nichtemphatisch
ḫā́laṭa خَالَطَ	ḫā́lafa خَالَفَ	bā́ḍa بَاضَ	bā́ta بَاتَ
εā́šara عَاشَرَ	εā́wada عَاوَدَ	wáεaẓa وَعَظَ	wáεada وَعَدَ
lā́ṣaqa لَاصَقَ	lā́waεa لَاوَعَ	wáḍaεa وَضَعَ	wádaεa وَدَعَ
fā́ḍala فَاضَلَ	fā́taḥa فَاتَحَ	wáraε وَرَع	wáriε وَرِع
bárra بَرَّ	bátta بَتَّ	wárṭa وَرْطَة	wárda وَرْدَة
wáεaẓa وَعَظَ	wáεada وَعَدَ	šáṭṭa شَطَّ	šádda شَدَّ
báṣṣ بَصّ	báss بَسّ	ḥaḍḍa حَضَّ	ḥáṯṯa حَثَّ
máṭṭ مَطّ	mádd مَدّ	šā́raka شَارَكَ	šā́hada شَاهَدَ
máṣṣ مَصّ	máss مَسّ	mā́ṭala مَاطَلَ	mā́yala مَايَلَ
bā́raka بَارَكَ	bā́dala بَادَلَ	wā́ṣala وَاصَلَ	wā́εada وَاعَدَ

a emphatisch		b nichtemphatisch		a emphatisch		b nichtemphatisch	
nâṣiḥ	نَاصِح	nâziḥ	نَـازِح	baṭṭâl	بَطَّال	baddâl	بَدَّال
šâṭir	شَاطِر	šâkir	شَاكِر	ɛaḍḍâḍ	عَضَّاض	ɛaddâd	عَدَّاد
nâqiṣ	نَاقِص	nâdir	نَـادِر	ḫabbâṣ	خَبَّاص	ḫabbâz	خَبَّاز
ṣâqiṭ	سَاقِط	sâniḥ	سَانِح	wárṭa	وَرْطَة	wárda	وَرْدَة
wâqiɛ	وَاقِع	wârid	وَارِد	láḥẓa	لَحْظَة	láḥsa	لَحْسَة
fâḍil	فَاضِل	fâtiḥ	فَاتِـح	sáṭr	سَطْر	sámɛ	سَمْع
bâṭil	بَاطِل	bârid	بَارِد	wáḍaɛa	وَضَعَ	wádaɛa	وَدَعَ

الدَّرْسِ الْأَوَّلَانِى

اِنْتَ مِين؟

- اِنْتَ مِين؟ اَنَا تُومَاس هُوفْمَان .

اِنْتَ مْنِين يَا تُومَاس؟ اَنَا مِنْ أَلْمَانْيَا .

- وِانْتَ مِين؟ اَنَا چَاك پِيير .

اِنْتَ مْنِين يَا چَاك؟ اَنَا مِنْ بَلْچِيكَا .

- وِانْتِ؟ اِنْتِ مِين؟ اَنَا مُونِيكَا پِيتَرْز .

اِنْتِ مْنِين يَا مُونِيكَا؟ أَنَا مِنْ سِوِيسْرَا .

ـ وِانْتِ؟ اِنْتِ مِين؟ أَنَا مَارِيَا مُورُو .

اِنْتِ مْنِين يَا مَارِيَا؟ أَنَا مِنْ إِيطَالْيَا .

ـ وِهُوَّ؟ هُوَّ مِين؟ هُوَّ مَهْدِى خَان .

مَهْدِى خَان مِنِين؟ هُوَّ مِنْ إِنْدُونِيسْيَا .

ـ وِهُوَّ؟ هُوَّ مِين؟ هُوَّ أَنْطُونْيُو .

أَنْطُونْيُو مْنِين؟ هُوَّ مِنْ أَسْبَانْيَا .

ـ وِهِيَّ؟ هِيَّ مِين؟ هِيَّ سُوزِى فُورْد .

سُوزِى فُورْدِ مْنِين؟ هِيَّ مِنْ أَمْرِيكَا .

ـ وِهِيَّ؟ هِيَّ مِين؟ هِيَّ دَالِيدَا .

دَالِيدَا مْنِين؟ هِيَّ مِنْ فَرَنْسَا .

ـ وَانَا؟ انَا مِين؟ أَنَا يُسْرِى .

هُوَّ يُسْرِى مْنِين؟ هُوَّ مِنْ تُرْكِيَا .

- وَانا؟ اَنَا مِين؟ اَنَا دِينَا .

هِيَّ دِينَا مْنِين؟ هِيَّ مِنْ هُولَنْدَا .

- أَلَّا اِنْتَ مْحَمَّد؟ أَيْوَه ، اَنَا مْحَمَّد .

هُوَّ مْحَمَّد مِنِين؟ مِحَمَّد مِنْ لِيبْيَا .

- أَلَّا اِنْتِ فَاطْمَة؟ أَيْوَه ، اَنَا فَاطْمَة.

هِيَّ فَاطْمَة مْنِين؟ فَاطْمَة مِنْ سُورْيَا .

اَنَا اِنْتَ اِنْتِ هُوَّ هِيَّ

- مِين دَه؟ دَه تُومَاس . تُومَاس مِنْ أَلْمَانْيَا .

مِين دِي؟ دِي مُونِيكَا . مُونِيكَا مِنْ سِوِيسْرَا .

- هُوَّ دَه مَهْدِي؟ أَيْوَه ، هُوَّ مَهْدِي. هُوَّ مِنْ إِنْدُونِيسْيَا .

هِيَّ دِي سُوزِي؟ أَيْوَه ، هِيَّ سُوزِي . هِيَّ مِنْ أَمْرِيكَا .

- هُوَّ تُومَاس مِنْ مَصْر؟ لَأْ ، تُومَاس مِشْ مِنْ مَصْر. هُوَّ مِنْ أَلْمَانْيَا.

- هِيَّ مُونِيكَا مِنْ أَلْمَانْيَا؟ لَأْ، مُونِيكَا مِشْ مِنْ أَلْمَانْيَا. هِيَّ مِنْ سِوِيسْرَا.

- هُوَّ انْتَ مِنْ إيطَالْيَا؟ لأْ، اَنَا مِشْ مِنْ إيطَالْيَا. اَنَا مِنْ أَلْمَانْيَا .
- هُوَّ انْتِ مِنْ فَرَنْسَا؟ لأْ، اَنَا مِشْ مِنْ فَرَنْسَا. اَنَا مِنْ أَلْمَانْيَا .
- اِنْتَ مِنْ تُرْكِيَا وَاللَّا مِنْ إنْدُونِيسْيَا؟ اَنَا مِنْ تُرْكِيَا .
- اِنْتِ مِنْ إيطَالْيَا وَاللَّا مِنْ سِوِيسْرَا؟ اَنَا مِنْ سِوِيسْرَا .
- هُوَّ انْتَ مِنْين؟ هُوَّ انْتِ مِنْين؟ هُوَّ مَهْدِى مِنْين؟ هِيَّ سُوزِى مِنْين؟

Vokabeln مُفْرَدَاتٌ

du m.	*ínta*	اِنْتَ
wer?	*mīn?*	مِين؟
ich	*ána*	أَنَا
Thomas Hofmann (männl. Name)	*tṓmas hṓfmān*	تُومَاس هُوفْمَان
woher?; von wo?	*minḗn?*	مِنِين؟
o!, oh! (Vokativpartikel)	*yā*	يَا
von, aus	*min*	مِنْ
Deutschland	*ʾalmā́nyā*	أَلْمَانْيَا
und	*wi*	وِ
Jaques Pierre (männl. Name)	*ǧāk biyḗr*	چَاك پِيير
Belgien	*balǧīkā*	بَلْچِيكَا
du f.	*ínti*	اِنْتِ
Monika Peters (weibl. Name)	*mṓnīkā bīterz*	مُونِيكَا پِيتَرْز
die Schweiz	*siwīsrā*	سِوِيسْرَا
Maria Moro (weibl. Name)	*māríyā mṓrō*	مَارِيَا مُورُو

Italien	*ʾīṭâlyā.*	إِيطَالْيَا
er	*húwwa*	هُوَّ
Mahdi Khan (männl. Name)	*máhdī ḫân*	مَهْدِي خَان
Indonesien	*ʾindūnîsyā*	إِنْدُونِيسْيَا
Antonio (männl. Name)	*ʾanṭônyō*	أَنْطُونْيو
Spanien	*ʾasbânyā*	أَسْبَانْيَا
sie	*híyya*	هِيَّ
Susi Ford (weibl. Name)	*sûzī fôrd*	سُوزِي فُورْد
Amerika	*ʾamrîkā*	أَمْرِيكَا
Dalida (weibl. Name)	*dālîdā*	دَالِيدَا
Frankreich	*faránsā*	فَرَنْسَا
Jusri (männl. Name)	*yúsrī*	يُسْرِي
Türkei	*turkíyā*	تُرْكِيَا
Dina (weibl. Name)	*dînā*	دِينَا
Holland, Niederlande	*hūlándā*	هُولَنْدَا

ʾállā ... = húwwa, híyya, húmma أَلَّا؟ ... = هُوَّ، هِيَّ، هُمَّ
Verstärkungspartikel für Fragesätze

Ahmed (männl. Name)	*aḥmad*	أَحْمَد

Salwa (weibl. Name)	*sálwā*	سَلْوَى
Ägypten	*máṣr*	مَصْر
auch, noch	*kamân*	كَمَان
das, dieser m.	*dáh*	دَه
das; diese f.	*dī*	دِى
Mohammed (männl. Name)	*miḥámmad*	مِحَمَّد
Libyen	*lībyā*	لِيبْيَا
Fatima (weibl. Name)	*fāṭma*	فَاطْمَة
Syrien	*sūryā*	سُورْيَا
ja	*ɛáywa*	أَيْوَه
nein	*láɛ*	لَأْ
nicht, kein	*míš*	مِشْ
oder	*wálla*	وَاللَّا

Grammatik قَوَاعِدُ

1 - فِعْلُ الْكَوْن

Das Verb "sein"

Im Arabischen wird das Verb "sein" in Präsenssätzen nicht ausgedrückt:

أَنَا تومَاس	ich "bin" Thomas
إِنْتَ مِين؟	Wer "bist" du?

2 - حَرْفُ الْعَطْفِ " وِ "

Die Konjunktion "wi"

Die Konjunktion وِ wird stets mit dem nachfolgenden Wort zusammengeschrieben.
Dasselbe gilt für Präpositionen, Partikel und Konjunktionen, sofern diese aus einem einzigen Buchstaben bestehen. Ausnahme davon sind die abgekürzten Wörter, wie:

فِي *fī* = فْ in عَلَى *ɛálā* = عَ auf مِنْ *mín* = مِ von

3 - جُمْلَةُ الاسْتِفْهَام

Der Fragesatz

a) Zur Bildung des Fragesatzes wird eine Fragepartikel dem Satz vorangestellt, wie:

مِين دَه؟	Wer ist das?

Manchmal wird die Fragepartikel dem Satz nachgestellt, wie:

اِنْتَ مِين؟ Wer bist du?

b) Fragesätze werden auch ohne Fragepartikel gebildet. Die Betonung liegt in diesem Fall auf dem letzten Wort, wie:

دَه عَلِى؟	*(da ɛálī?)*	Ist das Ali?
دِى مُونيكَا؟	*(dī mónika?)*	Ist das Monika?

4 - **تَأْكِيدُ جُمْلَةِ الاِسْتِفْهَامِ**

Verstärkung des Fragesatzes

a) Zur Verstärkung des Fragesatzes werden die Personalpronomina (هُوَّ Sing. m., هِىَّ Sing. f. und هُمَّ Pl.) vorangesetzt, wie:

هُوَّ تُومَاس مِنْ مَصْر؟	Ist Thomas aus Ägypten?
هِىَّ سُوزِى مِنْ أَمْرِيكَا؟	Ist Susi aus Amerika?

Bezieht sich der Fragesatz auf die 1. oder die 2. Person Singular oder Plural, dann verwendet man zur Verstärkung des Fragesatzes das Personalpronomen هُوَّ ohne Unterschied zwischen maskulin und feminin, wie

هُوَّ انْتَ تُومَاس هُوفْمَان؟	Bist du Thomas Hofmann?
هُوَّ انْتِ مُونيكَا پيترْز؟	Bist du Monika Peters?

b) Als Verstärkungspartikel wird auch أَلَّا *ʕállā* verwendet. Die Partikel أَلَّا kann man mit allen Personen im Singular oder Plural verwenden, wie:

أَلَّا تُومَاس مِنْ مَصْر؟	Ist Thomas aus Ägypten?
أَلَّا سُوزِى مِنْ أَمْرِيكَا؟	Ist Susi aus Amerika?

5 - **الْمُنَـادَى**

Der Vokativ

Wenn man eine oder mehrere Personen anspricht oder ruft, wird vor die Anrede ein يَا *"yā"* gesetzt, wie:

اِنْتِ مْنِين يَا دِينَا؟	Woher kommst du Dina?

6 - **سُقُوطُ الْحَرَكَةِ**

Der Wegfall eines Vokals

Wenn im Ägyptisch-Arabischen zwei offene Silben aufeinander folgen und die zweite Silbe einen kurzen unbetonten Vokal hat, nämlich i oder u (jedoch nicht den Vokal a), dann verliert die zweite Silbe ihren Vokal, wie:

أَنَا + هِشَام ← أَنَا هْشَام	(ana + hišām) → ana hšām
اِنْتَ + مِنِين؟ ← اِنْتَ مْنِين	(inta + minḗn?) → inta mnḗn?

7 - الأَعْدَادُ الأَصْلِيَّةُ ١ - ١٠

Die Kardinalzahlen 1 - 10

Lernen Sie die folgenden Kardinalzahlen auswendig!

6 sechs	*sítta*	سِتَّة	٦	1 eins	*wâḥid*	وَاحِد	١
7 sieben	*sábɛa*	سَبْعَة	٧	2 zwei	itnên	اِتْنِين	٢
8 acht	tamânya	تَمَانْيَة	٨	3 drei	talâta	تَلَاتَة	٣
9 neun	*tísɛa*	تِسْعَة	٩	4 vier	*ɛarbáɛa*	أَرْبَعَة	٤
10 zehn	*ɛášara*	عَشَرَة	١٠	5 fünf	*ḫámsa*	خَمْسَة	٥

Übungen تَمَارِيـنُ

تَمْرِينُ أ) أَجِبْ عَمَّا يَأْتِى، تَتَبَّعِ النُّمُوذَجَ .

Antworten Sie nach dem folgenden Beispiel!

مِين دَه؟ (تُومَاس) - دَه تُومَاس.

مِين دِى؟ (مُونِيكَا) - دِى مُونِيكَا.

١ - مِين دَه؟ (مَهْدِى) - ده مَهْدِى

٢ - مِين دِى؟ (سُوزِى) - دى سوزى

٣ - مِين دَه؟ (يُسْرِى) - دة يُسْرِى

٤ - مِين دِى؟ (مَارِيَا) - دى ماريا

٥ - مِين دَه؟ (أَنْطُونْيُو) - ____________

٦ - مِين دِى؟ (دَالِيدَا) - ____________

٧ - مِين دَه؟ (مِحَمَّد) - ____________

٨ - مِين دِى؟ (فَاطْمَة) - ____________

٩ - مِين دَه؟ (أَحْمَد) - ____________

تَمْرِينُ ب) أَجِبْ عَمَّا يَأْتِى، تَتَبَّعِ النُّمُوذَجَ .

Antworten Sie nach dem folgenden Beispiel!

اِنْتَ مِين؟ (يُسْرِى) - أَنَـا يُسْرِى .	اِنْتِ مِين؟ (مَارِيَا) - أَنَـا مَارِيَـا .

١ - اِنْتَ مِين؟ (أَنْطُونْيُو) - انا أنطونيو

٢ ـ اِنْتِ مِين؟ (مُونِيكَا) ـ انا مونيكا ______

٣ ـ اِنْتَ مِين؟ (چَاك) ـ ______

٤ ـ اِنْتِ مِين؟ (سُوزِى) ـ ______

٥ ـ اِنْتَ مِين؟ (مَهْدِى) ـ ______

٧ ـ اِنْتَ مِين؟ (تُومَاس) ـ ______

٨ ـ اِنْتِ مِين؟ (دَالِيدَا) ـ ______

٩ ـ اِنْتَ مِين؟ (مِحَمَّد) ـ ______

تَمْرِينُ ج) أَجِبْ عَمَّا يَأْتِى، تَتَبَّعِ النَّمُوذَجَ .

Antworten Sie nach dem folgenden Beispiel!

دَه مَهْدِى؟ ـ أَيْوَه، هُوَّ مَهْدِى.

دِى مُونِيكَا؟ ـ أَيْوَه، هِيَّ مُونِيكَا.

١ ـ دِى دَالِيدَا؟ ـ أَيْوَه، هِيَّ داليدا ______

٢ ـ دَه تُومَاس؟ ـ أَيْوَه، هُوَّ توماس ______

٣ ـ دِى دِينَا؟ ـ أَيْوَه، ______

٤ ـ دَه چَاك؟ ـ أَيْوَه، ______

٥ ـ دِى سُوزِى؟ ـ أَيْوَه، ______

٦ - دَه يُسْرِى؟ - أَيْوَه ، ____________

٧ - دِى مَارِيَـا؟ - أَيْوَه ، ____________

٨ - دَه أَنْطُونْيو؟ - أَيْوَه ، ____________

تَمْرِينُ د) أَجِبْ عَمَّا يَأْتِى، تَتَبَّعِ النُّمُوذَجَ .

Antworten Sie nach dem folgenden Beispiel!

هُوَّ دَه مَهْدِى؟ - أَيْوَه، هُوَّ مَهْدِى.

هِىَّ دِى سُوزِى؟ - أَيْوَه، هِىَّ سُوزِى.

١ - هُوَّ دَه أَنْطُونْيو؟ - أَيْوَه ، هو أنطونيو

٢ - هِىَّ دِى دَالِيدَا؟ - أَيْوَه ، هي داليدا

٣ - هُوَّ دَه يُسْرِى؟ - أَيْوَه ، هو يسرى

٤ - هِىَّ دِى دِينَـا؟ - أَيْوَه ، ____________

٥ - هُوَّ دَه چَاك؟ - أَيْوَه ، ____________

٦ - هِىَّ دِى سَلْوَى؟ - أَيْوَه ، ____________

٧ - هُوَّ دَه مُحَمَّد؟ - أَيْوَه ، ____________

٨ - هِىَّ دِى فَاطْمَة؟ - أَيْوَه ، ____________

تَمْرِينُ هـ) أَجِبْ عَمَّا يَأْتِي، تَتَبَّعِ النُّمُوذَجَ .

Antworten Sie nach dem folgenden Beispiel!

إِنْتَ مِنْ أَلْمَانْيَا؟ ـ أَيْوَه، أَنَا مِنْ أَلْمَانْيَا.

سُوزِى مِنْ أَمْرِيكَا؟ ـ أَيْوَه، هِيَّ مِنْ أَمْرِيكَا.

١ ـ جَاك مِنْ بَلْجِيكَا؟ ـ أَيْوَه ، هو من بلجيكا

٢ ـ مُونِيكَا مِنْ سِوِيسْرَا؟ ـ أَيْوَه ، هي من سويسرا

٣ ـ تُومَاس مِنْ أَلْمَانْيَا؟ ـ أَيْوَه ، __________

٤ ـ إِنْتِ مِنْ تُرْكِيَا؟ ـ أَيْوَه ، __________

٥ ـ دِينَا مِنْ هُولَنْدَا؟ ـ أَيْوَه ، __________

٦ ـ مِحَمَّد مِنْ لِيبْيَا؟ ـ أَيْوَه ، __________

٧ ـ مَارِيَا مِنْ إِيطَالْيَا؟ ـ أَيْوَه ، __________

٨ ـ مَهْدِى مِنْ إِنْدُونِيسْيَا؟ ـ أَيْوَه ، __________

٩ ـ دَالِيدَا مِنْ فَرَنْسَا؟ ـ أَيْوَه ، __________

١٠ ـ إِنْتَ مِنْ بَلْجِيكَا؟ ـ أَيْوَه ، __________

تَمْرِينُ و) أَجِبْ عَمَّا يَأْتِي، تَتَبَّعِ النَّمُوذَجَ .

Antworten Sie nach dem folgenden Beispiel!

هُوَّ تُومَاس مِنْ أَلْمَانْيَا؟ - أَيْوَه ، هُوَّ مِنْ أَلْمَانْيَا.

هُوَّ انْتَ مِنْ أَسْبَانْيَا؟ - أَيْوَه ، أَنَا مِنْ أَسْبَانْيَا.

١ - هُوَّ انْتَ مِنْ لِيبْيَا؟ - أَيْوَه ، هو من ليبيا

٢ - هِيَّ مَارِيَا مِنْ إِيطَالْيَا؟ - أَيْوَه ، هي من إيطاليا

٣ - هُوَّ جَاك مِنْ بَلْجِيكَا؟ - أَيْوَه ، ____________

٤ - هُوَّ انْتِ مِنْ أَلْمَانْيَا؟ - أَيْوَه ، ____________

٥ - هُوَّ احْمَد مِنْ مَصْر؟ - أَيْوَه ، ____________

٦ - هِيَّ فَاطْمَة مِنْ سُورْيَا؟ - أَيْوَه ، ____________

٧ - هُوَّ يُسْرِى مِنْ تُرْكِيَا؟ - أَيْوَه ، ____________

٨ - هِيَّ سُوزِى مِنْ أَمْرِيكَا؟ - أَيْوَه ، ____________

تَمْرِينُ ز) أَجِبْ عَمَّا يَأْتِي، تَتَبَّعِ النَّمُوذَجَ .

Antworten Sie nach dem folgenden Beispiel!

هُوَّ انْتَ مْنِين؟ (أَلْمَانْيَا) - أَنَا مِنْ أَلْمَانْيَا.

أَلَّا سُوزِى مْنِين؟ (أَمْرِيكَا) - هِيَّ مِنْ أَمْرِيكَا.

١ - أَلَّا انْتِ مْنِين؟ (إِيطَالْيَا) - انا من إيطاليا

٢ ـ هِيَّ مُونِيكَا مْنِين؟ (سِوِيسْرَا) -	________________
٣ ـ هُوَّ مْحَمَّد مِنِين؟ (لِيبْيَا) -	________________
٤ ـ هِيَّ فَاطْمَة مْنِين؟ (سُورْيَا) -	________________
٥ ـ أَلَّا جَاك مِنِين؟ (بَلْچِيكَا) -	________________
٦ ـ أَلَّا دَالِيدَا مْنِين؟ (فَرَنْسَا) -	________________
٧ ـ هُوَّ تُومَاس مِنِين؟ (أَلْمَانْيَا) -	________________
٨ ـ هِيَّ دِينَا مْنِين؟ (هُولَنْدَا) -	________________

تَمْرِينُ ح) أَجِبْ عَمَّا يَأْتِى بِالنَّفْىِ، تَتَبَّعِ النَّمُوذَجَ .

Antworten Sie mit der Verneinung! Folgen Sie dem Beispiel!

هِيَّ مُونِيكَا مِنْ أَمْرِيكَا؟ (سِوِيسْرَا) ـ لَأْ ، ...

ـ لَأْ ، مُونِيكَا مِش مِنْ أَمْرِيكَا. هِيَّ مِنْ سِوِيسْرَا

١ ـ هُوَّ احْمَد مِنْ بَاكِسْتَان؟ (مَصْر) ـ لَأْ ، أَحْمَد .مِش من ب. هُوَّ مِن مصر

٢ ـ هِيَّ سُوزِى مِنْ إِيطَالْيَا؟ (أَمْرِيكَا) ـ لَأْ ، سُوزِى ...

٣ ـ هُوَّ تُومَاس مِنْ فَرَنْسَا؟ (أَلْمَانْيَا) ـ لَأْ ، تُومَاس ...

٤ ـ هُوَّ مَهْدِى مِنْ تُرْكِيَا؟ (إِنْدُونِيسْيَا) ـ لَأْ ، مَهْدِى ...

٥ ـ هِيَّ فَاطْمَة مِنْ مَصْر؟ (سُورْيَا) ـ لَأْ ، فَاطْمَة ...

٦ ـ هُوَّ جَاك مِنْ فَرَنْسَا؟ (بَلچيكَا) ـ لأْ ، جَاك ...

٧ ـ هُوَّ انْتَ مِنْ مَصْر؟ (أَلْمَانْيَا) ـ لأْ ، اَنَا ...

٨ ـ هُوَّ انْتِ مِنْ سِوِيسْرَا؟ (إِيطَالْيَا) ـ لأْ ، اَنَا ...

تَمْرِينُ ط) أَجِبْ عَمَّا تَتَبَّعِ النُّمُوذَجَ .

Antworten Sie nach dem folgenden Beispiel!

> اِنْتَ مِنْ أَلْمَانْيَا وَاللَّا مِنْ سِوِيسْرَا؟ (أَلْمَانْيَا) ـ ...
> ـ اَنَا مِنْ أَلْمَانْيَا.

١ ـ مُونِيكَا مِنْ أَمْرِيكَا وَاللَّا مِنْ سِوِيسْرَا؟ (سِوِيسْرَا) ـ هي من سويسرا

٢ ـ يُسْرِى مِنْ تُرْكِيَا وَاللَّا مِنْ مَصْر؟ (تُرْكِيَا) ـ ...

٣ ـ تُومَاس مِنْ أَلْمَانْيَا وَاللَّا مِنْ إِيطَالْيَا؟ (أَلْمَانْيَا) ـ ...

٤ ـ سُوزِى مِنْ سِوِيسْرَا وَاللَّا مِنْ أَمْرِيكَا؟ (أَمْرِيكَا) ـ ...

٥ ـ اَحْمَدْ مِنْ مَصْر وَاللَّا مِنْ لِيبْيَا؟ (مَصْر) ـ ...

٦ ـ فَاطْمَة مِنْ سُورْيَا وَاللَّا مِنْ تُرْكِيَا؟ (سُورْيَا) ـ ...

٧ ـ اِنْتَ مِنْ سِوِيسْرَا وَاللَّا مِنْ فَرَنْسَا؟ (فَرَنْسَا) ـ ...

٨ ـ اِنْتِ مِنْ أَلْمَانْيَا وَاللَّا مِنْ بَلْچِيكَا؟ (أَلْمَانْيَا) ـ ...

تَمْرِينُ ى) أَجِبْ عَمَّا يَأْتِى تَتَبَّعِ النُّمُوذَجَ .

Antworten Sie nach dem folgenden Beispiel!

أَلَّا مْحَمَّد مِنْ مَصْر وَاللَّا مِنْ لِيبْيَا؟ (لِيبْيَا) ـ مِحَمَّد ...
ـ مِحَمَّد مِنْ لِيبْيَا.

١ ـ أَلَّا انْتَ مِنْ إِيطَالْيَا واللَّا مِنْ سِوِيسْرَا؟ (إِيطَالْيَا) ـ اَنَا ...

٢ ـ أَلَّا انْتِ مِنْ أَسْبَانْيَا وَاللَّا مِنْ فَرَنْسَا؟ (فَرَنْسَا) ـ اَنَا ...

٣ ـ أَلَّا احْمَد مِنْ سُورْيَا وَاللَّا مِنْ مَصْر؟ (مَصْر) ـ اَحْمَد ...

٤ ـ أَلَّا سُوزِى مِنْ سِوِيسْرَا وَاللَا مِنْ أَمْرِيكَا؟ (أَمْرِيكَا) ـ سُوزِى ...

٥ ـ أَلَّا چَاك مِنْ فَرَنْسَا وَاللَّا مِنْ بَلْچِيكَا؟ (بَلْچِيكَا) ـ چَاك ...

٦ ـ أَلَّا دَالِيدَا مِنْ سِوِيسْرَا وَاللَّا مِنْ فَرَنْسَا؟ (فَرَنْسَا) ـ دَالِيدَا ...

٧ ـ أَلَّا مَهْدِى مِنْ إِنْدُونِيسْيَا وَاللَّا مِنْ تُرْكِيَا؟ (تُرْكِيَا) ـ مَهْدِى ...

تَمْرِينُ ك) صِلْ كُلَّ كَلِمَتَيْنِ، مَعَ حَذْفِ الْحَرَكَةِ مِنَ الْمَقْطَعِ الثَّانِى الْمَفْتُوحِ إِنْ كَانَ مُشَكَّلًا بِالْكَسْرِ أَوِ الضَّمِّ، وَلَمْ يَكُنْ مَنْبُورًا. تَتَبَّعِ النُّمُوذَجَ.

Verbinden Sie jeweils zwei Wörter! Lassen Sie den kurzen Vokal aus der zweiten offenen Silbe wegfallen, wenn der Vokal i oder u bzw. o und unbetont ist. Folgen Sie dabei dem Beispiel

ـ اِنْتَ مْنِين؟	←	(ínta + minên)	اِنْتَ + مِنِين؟
ـ دِى مْونِيكَا.	←	(di + mónika)	دِى + مُونِيكَا

ـ ________	←	(ána + hišâm)	١ ـ اَنَا + هِشَام

________ -	←	(fī + siwísra)	٢ ـ فِى + سِوِيسْرَا
________ -	←	(híyya + minén?)	٣ ـ هِىَّ + مِنِين؟
________ -	←	(di + faránsā)	٤ ـ دِى + فَرَنْسَا
________ -	←	(húwwa + miḥámmad)	٥ ـ هُوَّ + مِحَمَّد
________ -	←	(da + ɛálī)	٦ ـ دَه + عَلِى

تَمْرِينُ ل) اِنْطِقِ الْأَعْدَادَ التَّالِيَةَ بِاللُّغَةِ الْعَرَبِيَّةِ، ثُمَّ اكْتُبْهَا بِالْحُرُوفِ .

Sprechen Sie die folgenden Ziffern auf Arabisch und schreiben Sie diese mit arabischen Buchstaben! Folgen Sie dem Beispiel!

talâta	٣ = تَلَاتَـة
tamánya	٨ = تَمَانْيَة

٣ = ________	٤ = ________	٥ = ________	٢ = ________
٧ = ________	٩ = ________	٨ = ________	٦ = ________
٦ = ________	١ = ________	٢ = ________	٩ = ________
١٠ = ________	٥ = ________	٣ = ________	٧ = ________

تَمْرِينُ م) تَرْجِمْ إِلَى اللُّغَةِ الْأَلْمَانِيَّةِ — Übersetzen Sie ins Deutsche!

١ ـ مِين دَه؟ هُوَّ دَه يُسْرِى؟ أَيْوَه، هُوَّ يُسْرِى .

٢ ـ مِين دِى؟ دِى فَاطْمَة؟ أَيْوَه، هِىَّ فَاطْمَة .

٣ - اِنْتَ مِين؟ هُوَّ انْتَ تُومَاس؟ أَيْوَه، اَنَا تُومَاس .

٤ - اِنْتِ مِين؟ هُوَّ انْتِ مُونِيكَا؟ أَيْوَه، اَنَا مُونِيكَا .

٥ - هُوَّ أَنْطُونْيو مِنْ إيطَالْيَا وَاللَّا مِنْ أَسْبَانْيَا؟ هُوَّ مِنْ أَسْبَانْيَا .

٦ - هِيَّ سُوزِى مِنْ أَمْرِيكَا وَاللَّا مِنْ سِوِيسْرَا؟ هِيَّ مِنْ سِوِيسْرَا .

٧ - هُوَّ مْحَمَّد مِنْ سُورْيَا وَاللَّا مِنْ لِيبْيَا؟ هُوَّ مِنْ لِيبْيَا .

٨ - هِيَّ دَالِيدَا مِنْ فَرَنْسَا وَاللَّا مِنْ بَلْجِيكَا؟ هِيَّ مِنْ فَرَنْسَا .

Übersetzen Sie ins Arabische! تَمْرِينُ ن) تَرْجِمْ إِلَى اللُّغَةِ الْعَرَبِيَّةِ

1 - Wer bist du? Ich bin Jaques. Ich bin aus Belgien.

2 - Wer bist du? Ich bin Maria. Ich bin aus Italien

3 - Bist du Jusri? Ja, ich bin Jusri. Ich bin aus der Türkei.

4 - Bist du Dalida? Ja, ich bin Dalida. Ich bin aus Frankreich.

5 - Wer ist er? Ist er Mahdi? Ja, er ist Mahdi. Er ist aus Indonesien.

6 - Wer ist sie? Ist sie Dina? Ja, sie ist Dina. Sie ist aus Holland.

7 - Ist Fatima aus Syrien oder Libyen? Sie ist aus Syrien.

8 - Ist Antonio aus Spanien oder Italien? Er ist aus Spanien.

الدَّرْسِ التَّانِى

مِين عَ الْبَاب؟

- مِين عَ الْبَاب؟

اَنَا مُونِيكَا.

- اِتْفَضَّلِى يَا مُونِيكَا، اِدْخُلى.

- مِين كَمَان عَ الْبَاب؟

اَنَا تُومَاس.

- اِتْفَضَّل يَا تُومَاس، اِدْخُل.

اِحْنَا دِلْوَقْتِى فِى الْفَصْل. هِنَا طَلَبَة مِنْ دُوَل كِتِيرَة مُخْتَلِفَة.

هِنَا تُومَاس، هُوَّ مِنْ أَلْمَانْيَا، هُوَّ أَلْمَانِى.

وِهِنَا چَاك، هُوَّ مِنْ بَلْچِيكَا، هُوَّ بَلْچِيكِى.

وِهِنَا مُونِيكَا. هِىَّ مِنْ سِوِيسْرَا. هِىَّ سْوِيسْرِيَّة.

وِهِنَا مَارِيَا، هِىَّ مِنْ إِيطَالْيَا، هِىَّ إِيطَالِيَّة.

وِهِنَا مَهْدِى، هُوَّ مِنْ إِنْدُونِيسْيَا، هُوَّ إِنْدُونِيسِى.

وِهِنَا أَنْطُونْيو ، هُوَّ مِنْ أَسْبَانْيَا ، هُوَّ أَسْبَانِى .
وِهِنَا سُوزِى ، هِىَّ مِنْ أَمْرِيكَا ، هِىَّ أَمْرِيكِيَّة .
وِهِنَا دَالِيدَا، هِىَّ مِنْ فَرَنْسَا ، هِىَّ فَرَنْسِيَّة .
وِهِنَا يُسْرِى ، هُوَّ مِنْ تُرْكِيَا، هُوَّ تُرْكِى .
وِهِنَا دِينَا ، هِىَّ مِنْ هُولَنْدَا ، هِىَّ هُولَنْدِيَّة .
وِهِنَا مْحَمَّد ، هُوَّ مِنْ لِيبْيَا هُوَّ لِيبى .
وَانَا الْمُدَرِّس ، اَنَا مِنْ مَصْر ، اَنَا مَصْرِى .

هِنَا كُتُب كِتِيرَة . دَه كْتَاب تَعْلِيمِى عَرَبى ، وِدَه قَامُوس . دَه قَامُوس عَرَبى أَلْمَانِى لْتُومَاس . وِلْمُونِيكَا قَامُوس عَرَبى أَلْمَانِى .

وِدَه قَامُوس عَرَبى انْجِلِيزِى لْسُوزِى .
وِدَه قَامُوس عَرَبى تُرْكِى لْيُسْرِى .
وِدَه قَامُوس عَرَبى هُولَنْدِى لْدِينَا.
وِدَه قَامُوس عَرَبى إِيطَالِى لِمْحَمَّد .

- مَفِيش قَامُوس عَرَبِى إِنْدُونِيسِى؟

لَأْ، مَفِيش . لَكِنِ الْقَامُوس دَه عَرَبِى اِنْجِلِيزِى عَلَشَان مَهْدِى .

- وِالْقَامُوس دَه عَلَشَان مِين؟

الْقَامُوس دَه عَلَشَانِ الْمُدَرِّس . هُوَّ قَامُوس عَرَبِى عَرَبِى .

Vokabeln مُفْرَدَاتٌ

auf, an — ɛálā — عَلَى = عَ

Wer ist an der Tür — mín ɛ 'l-bāb — مِين عَ الْبَاب

Tür *die, -en* — bāb, Pl. ibwāb — بَاب ـ إِبْوَاب

اِتْفَضَّل .m، اِتْفَضَّلِي .f، اِتْفَضَّلُوا .Pl

bitte!, bitte schön! — *itfáḍḍal m., itfaḍḍálī f., itfaḍḍálū Pl.*

ídḫul m, idḫúlī f., idḫúlū Pl. Pl. اِدْخُلُوا ،.f اِدْخُلِي ،.m اِدْخُل

kommen Sie herein!, gehen Sie hinein!

auch, noch — *kamān* — كَمَان

wir — *iḥna* — إِحْنَا

jetzt — *dilwáqtī* — دِلْوَقْتِي

Klassenzimmer *das, -* — *fáṣl, Pl. fuṣūl* — فَصْل ـ فُصُول

hier, da — *hínā* — هِنَا

Student *der, -en* — *ṭālib, Pl. ṭálaba* — طَالِب ـ طَلَبَة

Staat *der, -en*, Land *das, -änder* — *dáwla, Pl. dúwal* — دَوْلَة ـ دُوَل

verschieden — *muḫtálif m., muḫtálifa f.* — مُخْتَلِف.m ـ مُخْتَلِفَة.f

Buch *das, -ücher*	*kitā́b; Pl. kútub*	كِتَاب - كُتُب
Lehrbuch *das, -ücher*	*kitā́b taɛlī́mī*	كِتَاب تَعْلِيمِى
Araber *der, -*, arabisch	*ɛárabī*	عَرَبِى
Wörterbuch *das, -ücher*	*qāmū́s, Pl. qawāmī́s*	قَامُوس - قَوَامِيس
es gibt	*fī́h*	فِيه
genug	*kifā́ya*	كِفَايَة
jeder	*kulli wā́ḥid*	كُلِّ وَاحِد
Engländer, englisch	*ingilī́zī*	اِنْجِلِيزِى
es gibt nicht	*mafī́š*	مَفِيش
aber	*lā́kin*	لَكِن
für, wegen; deshalb, um zu, weil	*ɛalašā́n*	عَلَشَان
Lehrer *der, -*	*mudárris, Pl. mudarrisī́n*	مُدَرِّس - مُدَرِّسِين
eins = 1	*wā́ḥid*	وَاحِد = ١
zwei = 2	*itnḗn*	اِتْنِين = ٢
drei = 3	*talā́tā*	تَلَاتَة = ٣
vier = 4	*arbáɛa*	اَرْبَعَة = ٤

fünf = 5	*ḫámsa*	٥ = خَمْسَة
sechs = 6	*sítta*	٦ = سِتَّة
sieben = 7	*sábεa*	٧ = سَبْعَة
acht = 8	*tamánya*	٨ = تَمَانْيَة
neun = 9	*tísεa*	٩ = تِسْعَة
zehn = 10	*εášara*	١٠ = عَشَرَة

Grammatik قَوَاعِدُ

1 - النَّسَبُ

Die Nisbaform

a) Zur Bildung der Nisbaform (d. h. Adjektive der Zugehörigkeit) wird die Nachsilbe "ـِي -ī" dem Nomen in maskulin und "ـِيَّة -íyya" in feminin angehängt, wie:

Land / Stadt	Nisbaform	
	maskulin	feminin
مَصْر Ägypten	مَصْرِي	مَصْرِيَّة
بَرْلِين Berlin	بَرْلِينِي	بَرْلِينِيَّة

P. S.: "Nisba" ist ein arabisches Wort, das von den Orientalisten benutzt wird und bedeutet: die Zugehörigkeit.

2 - مَا يُحْذَفُ لِلنَّسَبِ

**Die bei der Nisbaform aus-
fallenden Buchstaben**

Bei Auftreten der Nisbaform verschwinden die Endungen ـَة, ـَا, ـِيَا, wie:

Land / Stadt	Nisbaform	
	maskulin	feminin
مَكَّة → مَكّ →	مَكِّي	مَكِّيَّة
أَمْرِيكَا → أَمْرِيك →	أَمْرِيكِي	أَمْرِيكِيَّة
إِيطَالْيَا → إِيطَال →	إِيطَالِي	إِيطَالِيَّة

3 - النَّسَبُ بِاللَّاحِقَةِ " ـَاوِى"

Nisbaform mit der Endung "-âwī"

Die Endungen ـَة , ـَا und ـيَا werden manchmal zu ـَاوِى, wie:

Land / Stadt	Nisbaform	
	maskulin	feminin
غَزَّة Gazza	غَزَّاوِى	غَزَّاوِيَّة
طَنْطَا Tantā	طَنْطَاوِى	طَنْطَاوِيَّة
الْمِنْيَا al-mínyā	مِنْيَاوِى	مِنْيَاوِيَّة
النِّمْسَا * an-nímsā	نِمْسَاوِى	نِمْسَاوِيَّة

P. S.: * النِّمْسَا (lies: an-nímsa). Das " ل *l* " des Artikels wird in "n" assimiliert (s. Lekt. 3).

4 - أَدَاةُ التَّعْرِيفِ

Der Artikel

Ein Nomen, sei es Singular, Dual oder Plural, maskulin oder feminin, wird durch das vorgesetzte "الْ *al* " determiniert, wie:

indeterminiert	determiniert
كِتَاب ein Buch	الْكِتَاب das Buch
كُتُب Bücher	الْكُتُب die Bücher
مُدَرِّسَة eine Lehrerin	الْمُدَرِّسَة die Lehrerin

5 - الصِّفَـةُ

Das Adjektiv

a) Attributive Adjektive werden dem zugehörigen Nomen nachgestellt und stimmen mit ihm in Genus, Numerus und Determination überein, wie:

indeterminiert	determiniert
مُدَرِّس مَصْرِى ein ägyptischer Lehrer	الْمُدَرِّس الْمَصْرِى der ägyptische Lehrer
مُدَرِّسَة مَصْرِيَّة eine ägyptische Lehrerin	الْمُدَرِّسَة الْمَصْرِيَّة die ägyptische Lehrerin

b) Steht das Adjektiv im Satz als Prädikat, dann bleibt es in der Regel indeterminiert, wie:

feminin	maskulin
الْمُدَرِّسَة دِى مَصْرِيَّة diese Lehrerin ist Ägypterin	الْكِتَاب دَه عَرَبِى dieses Buch ist arabisch

6 - حَرْفُ الْجَرِّ لِـ

Die Präposition "li"

Die Präposition "لِـ li- für" wird stets mit dem nachfolgenden Wort zusammengeschrieben. Steht لِـ vor dem Artikel الـ , dann fällt das Verbindungs-Alif weg, d. h. " الْمُدَرِّس " schreibt man لِلْمُدَرِّس :

لِلْمُدَرِّسِ * für den Lehrer, dem Lehrer

7 - الْجَمْعُ

Der Plural

Der Plural ist im Arabischen - wie in vielen anderen Sprachen - meist unregelmäßig. In der Liste der Vokabeln ist der Singular mit dem Plural angegeben. Sie müssen deshalb ab jetzt das Wort gleich mit seinem Plural auswendig lernen.

Der Plural wird in Lektion 4 ausführlich behandelt.

8 - بَعْضُ أَسْمَاءِ الْبِلَادِ وَصِيَغُ النِّسْبَةِ مِنْهَا

Einige Ländernamen mit ihren Nisbaformen

النِّسْبَةُ مُؤَنَّثَة Nisbaf. f.	النِّسْبَةُ مُذَكَّرَة Nisbaf. m.	اِسْمُ الْبَلَدِ Land		
مَصْرِيَّة	مَصْرِى	*máṣr*	مَصْر	Ägypten
لِبْنَانِيَّة	لِبْنَانِى	*libnā́n*	لِبْنَان	Libanon
تُونِسِيَّة	تُونِسِى	*tū́nis*	تُونِس	Tunesien
أَلْمَانِيَّة	أَلْمَانِى	*ʾalmā́nyā*	أَلْمَانْيَا	Deutschland
أَمْرِيكِيَّة	أَمْرِيكِى	*ʾamrī́kā*	أَمْرِيكَا	Amerika
سِوِيسْرِيَّة	سِوِيسْرِى	*siwī́srā*	سِوِيسْرَا	Schweiz
إِيطَالِيَّة	إِيطَالِى	*ʾiṭā́lyā*	إِيطَالْيَا	Italien
سُورِيَّة	سُورِى	*sū́ryā*	سُورْيَا	Syrien
تُرْكِيَّة	تُرْكِى	*turkī́yā*	تُرْكِيَا	Türkei

النِّسْبَةُ مُؤَنَّثة Nisbaf. f.	النِّسْبَةُ مُذَكَّرَةً Nisbaf. m.	اِسْمُ الْبَلَدِ Land		
رُوسِيَّة	رُوسِى	rūsyā	رُوسْيَا	Rußland
بَلْجِيكِيَّة	بَلْجِيكِى	balǧīkā	بَلْجِيكَا	Belgien
إِنْدُونِيسِيَّة	إِنْدُونِيسِى	ءindūnīsyā	إِنْدُونِيسْيَا	Indonesien
عِرَاقِيَّة	عِرَاقِى	il-ɛirāq	الْعِرَاق	Iraq
جَزَائِرِيَّة	جَزَائِرِى	il-gazāyir	الْجَزَائِر	Algerien
مَغْرِبِيَّة	مَغْرِبِى	il-maġrib	الْمَغْرِب	Marokko
يُونَانِيَّة	يُونَانِى	il-yūnān	الْيُونَان	Griechenland
سُعُودِيَّة	سُعُودِى	is-suɛūdíyya	السُّعُودِيَّة*	Saudi-Arabien
نِمْسَاوِيَّة	نِمْسَاوِى	in-nimsā	النِّمْسَا*	Österreich
فَرَنْسَاوِيَّة	فَرَنْسَاوِى	faránsā	فَرَنْسَا	Frankreich
اِنْجِلِيزِيَّة	اِنْجِلِيزِى	ingiltírā	اِنْجِلْتِرَا*	England

Anmerkungen:

*السُّعُودِيَّة (lies: as-suɛūdíyya), النِّمْسَا (lies: an-nímsā). In den beiden Wörtern wird "ل l" des Artikels in "s" bzw. "n" assimiliert (s. Lekt. 3).

* Eine Ausnahme der Regel bildet die Nisbaform von اِنْجِلْتِرَا:

اِنْجِلِيزِىّ und اِنْجِلِيزِيَّة Engländer; englisch.

Übungen تَمَارِينُ

تَمْرِينُ أ) أُذْكُرْ ، حَسَبَ النُّمُوذَجِ ، صِيَغَ النَّسَبِ مُذَكَّرَةً وَمُؤَنَّثَةً مِنَ الْكَلِمَاتِ التَّالِيَةِ. تَتَبَّعِ النُّمُوذَجَ.

Bilden Sie nach dem Beispiel die maskuline und die feminine Nisbaform der folgenden Wörter!

إِنْدُونِيسْيَا ←	إِنْدُونِيسِي ، إِنْدُونِيسِيَّة
١ - أَسْبَانْيَا ←	______ ، ______
٢ - مَصْر ←	______ ، ______
٣ - سِوِيسْرَا ←	______ ، ______
٤ - أَلْمَانْيَا ←	______ ، ______
٥ - بَلْجِيكَا ←	______ ، ______
٦ - أَمْرِيكَا ←	______ ، ______
٧ - لِيبْيَا ←	______ ، ______
٨ - إِيطَالْيَا ←	______ ، ______
٩ - تُرْكِيَا ←	______ ، ______
١٠ - سُورْيَا ←	______ ، ______
١١ - لِبْنَان ←	______ ، ______
١٢ - رُوسْيَا ←	______ ، ______

تَمْرِينُ ب) أَسْمَاءُ بَعْضِ الْبِلَادِ التَّالِيَةِ جَدِيدَةٌ عَلَيْكَ . حَاوِلْ أَنْ تَذْكُرَ مِنْهَا صِيَغَ النَّسَبِ لِكُلٍّ مِنَ الْمُذَكَّرِ وَالْمُؤَنَّثِ . تَتَبَّعِ النَّمُوذَجَ.

Einige der folgenden Ländernamen sind für Sie neu. Versuchen Sie trotzdem, davon die Nisbaform für die beiden maskulinen und femininen Eigenschaftswörter zu bilden! Folgen Sie dabei dem Beispiel!

يُونَانِي ، يُونَانِيَّة	←	Griechenland	الْيُونَان
______ ، ______	←	Berlin	١ - بَرْلِين
______ ، ______	←	Polen	٢ - بُولَنْدَا
______ ، ______	←	Ungarn	٣ - الْمَجَر
______ ، ______	←	Iraq	٤ - الْعِرَاق
______ ، ______	←	Kuweit	٥ - الْكُوَيت
______ ، ______	←	Hamburg	٦ - هَامْبُورْج
______ ، ______	←	Iran	٧ - إِيرَان
______ ، ______	←	Indien	٨ - الْهِنْد
______ ، ______	←	Tunesien	٩ - تُونِس
______ ، ______	←	Palästina	١٠ - فِلِسْطِين
______ ، ______	←	München	١١ - مِيُونِيخ
______ ، ______	←	Japan	١٢ - الْيَابَان

تَمْرِينٌ ج) أُذْكُرْ مِنَ الْكَلِمَاتِ التَّالِيَةِ صِيَغَ النَّسَبِ مُذَكَّرَةً وَمُؤَنَّثَةً ، مُسْتَخْدِمًا مَعَهَا النِّهَايَةَ "ـَاوِى" وَالنِّهَايَةَ "ـَاوِيَّة" . تَتَبَّعِ النُّمُوذَجَ .

Fügen Sie die maskuline und die feminine Nisbaform den folgenden Wörtern hinzu! Verwenden Sie dabei die Endungen ـَاوِى m. und ـَاوِيَّة f.! Folgen Sie dabei dem Beispiel!

الْمِنْيَا	←	مِنْيَاوِى ، مِنْيَاوِيَّة
السَّنْطَة	←	سَنْطَاوِى ، سَنْطَاوِيَّة

١ ـ طَنْطَا	←	________ ، ________
٢ ـ غَزَّة	←	________ ، ________
٣ ـ مَكَّة	←	________ ، ________
٤ ـ النِّمْسَا	←	________ ، ________
٥ ـ فَرَنْسَا	←	________ ، ________
٦ ـ قِنَا	←	________ ، ________
٧ ـ جِرْجَا	←	________ ، ________
٨ ـ بَنْهَا	←	________ ، ________
٩ ـ مَالْطَة	←	________ ، ________
١٠ ـ الْمَحَلَّة	←	________ ، ________
١١ ـ الشَّرْقِيَّة	←	________ ، ________

١٢ ـ الْغَرْبِيَّة ←	________ ، ________
١٣ ـ صَحَرَا ←	________ ، ________

تَمْرِينُ د) عَرِّفِ الْكَلِمَاتِ التَّالِيَةَ بِأَدَاةِ التَّعْرِيفِ . تَتَبَّعِ النُّمُوذَجَ .

Fügen Sie den folgenden Wörtern den bestimmten Artikel hinzu! Folgen Sie dabei dem Beispiel!

عَرَبِى ــــ الْعَرَبِى	كِتَاب ــــ الْكِتَاب
١ ـ بَـاب ــ ________	٨ ـ أَلْمَانِى ــ ________
٢ ـ كُتُب ــ ________	٩ ـ مَكْتَب ــ ________
٣ ـ قَامُوس ــ ________	١٠ ـ عَرَبِيَّة ــ ________
٤ ـ قَوَامِيس ــ ________	١١ ـ غَزَّاوِى ــ ________
٥ ـ فَرَنْسِيَّة ــ ________	١٢ ـ غَزَّاوِيَـة ــ ________
٦ ـ مُدَرِّس ــ ________	١٣ ـ مُدَرِّسَة ــ ________
٧ ـ مَصْرِى ــ ________	١٤ ـ فَصْل ــ ________

تَمْرِينُ هـ) أُذْكُرْ جَمْعَ الْكَلِمَاتِ التَّالِيَةَ . تَتَبَّعِ النُّمُوذَجَ .

Setzen Sie die folgenden Substantive in den Plural! Folgen Sie dabei dem Beispiel!

مَصْرِى ــــ مَصْرِيِّين	فَصْل ــــ فُصُول
١ ـ كِتَاب ــ ________	٢ ـ قَامُوس ــ ________

٣ ـ مُدَرِّس — ________	٨ ـ بَلْجِيكِي — ________
٤ ـ بَاب — ________	٩ ـ فَرَنْسِي — ________
٥ ـ دَرْس — ________	١٠ ـ أَسْبَانِي — ________
٦ ـ عَرَبِي — ________	١١ ـ أَمْرِيكِي — ________
٧ ـ تُرْكِي — ________	١٢ ـ غَزَّاوِي — ________

تَمْرِينُ و) أَجِبْ عَمَّا يَأْتِي . تَتَبَّعِ النُّمُوذَجَ .

Antworten Sie nach dem folgenden Beispiel!

هُوَّ تُومَاس مِنِين؟ (أَلْمَانْيَا) ـ ...

ـ تُومَاس مِنْ أَلْمَانْيَا. هُوَّ أَلْمَانِي.

١ ـ هُوَّ أَنْطُونْيُو مْنِين؟ (أَسْبَانْيَا) - ________

٢ ـ هِيَّ مَارِيَا مْنِين؟ (إِيطَالْيَا) - ________

٣ ـ هُوَّ مْحَمَّد مْنِين؟ (لِيبْيَا) - ________

٤ ـ هِيَّ دَالِيدَا مْنِين؟ (فَرَنْسَا) - ________

٥ ـ هُوَّ انْتِ مْنِين؟ (أَلْمَانْيَا) - ________

٦ ـ هِيَّ فَاطْمَة مْنِين؟ (سُورِيَا) - ________

٧ ـ هُوَّ مَهْدِي مْنِين؟ (إِنْدُونِيسْيَا) - ________

٨ ـ هِيَّ سُوزِي مْنِين؟ (أَمْرِيكَا) - ________

٩ ـ هُوَّ يُسْرِى مْنِين؟ (تُرْكِيَا) - ________________
١٠ ـ هُوَّ انْتَ مْنِين؟ (مَصْر) - ________________
١١ ـ هُوَّ جَاك مِنِين؟ (بَلْچِيكَا) - ________________
١٢ ـ هِىَّ مُونِيكَا مْنِين؟ (سِوِيسْرَا) - ________________

تَمْرِينُ ز) أَجِبْ عَمَّا يَأْتِى . تَتَبَّعِ النُّمُوذَجَ .

Antworten Sie nach dem folgenden Beispiel!

هِىَّ مُونِيكَا فَرَنْسَاوِيَّة وَاللَّا سْوِيسْرِيَّة؟ (سِوِيسْرِيَّة) - . . .
ـ مُونِيكَا سْوِيسْرِيَّة . هِىَّ مِنْ سِوِيسْرَا .

١ ـ هُوَّ أَنْطُونْيو أَسْبَانِى وَاللَّا إِيطَالِى؟ (أَسْبَانِى) - . . .

٢ ـ هِىَّ دَالِيدَا فَرَنْسَاوِيَّة وَاللَّا بَلْچِيكِيَّة؟ (فَرَنْسَاوِيَّة) - . . .

٣ ـ هُوَّ يُسْرِى تُرْكِى وَاللَّا مَصْرِى؟ (تُرْكِى) - . . .

٤ ـ هِىَّ فَاطْمَة سُورِيَّة وَاللَّا لِيبِيَّة؟ (سُورِيَّة) - . . .

٥ ـ هُوَّ جَاك بَلْچِيكِى واللَّا فَرَنْسَاوِى؟ (بَلْچِيكِى) - . . .

٦ ـ هِىَّ مَارِيَا إِيطَالِيَّة وَاللَّا سْوِيسْرِيَّة؟ (إِيطَالِيَّة) - . . .

٧ ـ هُوَّ تُومَاس أَلْمَانِى وَاللَّا نِمْسَاوِى؟ (أَلْمَانِى) - . . .

تَمْرِينُ ح) أَجِبْ عَمَّا يَأْتِي. بِالنَّفْيِ ، تَتَبَّعِ النَّمُوذَجَ .

Antworten Sie mit der Verneinung! Folgen Sie dem Beispiel!

أَلَّا تُومَاس فَرَنْسَاوِي؟ (أَلْمَانِي) - لَأْ، ...
- لَأْ، تُومَاس مِشْ فَرَنْسَاوِي . هُوَّ أَلْمَانِي ، مِنْ أَلْمَانْيَا.

١ - أَلَّا يُسْرِي إِنْدُونِيسِي؟ (تُرْكِي) - لَأْ ، ...

٢ - أَلَّا احْمَد سُورِي؟ (مَصْرِي) - لَأْ ، ...

٣ - أَلَّا سُوزِي سْوِيسْرِيَّة؟ (أَمْرِيكِيَّة) - لَأْ ، ...

٤ - أَلَّا مَارِيَا أَلْمَانِيَّة؟ (إِيطَالِيَّة) - لَأْ ، ...

٥ - أَلَّا چَاك فَرَنْسَاوِي؟ (بَلْچِيكِي) - لَأْ ، ...

٦ - أَلَّا فَاطْمَة مَصْرِيَّة؟ (سُورِيَّة) - لَأْ ، ...

٧ - أَلَّا انْتَ إِيطَالِي؟ (سِوِيسْرِي) - لَأْ ، ...

٨ - أَلَّا انْتِ نِمْسَاوِيَّة؟ (أَلْمَانِيَّة) - لَأْ ، ...

٩ - أَلَّا دَالِيدَا سْوِيسْرِيَّة؟ (فَرَنْسَاوِيَّة) - لَأْ ، ...

تَمْرِينُ ط) أَجِبْ عَمَّا يَأْتِى ، تَتَبَّعِ النُّمُوذَجَ .

Antworten Sie nach dem folgenden Beispiel!

الْقَامُوسِ الْعَرَبِى الْأَلْمَانِى دَه لْمِين؟ (لِتُومَاس) - ...
- الْقَامُوسِ الْعَرَبِى الْأَلْمَانِى دَه لْتُومَاس.

١ - الْقَامُوسِ الْعَرَبِى الْفَرَنْسَاوِى دَه لْمِين؟ (لِدَالِيدَا) - ...

٢ - الْقَامُوسِ الْعَرَبِى الِانْجِلِيزِى دَه لْمِين؟ (لِسُوزِى) - ...

٣ - الْقَامُوسِ الْعَرَبِى التُّرْكِى دَه لْمِين؟ (لِيُسْرِى) - ...

٤ - الْقَامُوسِ الْعَرَبِى الْهُولَنْدِى دَه لْمِين؟ (لِدِينَا) - ...

٥ - الْقَامُوسِ الْعَرَبِى الْإِنْدُونِيسِى دَه لْمِين؟ (لِمَهْدِى) - ...

٦ - الْقَامُوسِ الْعَرَبِى الْأَلْمَانِى دَه لْمِين؟ (لِمُونِيكَا) - ...

٧ - الْقَامُوسِ الْعَرَبِى الْإِيطَالِى دَه لْمِين؟ (لِمَارِيَا) - ...

٨ - الْقَامُوسِ الْعَرَبِى الْعَرَبِى دَه لْمِين؟ (لِلْمُدَرِّس) - ...

تَمْرِينُ ى) اِنْطِقِ الْكَلِمَاتِ التَّالِيَةَ، مُقَارِنًا فِى النُّطْقِ بَيْنَ كَلِمَاتِ الْمَجْمُوعَةِ a وَالْمَجْمُوعَةِ b ، مَعَ مُلَاحَظَةِ أَنَّ الْحُرُوفَ الْمَوْضُوعَ تَحْتَهَا خَطٌّ فِى الْمَجْمُوعَةِ b يُنْطَقُ بِهَا مُطْبَقَةً . اِسْتَعِنْ فِى النُّطْقِ بِالْحُرُوفِ اللَّاتِينِيَّةِ .

Sprechen Sie die folgenden Wörter mit Hilfe der Umschrift in den Gruppen "**a**" und "**b**" aus und vergleichen Sie die Aussprache der Wörter in den beiden Gruppen! Beachten Sie dabei, daß die Wörter in der Gruppe "a" emphatisch ausgesprochen werden!

Gruppe **a**		Gruppe **b**	
ɛantṓnyo	أَنْطُونْيو	ɛalmấnī	أَلْمَانِي
faránsā	فَرَنْسَا	balǧī́kā	بَلْجِيكَا
itfáḍḍal	اِتْفَضَّلْ	mudárris	مُدَرِّس
ɛīṭấlī	إيطَالِي	ɛasbấnī	أَسْبَانِي
fáṣl	فَصْل	bấb	بَاب
ṣaḥī́ḥ	صَحِيح	náɛam	نَعَمْ
ṭábɛan	طَبْعًا	ána	أنَا
ɛīṭấlyā	إيطَالْيَا	ɛalmấnya	أَلْمَانْيَا
fấṭma	فَاطْمَة	dấlya	دَالْيَا
qāmû́s	قَامُوس	kamấn	كَمَان
ṭấlib	طَالِب	dấḫil	دَاخِل
ṭánṭā	طَنْطَا	ɛasbấnyā	أَسْبَانْيَا
málṭa(h)	مَالْطَة	mákka(h)	مَكَّة

تَمْرِينُ ك) صِلْ كُلَّ كَلِمَتَيْنِ ، مَعَ حَذْفِ الْحَرَكَةِ مِنَ الْمَقْطَعِ الثَّانِى الْمَفْتُوحِ ، إِنْ كَانَ مُشَكَّلًا بِالْكَسْرِ أَوِ الضَّمِّ ، وَلَمْ يَكُنْ مَنْبُورًا . تَتَبَّعِ النَّمُوذَجَ .

Verbinden Sie jeweils zwei Wörter! Lassen Sie den kurzen Vokal aus der zweiten offenen Silbe wegfallen, wenn der Vokal "i" oder "u" und unbetont ist. Folgen Sie dem Beispiel!

... = "da + kitâb mîn?"	دَه + كِتَاب مِين؟
"da ktâb mîn?"	ـ دَه كْتَاب مِين؟
... = "huwwa yúsrī + minên?"	١ ـ هُوَّ يُسْرِى + مِنِين؟
______________________________	ـ
... = "híyya mónika + minên?"	٢ ـ هِىَّ مُونِيكَا + مِنِين؟
______________________________	ـ
... = "il-kitâb da + limîn?"	٣ ـ الْكِتَاب دَه + مِنِين؟
______________________________	ـ
... = "il-kitâb da + litômas	٤ ـ الْكِتَاب دَه + لِتُومَاس
______________________________	ـ
... = "il-kútub di + kifâya	٥ ـ الْكُتُب دِى + كِفَايَة
______________________________	ـ

٦ ـ هِنَا + كِتَاپ تَعْلِيمِى   "hína + kitâb taɛlîmī = ...

ـ ______________________________

٧ ـ دِى بِنْت + سِوِيسْرِيَّة   "di bint + siwisríyya = ...

ـ ______________________________

٨ ـ هُوَّ انْتَ + هِشَام   "huwwá ánta + hišâm = ...

ـ ______________________________

٩ ـ أَيْوَه اَنَا + هِشَام   "ɛáywa, ana + hišâm = ...

ـ ______________________________

١٠ ـ اِنْتَ + مِنِين يَا + هِشَام   "ínta + minên yā + hišâm = ...

ـ ______________________________

تَمْرِينْ ل) تَرْجِمْ إِلَى اللُّغَةِ الْأَلْمَانِيَّةِ   Übersetzen Sie ins Deutsche!

١ ـ مُونِيكَا مْنِين؟ هِيَّ مِنْ سِوِيسْرَا وَاللَّا مِنْ إِيطَالْيَا؟ هِيَّ مِنْ سِوِيسْرَا .
هِي سْوِيسْرِيَّة.

٢ ـ هُوَّ جَاك فَرَنْسَاوِى وَاللَّا بَلْچِيكِى؟ هُوَّ بَلْچِيكِى ، مِنْ بَلْچِيكَا .

٣ ـ دَه كْتَاب تَعْلِيمِى عَرَبِى ، لِأَنْطُونْيُو . اِتْفَضَّل يَا أَنْطُونْيُو الْكِتَاب .

٤ ـ أَلَّا انْتَ مْنِين يَا مْحَمَّد؟ هُوَّ انْتَ مِنْ لِيبْيَا؟ أَيْوَه ، اَنَا مِنْ لِيبْيَا ،

أَنَا لِيبى .

٥ ـ اِنْتِ مْنِين يَا مْونِيكَا؟ هُوَّ انْتِ مِنْ سِوِيسْرَا؟ أَيْوَه ، أَنَا مِنْ سِوِيسْرَا.
أَنَا سْوِيسْرِيَّة .

٦ ـ دَه قَامُوس عَرَبى أَلْمَانِى ، لِمْونِيكَا . اِتْفَضَّلِى يَا مْونِيكَا الْقَامُوس!

٧ ـ وِدَه كْتَاب تَعْلِيمِى عَرَبى ، هُوَّ كَمَان لِمْونِيكَا . اِتْفَضَّلِى الْكِتَاب دَه
كَمَان يَا مْونِيكَا .

٨ ـ هُوَّ الْقَامُوسِ الْعَرَبى الْإِنْدُونِيسِى دَه لْمِين؟ أَلَّا هُوَّ لْمَهْدِى؟ أَيْوَه ،
الْقَامُوسِ الْعَرَبى الْإِنْدُونِيسِى دَه لْمَهْدِى .

Übersetzen Sie ins Arabische! تَمْرِينْ م) تَرْجِمْ إِلَى اللُّغَةِ الْعَرَبِيَّةِ

1 - Wer ist an der Tür? Sind Sie Monika? Ja, ich bin Monika.
Bitte Monika, treten Sie ein!

2 - Woher ist Dina? Ist sie aus Holland?
Ja, sie ist aus Holland.

3 - Ist Maria Italienerin oder Französin?
Sie ist Italienerin, sie ist aus Italien.

4 - Für wen ist dieses Wörterbuch? Ist es für Susi?
Ja, dieses Wörterbuch ist für Susi. Es ist ein Arabisch-Englisches Wörterbuch.

5 - Ist dieses Wörterbuch für Jusri?
Nein, dieses Wörterbuch ist nicht für Jusri. Es ist für den Lehrer. Es ist ein Arabisch-Arabisches Wörterbuch.

الدَّرْسِ التَّالِت

الأُسْرَة السَّعِيدَة

أَبّ أُمّ اِبْـن بِنْت

الْأَبّ الْأُمّ الاِبْن الْبِنْت

دَه أَبّ ، وِدِى أُمّ ، دَه اِبْن ، وِدِى بِنْت .

اِسْمِ الْأَبِّ كَامِل. وِاسْمِ الْأُمِّ أَمِينَة. وِاسْمِ الاِبْنِ هْشَام. وِاسْمِ الْبِنْتِ مَنَال.

كَامِل طَبِيب . أَمِينَة سِتّ بِيت . هِشَام تِلْمِيذ . مَنَال تِلْمِيذَة .

دَه بِيت. هُوَّ بِيت كَامِل .

بِيت كَامِل كِبِير .

دِى أُسْرَة . هِىَّ أُسْرِةْ كَامِل .

أُسْرِةْ كَامِل كِبِيرَة.

دِى عَرَبِيَّة. هِىَّ عَرَبِيِّةْ كَامِل.

عَرَبِيِّةْ كَامِل صُغَيَّرَة.

أُسْرِةْ كَامِل كِبِيرَة ، لَكِن عَرَبِيِّةْ كَامِل صُغَيَّرَة .

فِى الْبِيت أُوَد كِتِيرَة . أُودْةِ الجُّلُوس ، وِأُودْةِ الْأَكْل ، وِأُودْةِ الْمَكْتَب ، وِأُودْةِ النُّوم ، وِأُودْةِ الْأَطْفَال ، وِالصَّالَة ، وِالْمَطْبَخ .

فِى أُودْةِ الجُّلُوس كَنَبَة ، وِكَرَاسِى كِتْيرَة . فِى الْأُودَة كَمَان تِلِفزْيُون وِرَادْيُو . التِّلِفزْيُون عَلَى تَرَابِيزَة ، فِى رُكْنِ م الْأُودَة .

لَكِن الرَّادْيُو عَلَى تَرَابِيزَة جَنْبِ الشِّبَّاك . عَلَى الشِّبَّاك سِتَارَة جَمِيلَة .

حَوَلِين الْبِيت جِنِينَة كْبِيرَة . فِى الجِّنِينَة شَجَر كِتِير . عَرَبِيِّةْ كَامِل فِى الجَّرَاج. الجَّرَاج فِى الجِّنِينَة جَنْبِ الْبِيت .

يَا تَرَى أُسْرِةْ كَامِل سَعِيدَة؟ أَيْوَه، الْأُسْرَة دِى أُسْرَة سَعِيدَة خَالِص .

Vokabeln مُفْـرَدَاتٌ

Familie *die, -n*	*ʔúsra, Pl. ʔúsar*	أُسْرَة ـ أُسَر
glücklich	*saʕī́d, Pl. súʕada*	سَعِيد ـ سُعَدا
Vater *der, -äter*	*ʔább, Pl. ʔābā́ʔ*	أَبّ ـ آباء
Mutter *die, -ütter*	*ʔúmm, Pl. ʔummahā́t*	أُمّ ـ أُمَّهَات
Sohn *der , -öhne*	*íbn, Pl. ʔabnā́ʔ*	اِبْن ـ أَبْنَاء
Mädchen *das,* -, Tochter *die, -öchter*	*bínt, Pl. banā́t*	بِنْت ـ بَنَات
Name *der, -n*	*ísm, Pl. ʔasā́mī*	اِسْم ـ أَسَامِي
Kamil (männl. Name)	*kā́mil*	كَامِل
Amina (weibl. Name)	*ʔamī́na*	أَمِينَة
Hischam (männl. Name)	*hišā́m*	هِشَام
Manal (weibl. Name)	*manā́l*	مَنَال
Arzt *der (Ärzte*	*ṭabī́b, Pl. ʔaṭibbā́ʔ*	طَبِيب ـ أَطِبَّاء
Dame *die, -n*; Herrin *die, -nen*	*sítt, Pl. sittā́t*	سِتّ ـ سِتَّات
Hausfrau *die, -en*	*sitti bḗt*	سِتِّ بِيت
Schüler *der, -*	*tilmī́z, Pl. talā́mza*	تِلْمِيذ ـ تَلَامْذَة

Haus *das, -äuser*	*bḗt, Pl. buyū́t*	بِيت ـ بُيُوت
aber	*lā́kin*	لَكِن
Auto *das, -s*	*ɛarabíyya, Pl. ɛarabiyyā́t*	عَرَبِيَّة ـ عَرَبِيَّات
klein; jung	*ṣuġáyyar, Pl. ṣuġayyarī́n*	صُغَيَّر ـ صُغَيَّرِين
groß	*kibī́r, Pl. kubā́r*	كِبير ـ كُبَار
Zimmer *das, -*	*ɂṓda, Pl. ɂówad*	أُودَة ـ أُوَد
in	*fī*	فِي
viel	*kitī́r, Pl. kutā́r*	كِتير ـ كُتَار
Wohnzimmer *das, -*	*ɂódti 'g-gulū́s*	أُودْةِ الجُّلُوس
Eßzimmer *das, -*	*ɂódti 'l-ɂákl*	أُودْةِ الأَكْل
Schreibtisch *der, -e*	*máktab, Pl. makā́tib*	مَكْتَب ـ مَكَاتِب
Arbeitszimmer *das, -*	*ɂṓdti 'l-máktab*	أُودْةِ الْمَكْتَب
Schlafzimmer *das, -*	*ɂṓdti 'n-nṓm*	أُودْةِ النُّوم
Kinderzimmer *das, -*	*ɂṓdti 'l-ɂaṭfā́l*	أُودْةِ الأَطْفَال
Saal *der, säle*	*ṣā́la, Pl. ṣālā́t*	صَالَة ـ صَالَات
Küche *die, -n*	*máṭbaḫ, Pl. maṭā́biḫ*	مَطْبَخ ـ مَطَابِخ

Warum – ليه

Couch *die, -s*, Sofa *das, -s*, Kanapee	*kánaba, Pl. kanabā́t*	كَنَبَة - كَنَبَات
Stuhl *der, -ühle*	*kúrsī, Pl. karā́sī*	كُرْسِي - كَرَاسِي
Fernseher *der, -*	*tilifizyū́n, Pl. tilifizyūnā́t*	تِلِفِزْيُون - تِلِفِزْيُونَات
Radio *das, -s*	*rā́dyū, Pl. rādyūhā́t*	رَادْيُو - رَادْيُوهَات
Tisch *der, -e*	*tarābī́za, Pl. tarābīzā́t*	تَرَابِيزَة - تَرَابِيزَات
Ecke *die, -n*	*rúkn, Pl. ʔarkā́n*	رُكْن - أَرْكَان
neben, Seite *die, -n*	*gánb*	جَنْب
Fenster *das, -*	*šibbā́k, Pl. šabābī́k*	شِبَّاك - شَبَابِيك
Vorhang *der, -änge*	*sitā́ra, Pl. satā́yir*	سِتَارَة - سَتَايِر
schön, hübsch	*gamī́l, Pl. gumā́l*	جَمِيل - جُمَال
um ... herum	*ḥawalḗn*	حَوَلِين
Garten *der, -ärten*	*ginḗna, Pl. ganā́yin*	جِنِينَة - جَنَايِن
Garage *die, -n*	*garā́ǧ, Pl. garāǧā́t*	جَرَاج - جَرَاجَات
Baum *der, -äume*	*šágara, Koll. šágar, Pl. ʔašgā́r*	شَجَرَة - شَجَر ، أَشْجَار

Wie gehts dir? – إزيك | wie? – إزاي

yā tárā ٣ يَا تَرَى؟

etwa: ich frage mich (es ist eine Partikel zur Verstärkung des Fragesatzes)

die Ordinalzahlen	*il-ʔaɛdâdi 't-tartībíyya,*	الْأَعْدَادِ التَّرْتِيبِيَّة
der erste	*il-ʔáwwal*	الْأَوَّل
die erste	*il-ʔûlā f.*	f. الْأُولَى
der zweite	*it-tânī*	التَّانِى
der dritte	*it-tâlit*	التَّالِت
der vierte	*ir-râbiɛ*	الرَّابِع
der fünfte	*il-ḫâmis*	الْخَامِس
der sechste	*is-sâdis*	السَّادِس
der siebte	*is-sâbiɛ*	السَّابِع
der achte	*it-tâmin*	التَّامِن
der neunte	*it-tāsiɛ*	التَّاسِع
der zehnte	*il-ɛâšir*	الْعَاشِر

Grammatik قَوَاعِدُ

1 - اللاَّمُ الشَّمْسِيَّةُ وَاللاَّمُ الْقَمَرِيَّةُ

Das Mond- und das Sonnen-Lâm

Der bestimmte Artikel (der, das, die) ist "الْـ *il-*". Das Lâm des Artikels ist entweder ein Mond- oder ein Sonnen-Lâm.

a) Das Mond-Lâm اللاَّمُ الْقَمَرِيَّةُ

Dieses Lâm des Artikels wird Mond-Lâm genannt, weil es in Verbindung mit قَمَر Mond (nämlich "الْقَمَر *al-qámar*") zu hören ist. Das Lâm des Artikels wird gesprochen, wenn das Substantiv mit einem der folgenden Buchstaben (d. h. Buchstaben, die nicht an der gleichen oder fast gleichen Stelle der Sprechorgane wie das Lâm gebildet werden), beginnt:

أ ، ب ، ج ، ح ، خ ، ع ، غ ، ف ، ق ، ك ، م ، هـ ، و ، ى

Beispiele:

der Mond	*il-qámar*	الْقَمَر
das Haus	*il-bḗt*	الْبيت
die Familie	*il-ʔúsra*	الْأُسْرَة

b) Das Sonnen-Lâm اللاَّمُ الشَّمْسِيَّةُ

Dieses Lâm des Artikels wird Sonnen-Lâm genannt, weil es in Verbindung mit شَمْس Sonne (nämlich "الشَّمْس *aš-šáms*") nicht zu hören ist.

Wenn das Substantiv mit einem der folgenden Dental- oder Zischlaute (das heißt, den Buchstaben, die an der gleichen oder fast der gleichen Stelle der Sprechorgane wie das Lâm gebildet werden beginnt, dann wird das *Lấm* لـ des Artikels mit den unten erwähnten Buchstaben assimiliert, die dadurch verdoppelt werden. In der Schrift bleibt das Lâm des Artikels jedoch erhalten:

ت ، ث ، د ، ذ ، ر ، ز ، س ، ش ، ص ، ض ، ط ، ظ ، ل ، ن

Beispiele:

die Sonne	*iš-šáms*	الشَّمْس
der Schüler	*it-tilmîz*	التِّلمِيذ
der Saal	*iṣ-ṣâla*	الصَّالَة

c) Die Buchstaben " g und k" "ج ، ك" الْحَرْفَانِ

Bei den beiden Buchstaben "ج und ك" kann man den Artikel "il-" sowohl als Sonnen-Lām sowie auch als Mond- Lām aussprechen. Beide Möglichkeiten werden in Ägypten verwendet, wie:

الجْنَينَة	*il-ginêna* od.	الجِّنينَة	*ig-ginêna*	der Garten
الْكِتَاب	*il-kitâb* od.	الكِّتاب	*ik-kitâb*	das Buch

2 - الإِضَافَة

Die Genitivverbindung

Die Genitivverbindung wird durch Nebeneinandersetzen der beiden Substantiver gebildet, wobei das erste Substantiv stets den Artikel il- الْ verliert.

a) Hat das regierende Substantiv kein Femininzeichen ـَة a(h), dann wird es wie folgt verbunden:

unbestimmt	getrennt	bā́b + bḗt eine Tür + ein Haus	بَاب + بِيت
	verbunden	bāb bḗt die Tür eines Hauses	بَاب بِيت
bestimmt	getrennt	il-bā́b + il-bḗt die Tür + das Haus	الْبَاب + الْبِيت
	verbunden	bā́b il-bḗt die Tür des Hauses	بَابِ الْبِيت

a) Ist das regierende Substantiv mit einem Femininzeichen ـَة a(h), versehen, dann wird dieses ـَة a(h), zu ـِة -it umgewandelt, wie:

unbestimmt	getrennt	ginḗna + bḗt ein Garten + ein Haus	جِنِينَة + بِيت
	verbunden	ginḗnit bḗt der Garten eines Hauses	جِنِينْة بِيت
bestimmt	getrennt	* il-ginḗna + il-bḗt der Garten + das Haus	الْجِنِينَة + الْبِيت
	verbunden	ginḗnti 'l-bḗt der Garten des Hauses	جِنِينْةِ الْبِيت

Anmerkung: * *il-ginḗna(h)* + *il-bḗt* wird bei der Genitivverbin-

dung zuerst *ginḗnit il-bḗt.* Es entstanden dadurch zwei offene Silben nämlich: ... *-nḗni* ..., wobei die zweite Silbe einen unbetonten kurzen Vokal i hat, der ausfallen muß (s. S. 26). Es entsteht dann ginḗnti ´l-bḗt.

3 - إِضَافَةُ أَكْثَرَ مِنْ كَلِمَتَيْنِ

Die Genitivverbindung von mehr als zwei Wörtern

Man kann mehr als zwei Wörter in die Genitivverbindung setzen. Bei der Genitivverbindung werden immer alle zwei Wörter miteinander verbunden. Das zweite Wort gilt für das dritte Wort als erstes, d. h. es verliert den Artikel الْ. Das dritte Wort gilt für das zweite Wort als zweites und wird wie oben erklärt wie jedes zweite Wort behandelt u. s. w., wie:

	4	3	2	1
a) Unverbundene Wörter	الجُلُوس	الأُوْدَة +	الشِّبَّاك +	السِّتَّارَة +
b) Verbind, von 2 Wörtern	الجُلُوس	الأُوْدَة +	الشِّبَّاك +	سِتَارَةِ
c) Verbind, von 3 Wörtern	الجُلُوس	الأُوْدَة +	شِبَّاكِ	سِتَارَةِ
d) Verbind, von 4 Wörtern	الجُلُوس	أُوْدِة	شِبَّاكْ	سِتَارَةِ

4 - ## الْأَعْدَادُ التَّرْتِيبِيَّةُ ١ ـ ١٠

Die Ordinalzahlen 1 - 10

Lernen Sie die folgenden Ordinalzahlen auswendig!

feminin			maskulin		
die erste	il-ءawwa-lāníyy(h)	الْأَوَّلَانِيَّة	der erste	il-ءawwa-lânī	الْأَوَّلَانِي
die zweite	it-tánya(h)	التَّانْيَة	der zweite	it-tânī	التَّانِي
die dritte	it-tálta(h)	التَّالْتَة	der dritte	It-tâlit	التَّالِت
die vierte	ir-rábεa(h)	الرَّابْعَة	der vierte	ir-râbiε	الرَّابِع
die fünfte	il-ḫámsa(h)	الْخَامْسَة	der fünfte	il-ḫâmis	الْخَامِس
die sechste	is-sátta(h)	السَّاتَّة	der sechste	is-sâtit	السَّاتِت
die siebte	is-sábεa(h)	السَّابْعَة	der siebte	is-sâbiε	السَّابِع
die achte	it-támna(h)	التَّامْنَة	der achte	it-tâmin	التَّامِن
die neunte	it-tásεa(h)	التَّاسْعَة	der neunte	it-tâsiε	التَّاسِع
die zehnte	*al-εâšíra*	الْعَاشْرَة	der zehnte	*al-εâšir*	الْعَاشِر

Übungen تَمَارِينُ

تَمْرِينُ أ) أَدْخِلْ أَدَاةَ التَّعْرِيفِ عَلَى الْأَسْمَاءِ الْآتِيَةِ (اللَّامُ قَمَرِيَّةٌ) .

Fügen Sie den folgenden Wörtern den bestimmten Artikel hinzu (Das Lām ist ein Mond-Lām)!

أُمّ ـ الْأُمّ	بِنْت ـ الْبِنْت
٧ ـ أُودَة - ______	١ ـ أُسْرَة - ______
٨ ـ مَكْتَب - ______	٢ ـ كَنَبَة - ______
٩ ـ عَرَبِيَّة - ______	٣ ـ بِيت - ______
١٠ ـ اِسْم - ______	٤ ـ مَطْبَخ - ______
١١ ـ اِبْن - ______	٥ ـ مُدَرِّس - ______
١٢ ـ فَصْل - ______	٦ ـ قَامُوس - ______

تَمْرِينُ ب) أَدْخِلْ أَدَاةَ التَّعْرِيفِ عَلَى الْأَسْمَاءِ الْآتِيَةِ (اللَّامُ شَمْسِيَّةٌ).

Fügen Sie den folgenden Wörtern den bestimmten Artikel hinzu (Das Lâm ist ein Sonnen-Lâm)!

صَالَة ـ الصَّالَة	تِلْمِيذَة ـ التِّلْمِيذَة
٤ ـ طَبِيب - ______	١ ـ تِلْمِيذ - ______
٥ ـ جنينة - ______	٢ ـ سُورِى - ______
٦ ـ دَرْس - ______	٣ ـ سُعُودِى - ______

٧ ـ سِتّ ـ ________	١٠ ـ صُغَيَّرَة ـ ________
٨ ـ جَرَاج ـ ________	١١ ـ كِتَاب ـ ________
٩ ـ سَعِيد ـ ________	١٢ ـ لِيبِيَّة ـ ________

تَمْرِينُ ج) أَدْخِلْ أَدَاةَ التَّعْرِيفِ عَلَى كُلٍّ مِنَ الِاسْمِ وَالصِّفَةِ.

Fügen Sie dem Substantiv und dem Adjektiv den bestimmten Artikel hinzu!

عَرَبِيَّة صَغِيرَة ــ الْعَرَبِيَّة الصُّغَيَّرَة

١ ـ أُسْرَة كَبِيرَة ـ ________

٢ ـ تِلْمِيذ مَصْرِى ـ ________

٣ ـ بِنْتِ سْوِيسْرِيَّة ـ ________

٤ ـ تِلْمِيذَة أَلْمَانِيَّة ـ ________

٥ ـ قَامُوس عَرَبِى ـ ________

٦ ـ بِيت كِبِير ـ ________

٧ ـ مُدَرِّس فَرَنْسَاوِى ـ ________

٨ ـ مَكْتَب إِيطَالِى ـ ________

٩ ـ كِتَاب تَعْلِيمِى ـ ________

١٠ ـ مُدَرِّسَة إِيطَالِيَّة ـ ________

١١ ـ أُسْرَة سَعِيدَة ـ ______________
١٢ ـ سِت بَاكِسْتَانِيَّة ـ ______________

تَمْرِينُ د) أَجِبْ عَمَّا يَأْتِى. أَدْخِلْ أَدَاةَ التَّعْرِيفِ عَلَى الاِسْمِ فَقَطْ ، تَتَبعِ النمُوذَجَ.

Beantworten Sie die Fragen! Fügen Sie nur dem Substantiv den bestimmten Artikel hinzu!, Folgen Sie dem Beispiel!

هِيَّ دِى سِتّ أَلْمَانِيَّة؟ ـ أَيْوَه، السِّتّ دِى سِتّ أَلْمَانِيَّة.

١ ـ هِيَّ دِى عَرَبِيَّة صُغَيَّرَة؟ ـ ______________
٢ ـ هُوَّ دَه مَكْتَب فَرَنْسَاوِى؟ ـ ______________
٣ ـ هِيَّ دِى جُنَينَة كْبِيرَة؟ ـ ______________
٤ ـ هُوَّ دَه كْتَاب تَعْلِيمِى؟ ـ ______________
٥ ـ هِيَّ دِى أُسْرَة سَعِيدَة؟ ـ ______________
٦ ـ هُوَّ دَه قَامُوس عَرَبِى؟ ـ ______________
٧ ـ هِيَّ دِى مْدَرِّسَة إِيطَالِيَّة؟ ـ ______________
٨ ـ هُوَّ دَه مْدَرِّس أَسْبَانِى؟ ـ ______________

تَمْرِينُ هـ) أَجِبْ عَمَّا يَأْتِي. تَتَبَّعِ النَّمُوذَجَ.

Beantworten Sie die Fragen! Folgen Sie dem Beispiel!

هِيَّ دِي أُسْرَة كِبِيرَة؟ ـ أَيْوَه، الأُسْرَة دِي أُسْرَة كِبِيرَة.
(Ist das eine große Familie? Ja, diese Familie ist eine große Familie)

١ ـ هِيَّ دِي سِتّ مَصْرِيَّة؟ ـ ______________

٢ ـ هُوَّ دَه قَامُوس عَرَبِي؟ ـ ______________

٣ ـ هِيَّ دِي عَرَبِيَّة أَلْمَانِيَّة؟ ـ ______________

٤ ـ هُوَّ دَه مَكْتَب فَرَنْسَاوِي؟ ـ ______________

٥ ـ هِيَّ دِي صَالَة كِبِيرَة؟ ـ ______________

٦ ـ هُوَّ دَه كِتَاب تَعْلِيمِي؟ ـ ______________

٧ ـ هِيَّ دِي أُودَة صُغَيَّرَة؟ ـ ______________

٨ ـ هُوَّ دَه مَكْتَب سِوِيسْرِي؟ ـ ______________

٩ ـ هِيَّ دِي مَدْرَسَة أَسْبَانِيَّة؟ ـ ______________

١٠ ـ هُوَّ دَه بَاب كِبِير؟ ـ ______________

تَمْرِينٌ و) أَضِفْ كُلَّ كَلِمَتَيْنِ، مَعَ نُطْقِ الْكَلِمَاتِ الْمُضَافَةِ. لَاحِظْ عِنْدَ النُّطْقِ أَنَّ النَّبْرَ يَقَعُ عَلَى الْكَلِمَةِ الثَّانِيَةِ.

Bilden Sie die Genitivverbindung und sprechen Sie die in den Genitiv gesetzten Wörter aus! Beachten Sie dabei, daß die Betonung auf dem zweiten Wort liegt!

....= * ísm + bínt	إِسْم + بِنْت	bâb + bêt....=	بَاب + بِيت
ismi bínt	- إِسْمِ بِنْت	bab bêt	- بَاب بِيت
.. - = ínti + bínt + mîn?	إِنْتِ + بِنْت + مِين؟		
inti binti mîn?	- إِنْتِ بِنْتِ مِين؟		

P. S.: *) "ism + bínt": Drei Konsonanten folgen aufeinander.
"ismi bínt" : Der Vokal i wird eingeschoben (s. S. 28)

______ -	garâǧ + ɛarabíyya	١ - جَرَاج + عَرَبِيَّة
______ -	kitāb + sûzī	٢ - كِتَاب + سُوزِى
______ -	qāmûs + ǧâk	٣ - قَامُوس + چَاك
______ -	sítt + bêt	٤ - سِتّ + بِيت
______ -	kúll + wâḥid	٥ - كُلّ + وَاحِد
______ -	šibbāk + ʔôda	٦ - شِبَّاك + أُودَة
______ -	bínt + kâmil	٧ - بِنْت + كَامِل
______ -	máktab + ṭabîb	٨ - مَكْتَب + طَبِيب
______ -	ínta + íbn + mîn?	٩ - إِنْتَ + إِبْن + مِين؟

تَمْرِينُ ز) أَضِفْ كُلَّ كَلِمَتَيْنِ. لَاحِظْ عِنْدَ الْإِضَافَةِ أَنَّ أَدَاةَ التَّعْرِيفِ تَسْقُطُ مِنَ الْكَلِمَةِ. الْأُولَى تَتَبَّعِ النَّمُوذَجَ.

Bilden Sie die Genitivverbindung! Beim Bilden der Genitivverbindung ist zu beachten, daß das erste Substantiv seinen Artikel "الـ il-" verliert! Folgen Sie dem Beispiel!

الجَّرَاج + الْعَرَبِيَّة ـ جَرَاجِ الْعَرَبِيَّة

١ ـ الْبَاب + الْأُوْدَة	ـ ______
٢ ـ الْإِبْن + الطَّبِيب	ـ ______
٣ ـ السِّتّ + الْبِيت	ـ ______
٤ ـ الْبِنْت + الْمُدَرِّسَة	ـ ______
٥ ـ الْإِسْم + الْبِنْت	ـ ______
٦ ـ الْقَامُوس + الطَّبِيب	ـ ______
٧ ـ الْكِتَاب + التِّلْمِيذ	ـ ______
٨ ـ الطَّبِيب + الْأُسْرَة	ـ ______
٩ ـ الْمَكْتَب + الْوَلَد	ـ ______
١٠ ـ الجَّرَاج + السِّتّ	ـ ______
١١ ـ الشِّبَّاك + الصَّالَة	ـ ______

تَمْرِينُ ح) أَضِـفْ كُلَّ كَلِمَتَيْنِ. لَاحِظْ عِنْدَ الْإِضَافَـةِ أَنَّ أَدَاةَ التَّأْنِيـثِ "-a(h) ـَة" فِى الْكَلِمَةِ الْأُولَى تَتَحَوَّل فِى الْإِضَافَةِ إِلَى "-it ـِةْ". تَتَبَّعِ النُّمُوذَجَ.

Bilden Sie die Genitivverbindung! Achten Sie darauf, daß das Femininzeichen "*-a(h)* ـَة" beim ersten Substantiv zu "*-it* ـِةْ" umgewandelt wird! Folgen Sie dem Beispiel!

ءṓda(h) + máktab – ءṓdit máktab	أُودَة + مَكْتَب ـ أُودِةْ مَكْتَب

١ ـ أُودَة + جُلُوس — ______

٢ ـ أُودَة + نُوم — ______

٣ ـ أُودَة + أَكْل — ______

٤ ـ أُودَة + أَطْفَال — ______

٥ ـ عَرَبِيِّة + كَامِل — ______

٦ ـ أُسْرَة + طَبِيب — ______

٧ ـ جِنِينَة + بِيت — ______

٨ ـ تِلْمِيذَة + مُدَرِّسَة — ______

٩ ـ سِتَارَة + شِبَّاك — ______

١٠ ـ تَرَابِيزَة + مَطْبَخ — ______

١١ ـ كَنَبَة + صَالَة — ______

١٢ ـ شَجَرَة + جِنِينَة — ______

تَمْرِينُ ط) أَضِفْ كُلَّ كَلِمَتَيْن. لَاحِظِ التَّغْيِيرَاتِ الَّتِى تَحْدُثُ فِى تَشْكِيلِ الْكَلِمَةِ الْأُولَى عِنْدَ الْإِضَافَةِ. تَتَبَّعِ النُّمُوذَج.

Bilden Sie die Genitivverbindung! Achten Sie auf die Änderung der Vokalisation im ersten Wort! Folgen Sie dem Beispiel!

الْأُودَة + الجُّلُوس – أُودْةِ الجُّلُوس
il-ʿṓda(h) + ig-gulûs – ʿṓdti ´g-gulûs

P.S.: * (il-ʿṓda(h) + ...): Der Artikel il- fällt weg. Das Femininzeichen "-a(h) ـَة" wird zu "-it ـِة" umgewandelt, nämlich:

(ʿṓditi g-gulûs): dadurch entstehen zwei offene Silben

(ʿódti g-gulûs) : Der Vokal i wird aus der zweiten Sil be weggelassen (s. S. 28)

١ - الْأُودَة + الْمَكْتَب – ____________

٢ - الْأُودَة + النُّوم – ____________

٣ - الْأُودَة + الْأَكْل – ____________

٤ - الْأُودَة + الْأَطْفَال – ____________

٥ - الجِّنِينَة + الْبِيت – ____________

٦ - التِّلْمِيذَة + الْمُدَرِّسَة – ____________

٧ - التَّرَابِيزَة + الْمَطْبَخ – ____________

٨ - الكَّنَبَة + الصَّالَة – ____________

٩ - السِّتَّارَة + الشِّبَّاك – ____________

١٠ ـ الشَّجَرَة + الجِّنِينَة	ـ	______________
١١ ـ الْأُسْرَة + الطَّبِيب	ـ	______________
١٢ ـ الْمُدَرِّسَة + الْفَصْل	ـ	______________

تَمْرِينُ ط) أَضِفْ كُلَّ ثَلَاثِ كَلِمَاتٍ. تَتَبَّعِ النُّمُوذَجَ.

Setzen Sie, gemäß dem Beispiel, alle drei Wörter in die Genitivverbindung! Folgen Sie dem Beispiel! Die Wörter sind indeterminiert.

بَاب + جنِينَة + بِيت ←	ـ بَاب جنِينَةْ بِيت

١ ـ شِبَّاك	+	أُودَة	+	نُوم	←	ـ	______________
٢ ـ سِتَارَة	+	شِبَّاك	+	عَرَبِيَّة	←	ـ	______________
٣ ـ بِنْت	+	سِتّ	+	بِيت	←	ـ	______________
٤ ـ مَكْتَب	+	اِبْن	+	مُدَرِّسَة	←	ـ	______________
٥ ـ كُرَّاسَة	+	بِنْت	+	مُدَرِّس	←	ـ	______________
٦ ـ رَادْيُو	+	أُودَة	+	جُلُوس	←	ـ	______________

تَمْرِينُ ى) أَضِفْ حَسَبَ النُّمُوذَجِ كُلَّ ثَلَاثِ كَلِمَاتٍ . الْكَلِمَاتُ مُعَرَّفَةٌ.

Setzen Sie, gemäß dem Beispiel, alle drei Wörter in die Genitivverbindung! Die Wörter sind determiniert.

الصَّالَة + الْبِيت + الطِّبِيب ←	ـ صَالِةْ بِيتِ الطِّبِيب
الاِسْم + الْأُمّ + هِشَام ←	ـ اِسْمِ أُمِّ هْشَام

١ ـ الشَّجَرَة + الجِّنِينَة + الْبِيت ← ـ ______________

٢ ـ الجَّرَاج + الْعَرَبِيَّة + كَامِل ← ـ ______________

٣ ـ الرَّادْيُو + الْأُودَة + النُّوم ← ـ ______________

٤ ـ الْقَامُوس + الْمُدَرِّسَة + الْفَصْل ← ـ ______________

٥ ـ السِّتَارَة + الشِّبَّاك + الْعَرَبِيَّة ← ـ ______________

٦ ـ الاِبْوَاب + الْعَرَبِيَّة + السِّتّ ← ـ ______________

تَمْرِينُ ك) أَجِبْ عَمَّا يَأْتِى، تَتَبَّعِ النُّمُوذَجَ.

Antworten Sie nach dem folgenden Beispiel!

الْبِيت دَه بِيت مِين؟ (الْمُدَرِّس) ـ هُوَّ بِيتِ الْمُدَرِّس

١ ـ الْعَرَبِيَّة دِى عَرَبِيِّةْ مِين؟ (الطِّبِيب) ـ ______________

٢ ـ الكِّتَاب دَه كْتَاب مِين؟ (التِّلْمِيذ) ـ ______________

٣ ـ الْأُسْرَة دِى أُسْرِةْ مِين (كَامِل) – ______________

٤ ـ الْمَكْتَب دَه مَكْتَب مِين (تُومَاس) – ______________

٥ ـ التِّلْمِيذ دَه تِلْمِيذ مِين؟ (الْمُدَرِّسَة) – ______________

٦ ـ الْبِنْتِ دِى بِنْتِ مِين؟ (السِّتِّ دِى) – ______________

٧ ـ الْقَامُوس دَه قَامُوس مِين؟ (اَحْمَد) – ______________

٨ ـ الْأُودَة دِى أُودِةْ مِين (سُوزِى) – ______________

٩ ـ الجِّنِينَة دِى جْنِينِةْ مِين؟ (الطَّبِيب) – ______________

١٠ ـ الْاِسْمِ دَه اِسْمِ مِين؟ (الْبِنْتِ دِى) – ______________

تَمْرِينُ ل) تَرْجِمْ إِلَى اللُّغَةِ الْأَلْمَانِيَّةِ Übersetzen Sie ins Deutsche!

١ ـ دَه تِلْمِيذ. التِّلْمِيذ مَصْرِى. اِسْمِ التِّلْمِيذ هِشَام؟ أَيْوَه، اِسْمِ التِّلْمِيذ دَه هْشَام.

٢ ـ دِى تِلْمِيذَة. التِّلْمِيذَة مَصْرِيَّة. اِسْمِ التِّلْمِيذَة مَنَال؟ أَيْوَه، اِسْمِ التِّلْمِيذَة دِى مَنَال.

٣ ـ دِى عَرَبِيَّة. هِىَّ عَرَبِيَّة صْغَيَّرَة. هِىَّ عَرَبِيِّةْ كَامِل؟ عَرَبِيِّةْ كَامِل صُغَيَّرَة. أَيْوَه، عَرَبِيِّةْ كَامِل عَرَبِيَّة صْغَيَّرَة.

٤ - دِي أُسْرِةْ مِين؟ هِيَّ أُسْرِةْ كَامِل. الْأُسْرَة دِي سَعِيدَة. الْأُسْرَة السَّعِيدَة أُسْرِةْ كَامِل.

٥ - بِيت كَامِل كِبِير وِأُسْرِةْ كَامِل كِبِيرَة، لَكِن عَرَبِيِّةْ كَامِل صُغَيَّرَة.

Übersetzen Sie ins Arabische! تَمْرِينُ م) تَرْجِمْ إِلَى اللُّغَةِ الْعَرَبِيَّةِ

1 - Das ist ein Haus. Es ist das Haus von Kamil. Das Haus von Kamil ist groß.

2 - Um das Haus ist ein großer Garten. Im Garten sind Kamil, Amina, Hischam und Manal. Das ist die Familie Kamils.

3 - Kamil ist Arzt. Amina ist Hausfrau. Manal ist Schülerin und Hischam ist Schüler.

4 - Wo ist das Auto von Kamil? Das Auto von Kamil ist in der Garage. Die Garage ist neben dem Haus.

5 - Ist die Familie Kamil´s glücklich? Ja, die Familie Kamil´s ist eine glückliche Familie.

١) بيت كبير. هو بيت كامل. بيت كامل كبير.
حوالين بيت جنينة. في جنينة كامل أمينة، هشام ومنال. دي أسرة كامل
كامل طبيب. أمينة ست بيت. منال تلميذة وهشام تلميذ.
وين عربية كامل؟ عربية كامل في جراج. جراج جنب بيت
أسرة كامل سعيدة؟ ايوه أسرة كامل أسرة سعيدة.

الدَّرْسُ الرَّابِعُ

عَ الْمَاشِى

عَز - مَسَاءِ الْخِير يَا شُطَّار .

مَن - مَسَاءِ النُّور .

عَز - اِنْتِ اسْمِك اِيه يَا حَبِيبْتِى؟

مَن - اِسْمِى مَنَال .

عَز - وِانْتَ يَا حَبِيبِى، اِسْمَك اِيه؟

هِ - أَنَا اسْمِى هْشَام .

عَز - اِنْتُو اَوْلَاد مِين؟

هِ، مَن - اِحْنَا اَوْلَادِ الدَّكْتُور كَامِل .

عَز - هِىَّ مَامِتْكُو فِى الْبِيت؟

هِ، مَن - لَأْ، مَامَا هْنَاك اَهِى فِى الجِّنِينَة ، وَرَا الْبِيت ...

يَا مَامَا ، يَا مَامَا .

أَمِيـ - فِيه اِيه يَا اوْلَاد؟

اِخْتِصَارَاتٌ Abkürzungen : عَز = عَزِيزَةُ، مَن = مَنَالُ، هِـ = هِشَامُ ،

أَمِيـ = أَمِينَةُ، هِـ، مَن = هِشَامُ وَمَنَالُ

هـ، منـ ـ تَعَالِى هِنا قِوام!

أَميـ ـ اَنَا هِنَا اَهُو، فِيه اِيه بَقِى؟

مَنـ ـ بُصِّى وَرَاكِى يَا مَامَا، شُوفِى اِيه؟ ...

عَـز ـ مَسَاءِ الْخِير يَا مَدَام أَمِينَة، اِزَّيِّك؟

أَميـ ـ آه ، مَدَام عَزِيزَة؟ أَهْلًا وَسَهْلًا ، اِزَّيِّكِ انْتِ يَا مَدَام عَزِيزَة وِازَّىِّ صِحِّتِك؟

عَـز ـ اَنَا بْخِير وِالْحَمْدُ لِلّه، وِالصِّحَّة كْوَيِّسَة .

أَميـ ـ اِتْفَضَّلِى يَا مَدَام عَزِيزَة، تَعَالِى ادْخُلِى فِى الْبِيت شُوَيَّة.

عَـز ـ لأْ، مُتَشَكِّرَة خَالِص يَا مَدَام أَمِينَة، أَصْل اَنَا مِسْتَعْجِلَة قِوِى .

أَميـ ـ أَللّه ، وِمِسْتَعْجِلَة كِدَة لِيهِ النّهَارْدَة يَا مَدَام عَزِيزَة؟

عَـز ـ أَصْلِ جُوزِى فِى الْبِيت ، وَاَنَا هِنَا كِدَه بَسّ عَ الْمَاشِى .

أَميـ ـ طَب سَلِّمِى عَلَى جُوزِك وِوْلَادِك كِتِير .

عَـز ـ شُكْرًا شُكْرًا يَا مَدَام أَمِينَة .

Vokabeln مُفْـرَدَاتٌ

auf dem Sprung, nur vorbei	*εa 'l-mấšī*	عَ الْمَاشِي
Abend *der, -e*	*masấɛ*	مَسَاء
Güte *die*	*ḫḗr*	خِير
Licht *das, -er*	*nū́r*	نُور
Guten Abend!	*masấɛi 'l-ḫḗr*	مَسَاءِ الْخِير
Guten Abend! (Antwort)	*masấɛi 'n-nū́r*	مَسَاءِ النُّور
Tüchtige(r) *der, -n*, Fleißige(r) *der, -n*; tüchtig, fleißig	*šấṭir m., šáṭra f., šuṭṭấr Pl.*	شَاطِر .m، شَاطْرَة .f، شُطَّار .Pl
was?	*ɛḗh?*	إيـه؟
wie ist dein Name? wie heißt du?	*ismak ḗh?*	اِسْمَك إيه؟
du Kleiner!; mein Liebling!	*yā ḥabī́bī*	يَا حَبِيبِي
du Süße!	*yā ɛammū́ra*	يَا أَمُّورَة
ihr	*íntum = íntū*	إِنْتُمْ = إِنْتُو
Junge, (Pl. Kinder) *der, -n*	*wálad, Pl. wilấd u. ɛawlấd*	وَلَد ـ وِلَاد ، أَوْلَاد
Doktor *der, -s*	*daktū́r, Pl. dakátra*	دَكْتُور ـ دَكَاتْرَة
in	*fī = f*	فِي = فْ

Mama *die, -s* *mấmā* مَامَا

dort *hinấk* هِنَاك

hinter *wárā ...* وَرَا ...

ʔahú m., ʔahí f., ʔahúm Pl. أَهُو m.، أَهِى f.، أَهُمْ Pl.
da ist er!, da ist sie!, da sind sie!

was gibt es?, was ist los? *fíh ʔéh?,* فِيه اِيه؟

taʕấla m., taʕấlī f., taʕấlū Pl. تَعَالَ m.، تَعَالِى f.، تَعَالُوا Pl.
Komm!, kommen Sie!

schnell *q̓awấm* قِوَام

denn *báq̓ā* بَقِى

búṣṣ m., búṣṣī f., búṣṣū Pl. بُصّ m.، بُصِّى f.، بُصُّوا Pl.
Schau!, Guck!

Madam *die* *madấm* مَدَام

wie? *izzấy = izzáyy* إزَّاى = إزَّىّ

izzáyyak m., izzáyyik f., izzayyíkū Pl. اِزَّيَّك m.، اِزَّيِّك f.، اِزَّيِّكُو Pl.
wie geht es dir?, wie geht es Ihnen?!

ʔáhlan wa sáhlan. أَهْلًا وَسَهْلًا
willkommen, herzl. willkommen (Antw. auf izzáyyak)

Aziza (weibl. Name) *ʕazíza* عَزِيزَة

Gesundheit *die, -en* *ṣíḥḥa* صِحَّة

بِخِير وِالْحَمْدُ لِلَّه *bi ḫḗr wi 'l-ḥámdu li 'llā́h*
gut, danke schön! (wörtl.: in Ordnung, Dank Gottes)

Gott *der* | *allā́h* اَللَّه

danke! | *mutašákkir, Pl. mutašakkirī́n* مُتَشَكِّر - مُتَشَكِّرِين

weil, denn | *ɛáṣl* أَصْل

أَصْلَ انَا ، اَصْلِ انْتَ .... *ɛaṣl ána, aṣl ínta ...*
weil ich, weil du ..., denn ich, denn du ... etc.

ein bißchen, ein wenig | *šuwáyya* شُوَيَّة

مِسْتَعْجِل m.، مِسْتَعْجِلَة f.، مِسْتَعْجِلِين Pl.
in Eile sein | *mistáɛgil m., mistaɛgíla f., mistaɛgilī́n*

sehr | *q̊áwī* قَوِى

ach! (ach herrjeh!) | *ɛalláh* أَللّٰهْ

warum? | *lḗh?* لِيه؟

heute | *in-nahā́rda* النَّهَارْدَه

Ehemann *der, -änner*; Paar *das,-e* | *gṓz, Pl. igwā́z* جُوز - اِجْوَاز

so | *kída* كِدَه

gut | *ṭáyyib = ṭáb* طَيِّب = طَبْ

سَلِّم عَلَى m.، سَلِّمِي عَلَى f.، سَلِّمُوا عَلَى Pl.
grüße!, grüßen Sie! | *sállim ɛálā m., sallímī ɛálā f., sallímū ɛálā*

danke! | *šúkran* شُكْرًا

Grammatik قَوَاعِدُ

1 - الضَّمَائِرُ الشَّخْصِيَّةُ

Die Personalpronomen

Die Personalpronomina sind entweder selbständig oder unselbständig.

2 - الضَّمَائِرُ الْمُنْفَصِلَةُ

Selbständige Personalpronomen

Die selbständigen Personalpronomen:

Sing.	1. Person	أَنَا ich m. u. f.
	2. Pers. m.	اِنْتَ du m.
	2. Pers. f.	اِنْتِ du f.
	3. Pers. m.	هُوَّ er
	3. Pers. f.	هِيَّ sie
Plural	1. Person	اِحْنَا wir m. u. f.
	2. Person	اِنْتُمْ ، اِنْتُو ihr m. u. f.
	3. Person	هُمَّ sie m. u. f.

3 - الضَّمَائِرُ الْمُتَّصِلَةُ

Unselbständige Personalpronomen

Die Personalpronomina können nicht dekliniert werden. Die erforderlichen Kasus (Fälle) werden durch Suffixe (Nachsilben) ausgedrückt, die an Nomina, Präpositionen und Verben treten können.

Formen der unselbständigen Personalpronomen:

Sing.	1. Person	ـِي	ich m. u. f.
	2. Pers. m.	ـَكَ	du
	2. Pers. f.	ـِكِ	du
	3. Pers. m.	ـُهُ	er
	3. Pers. f.	ـْهَا	sie
Plural	1. Person	ـَنا	wir m. u. f.
	2. Person	ـكُمْ، ـكُو	ihr m. u. f.
	3. Person	ـهُمْ	sie m. u. f.

Übersicht und Beispiele:

a) Suffixe am Substantiv maskulin, wie كِتَاب Buch:

	Personalpronomen	Personal-suffix	Personalsuffixe am Substantiv	
Sing.	أَنَا	ـِي	كِتَابِي	mein Buch
	إِنْتَ	ـَكَ	كِتَابَكَ	dein Buch m.

	Personal.-pronomen	Personal.-suffix	Personalsuffixe am Substantiv	
Sing.	إِنْتِ	ـكِ	كِتَابِك	dein Buch f.
	هُوَّ	ـهُ	كِتَابُه	sein Buch
	هِيَّ	ـْهَا	كِتَابْهَا	ihr Buch
Plural	إِحْنَا	ـْنَا	كِتَابْنَا	unser Buch
	إِنْتُم	ـْكُمْ	كِتَابْكُمْ	euer Buch
	هُمَّ	ـْهُمْ	كِتَابْهُمْ	ihr Buch

b) Suffixe am Substantiv feminin, wie أُسْرَة Familie:

	Personal-pronomen	Personal.-suffix	Personalsuffixe am Substantiv	
Sing.	أَنَا	ـتِي	أُسْرِتِي	meine Familie
	إِنْتَ	ـتَك	أُسْرِتَك	deine Familie m.
	إِنْتِ	ـتِك	أُسْرِتِك	deine Familie f.
	هُوَّ	ـتُه	أُسْرِتُه	seine Familie
	هِيَّ	ـتْهَا	أُسْرِتْهَا	ihre Familie
Plural	إِحْنَا	ـتْنَا	أُسْرِتْنَا	unsere Familie
	إِنْتُم	ـتْكُمْ	أُسْرِتْكُمْ	eure Familie
	هُمَّ	ـتْهُمْ	أُسْرِتْهُمْ	ihre Familie

4 - الْمُفْرَدُ وَالْمُثَنَّى وَالْجَمْعُ

Die Numeri

Im Arabischen gibt es drei Numeri:

Singular مُفْرَدٌ , Dual مُثَنًّى und Plural جَمْعٌ .

a) Der Singular الْمُفْرَدُ:

Der Singular ist Einzahl, sei es maskulin oder feminin, bestimmt oder unbestimmt, wie:

	unbestimmt	bestimmt
maskulin	بيت ein Haus	الْبيت das Haus
feminin	أُسْرَة eine Familie	الأُسْرَة die Familie

b) Der Dual الْمُثَنَّى:

Der Dual ist Zweizahl (im Unterschied zur Einzahl). Er wird durch Einfügen der Endung "-ēn ـين" m. und "-tēn ـتين" f. an den Singular gebildet, wie:

	Singular	Dual
maskulin	تِلْمِيذ ein Schüler	تِلْمِيذين zwei Schüler
feminin	تِلْمِيذَة eine Schülerin	تِلْمِيذَتين zwei Schülerinnen

c) Der Plural اَلْجَمْعُ:

Vom Plural (d. h. Mehrzahl) gibt es drei Arten:
regelmäßiger Plural maskulin, regelmäßiger Plural feminin und unregelmäßiger Plural.

1) Regelmäßiger Plural maskulin جَمْعُ الْمُذَكَّرِ السَّالِمِ

Er wird durch Anfügen der Endung "-īn ـِين" an den Singular gebildet, wie:

	Singular	Plural
maskulin	مُدَرِّس ein Lehrer	مُدَرِّسِين Lehrer
feminin	أَلْمَانِي ein Deutscher	أَلْمَانِيِّين Deutsche

Anmerkung: Von jeder Nisbaform kann man einen regelmäßigen Plural bilden, wie:
مَصْرِي Ägypter, Pl. مَصْرِيِّين und نِمْسَاوِي Österreicher, Pl. نِمْسَاوِيِّين u. s. w.

2) Regelmäßiger Plural feminin جَمْعُ الْمُؤَنَّثِ السَّالِمِ

Er wird durch Anfügen der Endung "-āt ـَات" an den Singular gebildet, wie:

Singular	Plural
مُدَرِّسَة eine Lehrerin	مُدَرِّسَات Lehrerinnen

3) Unregelmäßiger Plural جَمْعُ التَّكْسِيرِ

Er wird durch Änderung in der Form des Singular gebildet, wie:

Singular	Plural
كِتَاب ein Buch	كُتُب Bücher
بَاب eine Tür	إِبْوَاب Türen

Anmerkung: Der Plural ist im Arabischen - wie in vielen anderen Sprachen - meist unregelmäßig. Sie müssen immer das Wort gleich mit seinem Plural auswendig lernen.

5 - اِسْمُ الْجِنْسِ الْجَمْعِيِّ وَاسْمُ الْوَحْدَةِ
Das Kollektiv und die Nomina Unitatis

Zum Plural gehört auch das Kollektiv, das auf die Mehrzahl hinweist. Von dem Kollektiv kann eine Nomina Unitatis, die dem Singular (Einzahl) entspricht, durch Hinzufügung eines Femininzeichens zu dem Kollektiv ohne Änderung der Vokalisation gebildet werden. Von dem Kollektiv gibt es noch einen Plural, der die Bedeutung von verschiedenen Sorten oder Arten hat, wie:

اِسْمُ وَحْدَةٍ Nomina Unitatis	اِسْمُ جِنْسٍ جَمْعِيٍّ Kollektiv	جَمْعُ جَمْعٍ Plural des Kollektivs
شَجَرَة ein Baum	← شَجَر Bäume →	أَشْجَار Bäume versch. Arten
سَمَكَة ein Fisch	← سَمَك Fisch →	أَسْمَاك Fisch versch. Sorten
بِيضَة ein Ei	← بِيض Eier	

Anmerkung:
Den Unterschied zwischen dem Plural und dem Kollektiv (als Mehrzahl) werden wir erst in der nächsten Lektion kennenlernen

Übungen تَمَارِينُ

تَمْرِينُ أ) أَسْنِدِ الضَّمَائِرَ الشَّخْصِيَّةَ إِلَى الْأَسْمَاءِ التَّالِيَةِ، مَعَ كِتَابَةِ الْكَلِمَاتِ بِالْحُرُوفِ الْعَرَبِيَّةِ، ثُمَّ انْطِقْ كُلَّ كَلِمَةٍ مَعَ ضَمِيرِهَا الشَّخْصِيِّ، مُسْتَعِينًا فِي ذَلِكَ بِالْحُرُوفِ اللَّاتِينِيَّةِ، وَمُرَاعِيًا مَوْقِعَ النَّبْرِ عَلَى الْكَلِمَاتِ وَانْتِقَالَهُ مِنْ مَكَانِهِ. تَتَبَّعِ النُّمُوذَجَ.

Fügen Sie gemäß dem Beispiel den folgenden Substantiven die Personalsuffixe hinzu und schreiben Sie diese in arabischer Schrift in die Lücken, dann sprechen Sie die Wörter mit Hilfe der lateinischen Schrift aus! Achten Sie dabei auf die Verschiebung der Betonung!

(a)

اِسْم	Name	بِنْت	Tochter	اِبْن	Sohn
اِسْمِي	ísmī	بِنْتِي	bíntī	اِبْنِي	íbnī
اِسْمَكَ	ísmak	______	bíntak	______	íbnak
اِسْمِكِ	ísmik	______	bíntik	______	íbnik
اِسْمُهُ	ísmu(h)	______	bíntu(h)	______	íbnu(h)
اِسْمِهَا	ismíhā	______	bintíhā	______	íbníhā
اِسْمِنَا	ismínā	______	bintínā	______	ibnínā
اِسْمِكُمْ	ismíkum	______	bintíkum	______	ibníkum
اِسْمِهُمْ	ismíhum	______	bintíhum	______	ibníhum

Beachten Sie: die Betonung liegt nie auf der Nachsilbe.

(b)

مَكْتَب Schreibtisch	طَبِيب Arzt	بِيت Haus
مَكْتَبِى maktábī	______ ṭabī́bī	______ bḗtī
مَكْتَبَك maktábak	______ ṭabī́bak	______ bḗtak
مَكْتَبِك maktábik	______ ṭabī́bik	______ bḗtik
مَكْتَبُه maktábu(h)	______ ṭabī́bu(h)	______ bḗtu(h)
مَكْتَبْهَا maktábhā	______ ṭabī́bhā	______ bḗthā
مَكْتَبْنَا maktábnā	______ ṭabī́bnā	______ bḗtnā
مَكْتَبْكُمْ maktábkum	______ ṭabī́bkum	______ bḗtkum
مَكْتَبْهُمْ maktábhum	______ ṭabī́bhum	______ bḗthum

(c)

جَرَاج Garage	قَامُوس Wörterbuch	تِلْمِيذ Schüler
جَرَاجِى garā́ǧī	______ qāmū́sī	______ tilmī́ḏī
جَرَاجَك garā́ǧak	______ qāmū́sak	______ tilmī́ḏak
جَرَاجِك garā́ǧik	______ qāmū́sik	______ tilmī́ḏik
جَرَاجُه garā́ǧu(h)	______ qāmū́su(h)	______ tilmī́ḏu(h)
جَرَاجْهَا garā́ǧhā	______ qāmū́shā	______ tilmī́ḏhā

جَرَاج Garage	قَامُوس Wörterbuch	تِلْمِيذ Schüler
جَرَاچْنَا garāğnā	________ qāmūsnā	________ tilmīḏnā
جَرَاچْكُمْ garāğkum	________ qāmūskum	________ tilmīḏkum
جَرَاچْهُمْ garāğhum	________ qāmūshum	________ tilmīḏhum

تَمْرِينُ ب) أَسْنِدِ الضَّمَائِرَ الشَّخْصِيَّةَ إِلَى الْأَسْمَاءِ التَّالِيَةِ، مَعَ كِتَابَةِ الْكَلِمَاتِ بِالْحُرُوفِ الْعَرَبِيَّةِ، ثُمَّ انْطِقْ كُلَّ كَلِمَةٍ مَعَ ضَمِيرِهَا الشَّخْصِيِّ، مُسْتَعِينًا فِي ذَلِكَ بِالْحُرُوفِ اللَّاتِينِيَّةِ، وَمُرَاعِيًا مَوْقِعَ النَّبْرِ عَلَى الْكَلِمَات وَانْتِقَالَهُ مِنْ مَكَانِهِ. لَاحِظْ أَنَّ الْكَلِمَاتِ مُؤَنَّثَةٌ، وَأَنَّ هُنَاكَ حَرَكَاتٍ قَدْ تَسْقُطُ مِنَ الْكَلِمَةِ أَوْ قَدْ تُضَافُ إِلَيْهَا. تَتَبَّعِ النُّمُوذَجَ.

Fügen Sie den folgenden Substantiven die Personalsuffixe hinzu und schreiben Sie diese in arabischer Schrift in die Lücken, dann sprechen Sie die Wörter mit Hilfe der lateinischen Schrift aus! Achten Sie dabei auf die Verschiebung der Betonung sowie darauf, daß die Substantive feminin sind und einige Vokale weggelassen oder hinzugefügt werden müssen! Folgen Sie dem Beispiel!

(a)

أُودَة Zimmer	صَالَة Saal	جِنِينَة Garten
أُودْتِي ءṓdtī	________ ṣâltī	________ ginéntī
أُودْتَك ءṓdtak	________ ṣâltak	________ ginéntak
أُودْتِك ءṓdtik	________ ṣâltik	________ ginéntik

أُودَة Zimmer	صَالَة Saal	جنينَة Garten
أُودْته ʂṓdtu(h)	______ ṣâltu(h)	______ ginḗntu(h)
أُودِتها ʂōdíthā	______ ṣālíthā	______ ginēníthā
أُودِتنَا ʂōdítnā	______ ṣālítnā	______ ginēnítnā
أُودِتْكُمْ ʂōdítkum	______ ṣālítkum	______ ginēnítkum
أُودِتْهُمْ ʂōdíthum	______ ṣālíthum	______ ginēníthum

Beachten Sie: ʂṓda(h) + -ī = ʂṓdtī أُودْتِي (sprich "ʂṓttī"!)

(b)

طَبِيبَة Ärztin	سِتارَة Vorhang	مَامَا Mama
طَبِيبْتِي ṭabī́btī	______ sitā́rtī	______ mā́mtī
______ ṭabī́btak	______ sitā́rtak	______ mā́mtak
______ ṭabī́btik	______ sitā́rtik	______ mā́mtik
______ ṭabī́btu(h)	______ sitā́rtu(h)	______ mā́mtu(h)
______ ṭabībíthā	______ sitāríthā	______ māmíthā
______ ṭabībítnā	______ sitārítnā	______ māmítnā
______ ṭabībítkum	______ sitārítkum	______ māmítkum
______ ṭabībíthum	______ sitāríthum	______ māmíthum

تَمْرِينُ ج) أَسْنِدِ الضَّمَائِرَ الشَّخْصِيَّةَ، حَسَبَ النُّمُوذَجِ، إِلَى الْأَسْمَاءِ التَّالِيَةِ، مَعَ كِتَابَةِ الْكَلِمَاتِ بِالْحُرُوفِ الْعَرَبِيَّةِ، ثُمَّ انْطِقِ الْكَلِمَةَ مَعَ ضَمِيرِهَا الشَّخْصِيِّ ، مُرَاعِيًا مَوْقِعَ النَّبْرِ وَانْتِقَالَهُ مِنْ مَكَانِهِ .

Fügen Sie gemäß dem Beispiel den folgenden Substantiven die Personalsuffixe hinzu, schreiben Sie diese in arabischer Schrift in die Lücken, dann sprechen Sie die Wörter aus! Achten Sie dabei auf die Verschiebung der Betonung!

(a)

Süße أَمُّورَة	Junge وَلَد	Mutter أُمّ	Zeit وَقْت	Lehrer مُدَرِّس
______	______	______	______	مُدَرِّسِي
______	______	______	______	مُدَرِّسَك
______	______	______	______	مُدَرِّسِك
______	______	______	______	مُدَرِّسُه
______	______	______	______	مُدَرِّسْهَا
______	______	______	______	مُدَرِّسْنَا
______	______	______	______	مُدَرِّسْكُمْ
______	______	______	______	مُدَرِّسْهُمْ

(b)

مُدَرِّسَة	عَرَبِيَّة	صِحَّة	تَرَابِيزَة	تِلْمِيذَة
______	______	______	______	تِلْمِيذَتِى
______	______	______	______	تِلْمِيذَتَكَ
______	______	______	______	تِلْمِيذَتِكِ
______	______	______	______	تِلْمِيذَتُهُ
______	______	______	______	تِلْمِيذَتِهَا
______	______	______	______	تِلْمِيذَتُنَا
______	______	______	______	تِلْمِيذَتُكُمْ
______	______	______	______	تِلْمِيذَتُهُمْ

تَمْرِينُ د) ثَنِّ الْكَلِمَاتِ التَّالِيَةَ ، تَتَبَّعِ النُّمُوذَجَ .

Setzen Sie die folgenden Substantive und Adjektive in den Dual! Folgen Sie dem Beispiel!

جُنَيْنَة ـ جُنَيْنَتَيْن	مَكْتَب ـ مَكْتَبَيْن
٤ ـ اِسْم ______	١ ـ كِتَاب ______
٥ ـ طَبِيب ______	٢ ـ أُسْرَة ______
٦ ـ مَدْرَسَة ______	٣ ـ بَيْت ______

٧ ـ عَرَبِيَّة	______	١٣ ـ سِتَارَة	______
٨ ـ جَرَاج	______	١٤ ـ صَالَة	______
٩ ـ بَاب	______	١٥ ـ أُودَة	______
١٠ ـ وَلَد	______	١٦ ـ اِبْن	______
١١ ـ بِنْت	______	١٧ ـ أَمُّورَة	______
١٢ ـ مُدَرِّس	______	١٨ ـ تِلْمِيذَة	______

تَمْرِينُ هـ) اِجْمَعِ الْكَلِمَاتِ التَّالِيَة ، تَتَبَّعِ النُّمُوذَجَ .

Setzen Sie gemäß dem Beispiel in den Plural!

(a)

مُدَرِّس ــ مُدَرِّسِين	جَنِينَة ــ جَنَايِن
مُدَرِّسَة ــ مُدَرِّسَات	تِلْمِيذ ــ تَلَامْذَة

١ ـ بِيت	______	٧ ـ طَبِيبَة	______
٢ ـ أُسْرَة	______	٨ ـ تِلْمِيذَة	______
٣ ـ اِسْم	______	٩ ـ عَرَبِيَّة	______
٤ ـ وَلَد	______	١٠ ـ مَدْرَسَة	______
٥ ـ صَالَة	______	١١ ـ كِتَاب	______
٦ ـ قَامُوس	______	١٢ ـ بِنْت	______

١٣ ـ طَبِيب	________	١٦ ـ مَكْتَب	________
١٤ ـ أُودَة	________	١٧ ـ فَصْل	________
١٥ ـ شِبَّاك	________	١٨ ـ سِتَارَة	________

تَمْرِينُ و) أَجِبْ عَمَّا يَأْتِى ، تَتَبَّعِ النُّمُوذَج .

Antworten Sie nach dem folgenden Beispiel!

كِتَاب مِين دَه؟ (.. ـِى mein)	ـ دَه كِتَابِى.
١ ـ بيت مِين دَه؟ (.. ـْهَا .ihr Sing)	- ________
٢ ـ مُدَرِّس مِين دَه؟ (.. ـُه sein)	- ________
٣ ـ تِلْمِيذ مِين دَه؟ (.. ـِى mein)	- ________
٤ ـ وَلَد مِين دَه؟ (.. ـهُمْ .ihr Pl)	- ________
٥ ـ قَامُوس مِين دَه؟ (.. ـِك dein)	- ________
٦ ـ اِبْنِ مِين دَه؟ (.. ـنَا unser)	- ________
٧ ـ جَرَّاح مِين دَه؟ (.. ـُه sein)	- ________
٨ ـ مَكْتَب مِين دَه؟ (.. ـِى mein)	- ________
٩ ـ بَاب مِين دَه؟ (.. ـْهَا .ihr Sing)	- ________

تَمْرِينُ ز) أَجِبْ عَمَّا يَأْتِى ، تَتَبَّعِ النُّمُوذَجَ .

Antworten Sie nach dem folgenden Beispiel!

أُودِةْ مِين دِى؟ (.. ـِى mein)	- دِى أُودْتِى.
١ - بِيت مِين دَه؟ (.. ـهُمْ .ihr Pl)	- ______
٢ - أُسْرِةْ مِين دِى؟ (.. ـُه seine)	- ______
٣ - جِنينِةْ مِين دِى؟ (.. ـتْكُمْ euer)	- ______
٤ - مَامِةْ مِين دِى؟ (.. ـتِى meine)	- ______
٥ - عَرَبِيِّةْ مِين دِى؟ (.. ـتْهَا .ihr Sing)	- ______
٦ - طَبِيبِةْ مِين دِى؟ (.. ـتْنَا unsere)	- ______
٧ - مُدَرِّسِةْ مِين دِى؟ (.. ـكُمْ euer)	- ______
٨ - صَالِةْ مِين دِى؟ (.. ـتْهُمْ .ihr Pl)	- ______

تَمْرِينُ ح) أَجِبْ عَمَّا يَأْتِى بِالنَّفْىِ ، تَتَبَّعِ النُّمُوذَجَ .

Antworten Sie mit der Verneinung! Folgen Sie dem Beispiel!

هُوَّ الكِتَاب دَه مِشْ كِتَاب تُومَاس؟ (.. ـِى mein) -....

- لَأْ ، هُوَّ مِشْ كِتَابُه، هُوَّ كِتَابِى.

هِىَّ الْعَرَبِيَّة دِى مِشْ عَرَبِيِّتَك؟ (كَامِل) -....

- لَأْ ، هِىَّ مِش عَرَبِيِّتِى، هِىَّ عَرَبِيِّةْ كَامِل.

١ ـ هُوَّ الْمَكْتَب دَه مِشْ مَكْتَبِى؟ (نَادْيَة) ـ....

٢ ـ هُوَّ الْمُدَرِّس دَه مِشْ مُدَرِّس هِشَام؟ (ـنَا unser) ـ....

٣ ـ هِيَّ الجِّنِينَة دِى مِشْ جِنِينْتكُم؟ (بِيتَر) ـ....

٤ ـ هُوَّ الْقَامُوس دَه مِشْ قَامُوس مُونِيكَا؟ (الْمُدَرِّس) ـ....

٥ ـ هِيَّ الْأُسْرَة دِى مِشْ أُسْرِةْ هِشَام؟ (ـتِى mein) ـ....

٦ ـ هِيَّ الْأَمُّورَة دِى مِشْ بِنْتِك؟ (الدَّكْتُور كَامِل) ـ....

٧ ـ هُوَّ الجَّرَاج دَه مِشْ جَرَاجِ السِّتِّ دِى؟ (ـِى mein) ـ....

٨ ـ هِيَّ الْمُدَرِّسَة دِى مِشْ مُدَرِّسِةْ هِشَام وِمَنَال؟ (ـتْنَا unser) ـ....

تَمْرِينُ ط) الْكَلِمَاتُ التَّالِيَـةُ اسْمُ جِنْسٍ جَمْعِىٌّ. اِبْنِ مِنْهَا اِسْمَ الْوَحْدَةِ بِإِضَافَةِ أَدَاةِ التَّأْنِيثِ إِلَيْهَا دُونَ تَغْيِيرٍ فِى حَرَكَاتِ الْكَلِمَةِ أَوْ سَكَنَاتِهَا. تَتَبَّعِ النُّمُوذَجَ .

Die folgenden Wörter sind Kollektiv (Gattungswörter). Bilden Sie davon, gemäß dem Beispiel, die Nomina Unitatis mit der Hinzufügung des Femininzeichens ohne Änderung der Vokalisation.

Karotten جَـزَر →	جَزَرَة	Fisch سَمَك →	سَمَكَة

	Bäume شَجَر →	١ ـ ________
	Eier بِيض →	٢ ـ ________
	Äpfel تُفَّاح →	٣ ـ ________

	Orangen بُرْتُقَان →	________	٤ -
	Bananen مُوز →	________	٥ -
	Aprikosen مِشْمِش →	________	٦ -
	Datteln بَلَح →	________	٧ -
	Feigen تِين →	________	٨ -
	Pfirsiche خُوخ →	________	٩ -
	Melonen شَمَّام →	________	١٠ -
	Gurken خِيَار →	________	١١ -
	Weißkohl كُرُنْب →	________	١٢ -
	Kopfsalat خَسّ →	________	١٣ -
	Zwiebeln بَصَل →	________	١٤ -
•	Wassermelone بَطِّيخ →	________	١٤ -

P. S.: Diese Wörter sind wichtig. Lernen Sie davon mindestens einen Teil auswendig!

تَمْرِينُ ى) اِجْمَعِ الْأَعْدَادَ التَّالِيَةَ ، تَتَبَّعِ النُّمُوذَجَ .

Addieren Sie die Zahlen! Folgen Sie dem Beispiel!

اِتْنِين وِوَاحِد كَام؟	ـ اِتْنِين وِوَاحِد تَلَاتَة
تَلَاتَة وْوَاحِد كَام؟	ـ تَلَاتَة وْوَاحِد أَرْبَعَة

١ ـ أَرْبَعَة وْوَاحِد كَام؟	ـ ________________
٢ ـ خَمْسَة وْوَاحِد كَام؟	ـ ________________
٣ ـ اِتْنِين وِاتْنِين كَام؟	ـ ________________
٤ ـ تَلَاتَة وِاتْنِين كَام؟	ـ ________________
٥ ـ تَلَاتَة وْتَلَاتَة كَام؟	ـ ________________
٦ ـ أَرْبَعَة وِاتْنِين كَام؟	ـ ________________
٧ ـ أَرْبَعَة وْتَلَاتَة كَام؟	ـ ________________
٨ ـ اِتْنِين وِخَمْسَة كَام؟	ـ ________________
٩ ـ خَمْسَة وْخَمْسَة كَام؟	ـ ________________
١٠ ـ أَرْبَعَة وَارْبَعَة كَام؟	ـ ________________
١١ ـ تَلَاتَة وْسِتَّة كَام؟	ـ ________________
١٢ ـ اِتْنِين وِسَبْعَة كَام؟	ـ ________________
١٣ ـ أَرْبَعَة وْخَمْسَة كَام؟	ـ ________________

١٤ ـ تَمَانْيَة وْوَاحِد كَام؟	ـ ______________
١٥ ـ سَبْعَة وْتَلَاتَة كَام؟	ـ ______________
١٦ ـ تِسْعَة وْوَاحِد كَام؟	ـ ______________
١٧ ـ تَلَاتَة وْخَمْسَة كَام؟	ـ ______________
١٨ ـ سِتَّة وَارْبَعَة كَام؟	ـ ______________

تَمْرِينُ ك) تَرْجِمْ إِلَى اللُّغَةِ الْأَلْمَانِيَّةِ . Übersetzen Sie ins Deutsche!

أَمِينَة : مَسَاءِ الْخِير يَا مَدَام عَزِيزَة، اِزَّيِّك، وِازَّىِّ صِحِّتِك؟

عَزِيزَة: مَسَاءِ النُّور يَا مَدَام أَمِينَة، اَنَا كْوَيِّسَة وِالْحَمْدُ لِلَّه يَا مَدَام أَمِينَة ، وِالصِّحَّة كَمَان كُوَيِّسَة.

أَمِينَة : وِازَّىِّ جُوزِك وِازَّىِّ الْأَوْلَاد؟

عَزِيزَة: جُوزِى وِالْأَوْلَاد بِخِير. مُتَشَكِّرَة قَوِى يَا مَدَام أَمِينَة.

أَمِينَة : طَبِ اتْفَضَّلِى ادْخُلِى عَنْدِنَا (bei uns) شْوَيَّة فِى الْبِيت.

عَزِيزَة: لَا يَا مَدَام أَمِينَة. اَنَا آسْفَة قَوِى، عَلَشَان مِسْتَعْجِلَة شْوَيَّة. أَصْلِ جُوزِى وِالْوِلَاد فِى الْبِيت، وَانَا هِنَا كِدَه بَسِّ عَ الْمَاشِى.

Übersetzen Sie ins Arabische! . تَمْرِينُ ل) تَرْجِمْ إِلَى اللُّغَةِ الْعَرَبِيَّةِ

1 - Guten Abend Kleiner, wie heißt du?
2 - Guten Abend, ich heiße Hischam.
3 - Wessen Sohn bist du, Hischam?
4 - Ich bin Dr. Kamil´s Sohn.
5 - Ist deine Mutter zu Hause, Hischam?
6 - Ja, meine Mutter ist in der Küche. Komm bitte ein bißchen zu uns!
7 - Nein, Hischam, danke sehr. Denn meine Zeit ist jetzt sehr knapp. Sag deiner Mutter einen schönen Gruß!

الدَّرْسِ الْخَامِس

أ) مِين عَ التِّلِيفُون

أَمِينَة: أَلُوه، هِنَا بِيتِ الدَّكْتُور كَامِل ،
مِين عَ التِّلِيفُون؟

عَزِيزَة: أَلُوه، حَضْرِتك مَدَام أَمِينَة؟ صَبَاحِ الْخِير، اَنَا عَزِيزَة.

أَمِينَـة : صَبَاحِ النُّور يَا مَدَام عَزِيزَة. أَيْوَه، اَنَا أَمِينَة، اِزَّيِّك وِازَّيِّ صِحِّتِك؟

عَزِيزَة: الصِّحَّة كُوَيِّسَة وِالْحَمْدُ لِلَّه. اِسْمَعِى يَا مَدَام أَمِينَة، فِيه جِزَم كُوَيِّسَة قَوِى فِى الْأُوكَازْيُون، وِرْخِيصَة خَالِص.

أَمِينَـة : أُوكَازْيُون؟ لِيه؟ هُوَّ النَّهَارْدَه إِيه؟

عَزِيزَة: النَّهَارْدَه الاَرْبَع ، وِبُكْـرَه الْخَمِيس ، وِامْبَارِح التَّلَات ، وِالنَّهَارْدَه أَوِّل يُوم فِى الْأُوكَازْيُون.

أَمِينَـة : أَيْوَه صَحِيح ، طَب يلّلاَ بِينَا عَ الْأُوكَازْيُون عَلَشَان اَنَا
عَاوْزَة جَزْمَة .

ب) فِي مَحَلِّ الْأَحْذِيَـةِ

الْبَيَّاع : أَهْلًا وَسَهْلًا يَا سِتَّات ، اِتْفَضَّلُوا ، فِيه جِزَم كُوَيِّسَة قِوِى
وِكَمَان رِخِيصَة قِوِى . اِتْفَضَّلِى يَا مَدَام ، اِيه رَأْيِك فِى
الجَزْمَة دِى؟

أَمِينَـة : لأْ ، الجَزْمَة دِى مِشْ كُوَيِّسَة ، عَلَشَان هِىَّ ضَيَّقِة قِوِى .
الْبَيَّاع : طَب وِالجَزْمَة دِى؟

أَمِينَـة : أَيْوَه، الجَزْمَة دِى مْبَحْبَحَة وِ كْوَيِّسَة . هِىَّ بْكَام؟

الْبَيَّاع : الجَزْمَة دِى تَمَنْهَا خَمْسَة وَارْبِعِين جِنِيه بَسّ .

أَمِينَـة : أَيْوَه فِعْلًا ، هِىَّ رْخِيصَة قِوِى .

الْبَيَّاع : وِانْتِ يَا مَدَام، اِيه رَأْيِك فِى الجَزْمَة دِى؟

عَزِيزَة: لأْ، مُتَشَكِّرَة قِوِى ، مِشْ عَاوْزَة جِزَم النَّهَارْدَه .

أَمِينَـة: أَللَّه ، وِمِشْ عَاوْزَة جِزَم لِيه يَا مَدَام عَزِيزَة؟ هُوَّ احْنَا

مِشْ جَايِّين هِنَا سَوَا عَلَشَان كِدَه؟

عَزِيزَة: أَصْلَ انَا عَاوْزَة جَزْمَة بْكَعْبِ عَالِى ، وِالْمْوضَة دِلْوَقْتِى
الكَّعْبِ الْوَاطِى بَسّ ، وَانَا مِشْ مُودِرْنِ قِوِى ، عَلَشَان
كِدَه مِشْ عَاوْزَة جَزْمَة عَ الْمْوضَة . يَعْنِى بِاخْتِصَارُه
عَاوْزَاهَا بْكَعْبِ عَالِى وْبَسّ .
الْبَيَّاع : طَيِّب يَا سِتَّات، مُتَشَكِّرِين قِوِى، مَعَ السَّلَامَة.
السِّتَّات: اللّه يِسَلِّمِك.

Vokabeln مُفْـرَدَات

hallo! ɛalṓh أَلُوه

Telefon *das, -e* *tilīfṓn, Pl. tilīfūnā́t* تِلِيفُون - تِلِيفُونَات

ḥaḍrítak m., ḥaḍrítik f. .... f. حَضْرِتَك .m، حَضْرِتِك

Sie; Ihre Herrschaft (höfl. Anrede)

ḥaḍrítik madām ɛamī́na? حَضْرِتِك مَدَام أَمِينَة؟

Sind Sie Madam Amina?

Morgen *der* *ṣabā́ḥ* صَبَاح

guten Morgen! *ṣabā́ḥi 'l-ḫḗr* صَبَاحِ الْخِير

guten Morgen! (Antwort) *ṣabā́ḥi 'n-nū́r* صَبَاحِ النُّور

gut *kuwáyyis, Pl. kuwayyisī́n* كُوَيِّس - كُوَيِّسِين

ísmaɛ m., ismáɛī f., ismáɛū Pl. Pl. اِسْمَعْ .m، اِسْمَعِي .f، اِسْمَعُوا

höre!, hören Sie!

Schuhe *die, -n* *gázma, Pl. gízam* جَزْمَة - جِزَم

ɛūkāzyū́n, Pl. ɛūkāzyūnā́t أُوكَازْيُون - أُوكَازْيُونَات

Schlußverkauf *der, -äufe*

billig *riḫī́ṣ, Pl. ruḫā́ṣ* رِخِيص - رُخَاص

was für ein Tag ist heute? *in-nahā́rda ɛḗh?* النَّهَارْدَه إِيه؟

es gibt *fīh* فِيه

es gibt *mafīš* مَفِيش

gestern *imbāriḥ* اِمْبَارِح

morgen *búkra* بُكْرَة

Tag *der, -e* *yōm, Pl. iyyām* يْوم ـ إِيَّام

der erste Tag *ʔáwwil yōm* أَوِّل يْوم

richtig, wirklich *ṣaḥīḥ* صَحِيح

auf geht´s! *yálla* يَللَّا

ʕāwiz m., ʕáwza f. ʕawzīn Pl..Pl. عَاوِزِين ،f. عَاوْزَة ،m. عَاوِز

wollend = wollen

maḥálli ʔaḥzíya, Pl. maḥallāt ʔaḥzíya مَحَلِّ أَحْذِيَة ـ مَحَلَّات أَحْذِيَة

Schuhgeschäft *das, -e*

Meinung *die, -en* *ráʔy, Pl. ʔārāʔ* رَأْى ـ آرَاء

ʔēh ráʔyak fī ...? إِيه رَأْيك فِى ...؟

wie findest du ...?, was hältst du von ...?

eng; knapp *ḍáyyaq, Pl. ḍayyaqīn* ضَيَّق ـ ضَيَّقِين

weit; paßt *mibáḥbaḥ, Pl. mibaḥbaḥīn* مِبَحْبَح ـ مِبَحْبَحِين

tatsächlich, eigentlich *fíʕlan* فِعْلًا

wieviel kostet? *bi kấm?* بِكَام؟

Preis *der, -e,* Kosten *die* *táman, Pl. ʔatmấn* تَمَن ـ أَتْمَان

Pfund (Währungseinheit) *das, -e* *ginḗh, Pl. ginēhất* جِنِيه ـ جِنِيهَات

süß; schön; hübsch *ḥílw, Pl. ḥilwín* حِلْو ـ حِلْوِين

zusammen *sáwa* سَوَا

gấy m., gáyya f. gayyín Pl. Pl. جَايِّين ، f. جَايَّة ، m. جَاى
kommend = kommen; folgend

Absatz *der, -ätze;* Ferse *die, -n* *káɛb, Pl. kuɛúb* كَعْب ـ كُعُوب

mit hohem Absatz *bi káɛbi ɛấlī* بِكَعْبِ عَالِي

mit flachem Absatz *bi káɛbi wấṭī* بِكَعْبِ وَاطِي

Mode *die, -n* *mṓḍa* مُوضَة

nach der Mode *ɛa 'l-mṓḍa* عَ الْمُوضَة

modern *mūdírn* مُودِرْن

•*bi 'ḫtiṣấru(h) = bi 'l-iḫtiṣấr kída* بِاخْتِصَارُه = بِالِاخْتِصَار كِدَه
kurz gesagt

auf Wiedersehen! *máɛa 's-salấma* مَعَ السَّلَامَة

اللَّه يِسَلِّمَك ، m. اللَّه يِسَلِّمِك f.

allấh yisallímak m., allấh yisallímik f..

Gott behüte dich (Antwort auf مَعَ السَّلَامَة)

die Wochentage	*ʔayyāmi 'l-ʔusbūɛ*	أَيَّامِ الْأُسْبُوع
Samstag *der, -e*	*is-sábt*	السَّبْت
Sonntag *der, -e*	*il-ḥádd*	الْحَدّ
Montag *der, -e*	*'li-tnḗn*	الِاتْنِين
Dienstag *der, -e*	*it-talā́t*	التَّلَات
Mittwoch *der, -e*	*'l-árbaɛ*	الَارْبَع
Donnerstag *der, -e*	*il-ḫamī́s*	الْخَمِيس
Freitag *der, -e*	*ig-gúmɛa*	الجُّمْعَة

1 - Grammatik قَوَاعِدُ

التَّعْبِيرُ باسْمِ الْفَاعِلِ عَنِ الزَّمَنِ الْحَالِي

Das Partizip Aktiv als Verlaufsform

Das Partizip Aktiv wird als Verlaufsform gebraucht und bezeichnet eine in der Gegenwart andauernde Handlung. Es wird aber nicht wie ein Verb konjugiert, sondern erhält nur die folgenden drei Formen:

1. Pers. Sing. mask.	عَاوِز = عَايِز	wollend = (wollen)
2. Pers. Sing. fem.	عَاوْزَة = عَايْزَة	wollend = (wollen)
3. Pers. Plural m. u. fem.	عَاوْزِين = عَايْزِين	wollend = (wollen)

2 - صِيَغُ اسْمِ الْفَاعِلِ مَعَ الضَّمَائِرِ الْمُنْفَصِلَةِ

Formen des Partizip Aktiv mit den Personalpronomen

Singular	1. Pers. m.	أَنَا عَاوِز	ich will
	1. Pers. f.	أَنَا عَاوْزَة	ich will
	2. Pers. m.	اِنْتَ عَاوِز	du willst
	2. Pers. f.	اِنْتِ عَاوْزَة	du willst
	3. Pers. m.	هُوَّ عَاوِز	er will
	3. Pers. f.	هِيَّ عَاوْزَة	sie will

Plural	1. Person	اِحْنَا عَاوْزِين	wir wollen m. u. f.
	2. Person	اِنْتُو عَاوْزِين	ihr wollt m. u. f.
	3. Person	هُمَّ عَاوْزِين	sie wollen m. u. f.

3 - الصِّفَةُ بَعْدَ الْمُفْرَدِ وَالْمُثَنَّى وَالْجَمْع وَاسْم الْجِنس الْجَمْعِيّ

Das Adjektiv nach dem Singular, Dual u. Kollektiv

Attributive Adjektive werden dem zugehörigen Nomen nachgestellt (s. S. 120) und wie folgt behandelt:

4 - الصِّفَةُ بَعْدَ الْمُفْرَدِ

Das Adjektiv nach dem Singular

Ist das Substantiv Singular, dann stimmt das Adjektiv mit ihm in Genus und Determination überein.

	indeterminiert	determiniert
maskulin	بيت كِبير ein großes Haus	الْبيتِ الكِّبير das große Haus
feminin	أُسْرَة كِبيرَة eine große Familie	الْأُسْرَة الكِّبيرَة die große Familie

5 - الصِّفَةُ بَعْدَ الْمُثَنَّى

Das Adjektiv nach dem Dual

Ist das Substantiv Dual, dan wir sein Adjektiv immer Plural mask. und stimmt mit ihm in der Determination überein.

	indeterminiert	determiniert
maskulin	مُدَرِّسِين مَصْرِيِّين zwei ägyptische Lehrer	الْمُدَرِّسِينِ الْمَصْرِيِّين die zwei ägyptischen Lehrer
feminin	مُدَرِّسْتِين مَصْرِيِّين zwei ägypt. Lehrerinnen	الْمُدَرِّسْتِين الْمَصْرِيِّين die zwei ägypt. Lehrerinnen

6 - الصِّفَةُ بَعْدَ الْجَمْعِ

Das Adjektiv nach dem Plural

Ist das Substantiv im Plural, dann wird zwischen Personen und Sachen unterschieden.

a) Nach Personen steht das Adjektiv im Plural und stimmt mit ihm in der Determination überein.

	indeterminiert	determiniert
maskulin	مُدَرِّسِين كُوَيِّسِين gute Lehrer	الْمُدَرِّسِينِ الْكُوَيِّسِين die guten Lehrer
feminin	مُدَرِّسَات كُوَيِّسِين gute Lehrerinnen	الْمُدَرِّسَاتِ الْكُوَيِّسِين die gute Lehrerinnen

b) Handelt es sich nicht um Personen, sondern um Sachen, Tiere etc., dann steht das Adjektiv im Singular feminin:

	indeterminiert	determiniert
maskulin	بُيُوت كَبِيرَة große Häuser	اَلْبُيُوتِ الكَبِيرَة die großen Häuser
feminin	صَالَات كَبِيرَة große Säle	الصَّالَاتِ الكَبِيرَة die großen Säle

Anmerkung:

1) Gruppen von Menschen werden wie Sachen behandelt, d. h. das Adjektiv steht nach den Gruppen im Sing. fem., wie:
أُسَر عَرَبِيَّة Arabische Familien.

2) Das Adjektiv kann hier im Plural stehen, besonders wenn die Rede von einer bestimmten überschaubaren Anzahl von Sachen ist, wie:

تَلَات بُيُوت كُبَار drei große Häuser

اَلْبُيُوتِ الْكُبَار دُول diese großen Häuser

7 - الصِّفَةُ بَعْدَ اسْمِ الْجِنْسِ الْجَمْعِيِّ

Das Adjektiv nach dem Kollektiv

Nach dem Kollektiv steht das Adjektiv im Singular maskulin und stimmt mit ihm in der Determination überein, wie:

indeterminiert	determiniert
شَجَر كِتِير viele Bäume	الشَّجَرِ الكِتِير die vielen Bäume

أَيَّامُ الأُسْبُوعِ

Die Wochentage

Lernen Sie auswendig!

5 Mittwoch	*l-árbaɛ*	٥ ـ الأَرْبَع	1 Samstag	*is-sábt*	١ ـ السَّبْت
6 Donnerstag	*il-ḫamī́s*	٦ ـ الْخَمِيس	2 Sonntag	*il-ḥádd*	٢ ـ الْحَدّ
7 Freitag	*ig-gúmɛa*	٧ ـ الْجُمْعَة	3 Montag	*'l-itnḗn*	٣ ـ الِاتْنِين
			4 Dienstag	*it-talā́t*	٤ ـ التَّلات

Übungen تَمَارِينُ

تَمْرِينُ أ) أَجِبْ عَمَّا يَأْتِى . تَتَبِّعِ النُّمُوذَجَ.

Antworten Sie nach dem folgenden Beispiel!

اِنْتَ عَاوِز إِيه؟ كِتَاب عَرَبِى؟ ـ أَيْوَه، أَنَا ...
ـ أَيْوَه، أَنَا عَاوِز كِتَاب عَرَبِى.

١ ـ اِنْتِ عَاوْزَة إِيه؟ قَامُوسِ انجِلِيزِى؟ ـ أَيْوَه، أَنَا ...

٢ ـ هُوَّ عَاوِز إِيه؟ عَرَبِيَّة أَلْمَانِى؟ ـ أَيْوَه، هُوَّ ...

٣ ـ هِيَّ عَاوْزَة إِيه؟ جَزْمَة بْكَعْبِ عَالِى؟ ـ أَيْوَه، هِيَّ ...

٤ ـ اِنْتُو عَاوْزِين إِيه؟ مُدَرِّس أَسْبَانِى؟ ـ أَيْوَه، اِحْنَا ...

٥ ـ هُمَّ عَاوْزِين إِيه؟ أُودَة كْوَيِّسَة؟ ـ أَيْوَه، هُمَّ ...

٦ ـ اِنْتِ عَاوْزَة إِيه؟ كِتَاب تَعْلِيمِى؟ ـ أَيْوَه، أَنَا ...

تَمْرِينُ ب) أَجِبْ عَمَّا يَأْتِى . تَتَبِّعِ النُّمُوذَجَ.

Antworten Sie nach dem folgenden Beispiel!

اِنْتِ عَاوْزَة كْتَاب فَرَنْسَاوِى، مِشْ كِدَه؟ إِيه رَأْيِك فِى الكِّتَاب دَه؟
ـ أَيْوَه، أَنَا ...
ـ أَيْوَه، أَنَا عَاوْزَة الكِّتَابِ الْفَرَنْسَاوِى دَه.

١ ـ اِنْتُو عَاوْزِين عَرَبِيَّة كْبِيرَة، مِشْ كِدَه؟ إِيه رَأْيكُو فِى الْعَرَبِيَّة دِى؟

ـ أَيْوَه، اِحْنَا ...

٢ ـ هُوَّ عَاوِز مُدَرِّس إِيطَالِى، مِشْ كِدَه؟ إيه رَأْيُه فِى الْمُدَرِّس دَه؟
ـ أَيْوَه، هُوَّ ...

٣ ـ هِيَّ عَاوْزَة بِنْتِ شَاطْرَة ، مِشْ كِدَه ؟ إِيه رَأْيِهَا فِى الْبِنْتِ الشَّاطْرَة دِى؟ ـ أَيْوَه، هِيَّ ...

٤ ـ اِنْتِ عَاوْزَة قَامُوس عَرَبِى ، مِشْ كِدَه ؟ إِيه رَأْيِك فِى الْقَامُوسِ الْعَرَبِى دَه ؟ ـ أَيْوَه، اَنَا ...

٥ ـ هُمَّ عَاوْزِين طَبِيب كُوَيِّس، مِشْ كِدَه؟ إيه رَأْيِهُم فِى الطَّبِيب دَه؟
ـ أَيْوَه، هُمَّ ...

٦ ـ اِنْتُو عَاوْزِين مَكْتَب سِوِيدِى ، مِشْ كِدَه؟ إيه رَأْيِكُو فِى الْمَكْتَب دَه؟
ـ أَيْوَه، اِحْنَا ...

٧ ـ هِيَّ عَاوْزَة جَرَاج لِلْعَرَبِيَّة، مِشْ كِدَه؟ إيه رَأْيِهَا فِى الجَّرَاج دَه؟
ـ أَيْوَه، هِيَّ ...

تَمْرِينُ ج) أَجِبْ عَمَّا يَأْتِى . تَتَبَّعِ النُّمُوذَجَ.

Antworten Sie nach dem folgenden Beispiel!

اِنْتُو عَاوْزِينِ الْأُودَة الصُّغَيَّرَة دِى؟ (... أُودَة كِبِيرَة)
ـ لأْ ، مُتَشَكِّرِين قَوِى ، اِحْنَا مِشْ عَاوْزِينِ الْأُودَة الصُّغَيَّرَة دِى ، اِحْنَا عَاوْزِين أُودَة كِبِيرَة .

١ ـ هُمَّ عَاوْزِينِ الْمَكْتَب الاِنجِلِيزِى دَه؟ (... مَكْتَب سِوِيدِى)

٢ ـ هُوَّ عَاوِزِ الْقَامُوس الْفَرَنْسَاوِى دَه؟ (... قَامُوس تُرْكِى)

٣ ـ اِنْتِ عَاوْزَة الجَزْمَة الضَّيَّقَة دِى؟ (... جَزْمَة مْبَحْبَحَة)

٤ ـ اِنْتُو عَاوْزِينِ الْمُدَرِّسَة الْأَسْبَانِيَّة دِى؟ (... مُدَرِّسَة عَرَبِيَّة)

٥ ـ هِيَّ عَاوْزَة الْأُودَة الكِّبِيرَة دِى؟ (... أُودَة صُغَيَّرَة)

٦ ـ اِنْتُو عَاوْزِينِ الكِّتَابِ الْإِيطَالِى دَه؟ (... كِتَاب أَسْبَانِى)

٧ ـ هِيَّ عَاوْزَة الْبِنْتِ الصُّغَيَّرَة دِى؟ (... بِنْتِ كِبِيرَة)

تَمْرِينُ د) أَجِبْ عَمَّا يَأْتِى مَعَ تَثْنِيَةِ الاِسْمِ وَجَمْعِ الصِّفَةِ

Antworten Sie! setzen Sie dabei das Substantiv in den Dual und das Adjektiv in den Plural!

اِنْتَ عَاوِز أُودَة كِبِيرَة؟ (كِبِير ـ "ج" كُبَار) ـ لأْ ، أَنَا ...
ـ لأْ ، أَنَا مِشْ عَاوِز أُودَة وَاحْدَة . أَنَا عَاوِز أُودْتِين كُبَار .

١ ـ اِنْتِ عَاوْزَة تِلْمِيذَة شَاطْرَة؟ (شَاطِر ـ "ج" شَاطْرِين) لأْ ـ ...

٢ - هِيَّ عَاوْزَة جَزْمَة مْبَحْبَحَة (مِبَحْبَح - "ج" مِبَحْبَحِين) - لأْ ...

٣ - هُمَّ عَاوْزِين جِنِينَة صُغَيَّرَة؟ (صُغَيرَة - "ج" صُغَيَّرِين) - لأْ ...

٤ - إِحْنَا عَاوْزِين بِيت عَالِى؟ (عَالِى - "ج" عَالْيِين) - لأْ ...

٥ - إِنْتَ عَاوِز طَبِيب كُوَيِّس؟ (كُوَيِّس - "ج" كُوَيِّسِين) - لأْ ...

٦ - إِنْتُو عَاوْزِين مُدَرِّس أَسْبَانِى؟ (أَسْبَانِى - "ج" أَسْبَانِيِّين) - لأْ ...

٧ - إِنْتُو عَاوْزِين قَامُوس رِخِيص؟ (رِخِيص - "ج" رُخَاص) - لأْ ...

تَمْرِينُ هـ) أُكْتُبِ الْجُمَلَ التَّالِيَةَ فِى صِيَغِ الْجَمْعِ تَتَبَّعِ النُّمُوذَجَ.

Schreiben Sie die folgenden Sätze im Plural! Folgen Sie dabei dem Beispiel!

> الْبِيت دَه عَالِى - ....
>
> - وِالْبُيُوت دِى كَمَان عَالْيَة. أَيْوَه ، هِىَّ بْيُوت عَالْيَة .
>
> الطِّبِيب دَه شَاطِر.- ...
>
> - وِالأَطِبَّاء دُول كَمَان شَاطْرِين . أَيْوَه هُمَّ أَطِبَّاء شَاطْرِين .

١ - التِّلْمِيذ دَه كُوَيِّس - ...

٢ - السِّتّ دِى مِسْتَعْجِلَة - ...

٣ - الجَزْمَة دِى مْبَحْبَحَة - ...

٤ - الجِّنِينَة دِى كْبِيرَة - ...

٥ ـ الْمُدَرِّس دَه مَصْرِى. ـ ...

٦ ـ الْمَكْتَب دَه رْخِيص. ـ ...

٧ ـ الْبِنْتِ دِى صْغَيَّرَة. ـ ...

٨ ـ الْأُسْرَة دِى سَعِيدَة. ـ ...

تَمْرِينُ و) حَوِّل ـ حَسَبَ النُّمُوذَجِ ـ اِسْمَ الْوَحْدَةِ فِى الْجُمَلِ الْآتِيَةِ إِلَى اسْمِ جِنْسٍ جَمْعِىٍّ ، مَعَ إِدْخَالِ التَّعْدِيلَاتِ التَّالِيَةِ إِلَى الْجُمْلَةِ :

١ ـ جَعْلُ اسْمِ الْإِشَارَةِ مُفْرَدًا مُذَكَّرًا .

٢ ـ جَعْلُ الصِّفَةِ مُفْرَدَةً مُذَكَّرَةً .

٣ ـ جَعْلُ الضَّمِيرِ الشَّخْصِىِّ مُفْرَدًا مُذَكَّرًا

Ändern Sie gemäß dem Beispiel die Nomina Unitatis zum Kollektiv und führen Sie folgende Änderungen durch:

1 - Das Demonstrativpronomen wird Sing. mask.
2 - Das Adjektiv wird Sing maskulin
3 - Das Personalpronomen wird Sing mask.

الشَّجَرَة دِى كْبِيرَة . ـ ...
ـ وِالشَّجَر دَه كَمَان كِبِير . أَيْوَة ، هُوَّ شَجَر كِبِير .

١ ـ التُّفَّاحَة دِى كْوَيِّسَة. ـ ...

٢ ـ الْبَطِّيخَة (Wassermelone) دِى رْخِيصَة. ـ ...

٣ ـ الشَّمَّامَة دِى غَالْيَة. ـ ...

٤ ـ الْكُرُمْبَة دِى مِش كِبيرَة. ـ ...

٥ ـ الْبِيضَة دِى صْغَيَّرَة. ـ ...

٦ ـ الْبُرْتُقَانة دِى مِززَة. (sauer) ـ ...

٧ ـ الْبَلَحَة دِى حِلْوَة (süß) . ـ ...

٨ ـ الْمِشْمِشَة دِى مِشْ كُوَيِّسَة. ـ ...

تَمْرِينُ ز) تَرْجِمْ إِلَى اللُّغَةِ الْأَلْمَانِيَّةِ Übersetzen Sie ins Deutsche!

عَزِيزَة: أُلوه، اَنَا عَزِيزَة. حَضْرِتك مَدَام أَمِينة؟

أَمِينَة : أَيْوَه، اَنَا أَمِينَة، أَهْلًا وَسَهْلًا يَا مَدَام عَزِيزَة.

عَزِيزَة: اِسْمَعِى يَا مَدَام أَمِينَة. فِيه جزَم كُوَيِّسَة قَوِى فِى الْأُوكَازْيُون ،
وِرْخِيصَة خَالِص .

أَمِينَة : أُوكَازْيُون؟ هُوَّ الْأُوكَازْيُونِ النَّهَارْدَه؟

عَزِيزَة: ـ أَيْوَه، الْأُوكَازْيُون يُوم الَارْبَع، وِالنَّهَارْدَه الَارْبَع . يَعْنِى (d. h.)
النَّهَارْدَه أَوِّل يُوم فِى الْأُوكَازْيُون. مِشْ كِدَه وَاللَّا اِيه؟

أَمِينَة : أَيْوَه صَحِيح . طَب يَللَّا عَ الْأُوكَازْيُون .

Übersetzen Sie ins Arabische! تَمْرِينُ ح) تَرْجِمْ إِلَى اللُّغَةِ الْعَرَبِيَّةِ

Im Schuhgeschäft:

1 - Ja meine Damen, herzlich willkommen! Es gibt sehr gute und billige Schuhe. Wie finden Sie diese Schuhe meine Dame?

2 - Nein, diese Schuhe sind nicht weit (bequem). Ich will bequeme (weite) Schuhe.

3 - Und diese Schuhe? Wie finden Sie diese Schuhe?

4 - Ja, diese Schuhe sind weit und gut.

5 - Und Sie, meine Dame, wie finden Sie diese Schuhe?

6 - Nein, ich will diese Schuhe nicht. Ich will Schuhe mit hohem Absatz. Gibt es Schuhe mit hohem Absatz?

7 - Es tut mir leid meine Dame. Es gibt keine Schuhe mit hohem Absatz. Die Mode jetzt ist der flache Absatz.

8 - Gut, vielen Dank. Ich will heute keine Schuhe.

9 - Gut, vielen Dank meine Damen. Auf Wiedersehen!

الدَّرْسِ السَّاتِت

عَنْدِ عَمّ يُسْرِى الْبَقَّال

عَادِل: صَبَاحِ الْخِير يَا عَمِّ يُسْرِى .

الْبَقَّال: صَبَاحِ النُّور، أَهْلًا وَسَهْلًا، اِزَّيَّك يَا أُسْتَاذ عَادِل وازَّىِّ الصِّحَّة؟

عَادِل: شُكْرًا يَا عَمِّ يُسْرِى، أَنَا بْخِير، والْحَمْدُ لِله . عَنْدِكو سَجَايِر كِنْتِ يَا عَمِّ يُسْرِى؟

الْبَقَّال: لأْ، مَا عَنْدِنَاشِ النَّهَارْدَه سَجَايِر كِنْت ، لَكِن عَنْدِنَا سَجَايِر مِنْ أَنْوَاع تَانْيَة .

عَادِل: وإِيهِ الأَنْوَاعِ التَّانْيَة دِى؟

الْبَقَّال: فِيه عَنْدِنَا سَجَايِر كِلْيُوبَاتِرَة، وِسَجَايِر فِيكْتُورْيَا، وِسَجَايِر بِلْمُونْت، وِعَنْدِنَا كَمَان سَجَايِر أَجْنَبِيَّه، عَنْدِنَا سَجَايِر أَلْمَانِى،

وِسَجَايِر فَرَنْسَاوِى ، وِسَجَايِر أَمْرِيكَانِى . عَنْدِنَا عِلَب كِبِيرَة ،
وِعِلَب صُغَيَّرَة .

عَادِل: طَبْ هَات لِى وِحْيَاتَك عِلْبَةْ سَجَايِر بِلْمُونْتِ كِبِيرَة ،
وِهَات لِى كَمَان عِلْبَةْ كَبْرِيت .

الْبَقَّال: اِتْفَضَّل يَا أُسْتَاذ عَادِل. عَاوِز حَاجَة تَانْيَة كَمَان؟

عَادِل: أَيْوَه، فِيه عَنْدِكُو جِبْنَة هُولَنْدِى؟

الْبَقَّال: أَيْوَه فِيه عَنْدِنَا أَنْوَاع كِتِيرَة مِنِ الجِّبْنَة . عَنْدِنَا جِبْنَة هُولَنْدِى ،
وِجِبْنَة فَرَنْسَاوِى ، وِجِبْنَة يُونَانِى ، وِجِبْنَة أَلْمَانِى ، فِيه جِبْنَة
فَلَمَنْك ، وِجِبْنَة شِسْتَر ، وِجِبْنَة إِمِّنْتَالَر ، وِجِبْنَة بِيضَة، وِفِيه
عَنْدِنَا زَتُون اَسْوِد مِنْ نُوع جَيِّد ، وِزَتُون اَخْضَر مَحْشِى
بِالْفِلْفِل .

عَادِل: طَبْ هَاتْ لِى كَمَان لَوْ سَمَحْتِ نُصّ كِيلُو جِبْنَة رُومِى ،
وِنُصّ كِيلُو جِبْنَة بِيضَة ، وِرُبْع كِيلُو زَتُون اَسْوِد .

الْبَقَّال: مِشْ عَاوِز عِيش؟ فِيه عَنْدِنَا عِيش صَابِح .

عَا دِل: أَيْوَه طَبْعًا ، عَاوِز عِيش . وِهَات لِى وِحْيَاتَك كَمَان سِتَّة
عِيش بَلَدِى، وَارْبَعَة فِينو ، وِرْغِيفِين شَامِى .

الْبَقَّال: فِيه مَعَاك شَنْطَة لِلْحَاجَات دِى؟

عَادِل: أَيْوَه، فِيه شَنْطَة اهِى مَعَ الشَّغَّالَة .

الْبَقَّال: الْحِسَاب تَمَانْيَة جِنْيه وِنُصّ .

عَادِل: اِتْفَضَّل الْفُلُوس . آدِى عَشْرَة جِنْيه ، خُدْ حِسَابَك وِهَات
الْبَاقِى .

الْبَقَّال: اِتْفَضَّل الْبَاقِى يَا بَاشْمُهَنْدِس عَادِل . مَعَ السَّلَامَة .

عَادِل: اللَّه يِسَلِّمَك يَا عَمِّ يُسْرِى .

Vokabeln مُفْـرَدَات

bei — *ɛánd* عَنْد

Onkel (väterlicherseits) *der, -n* — *ɛámm, Pl. iɛmām* عَمّ - اِعْمَام

baqqāl, Pl. baqqālīn بَقَّال - بَقَّالِين
Krämer *der, -*, Lebensmittelverkäufer *der, -*

Adel (männl.Name) — *ɛādil* عَادِل

Zigarette *die, -n* — *sīgāra, Pl. sagāyir* سِيجَارَة - سَجَايِر

Kent-Zigaretten *die* — *sagāyir kínt* سَجَايِر كِنْت

Sorte *die, -n* , Art *die, -n* — *nōɛ, Pl. ʔanwāɛ* نُوع - أَنْوَاع

zweite; andere; wieder — *tānī m., tánya f.* ... f. تَانْيَة m. تَانِى

Kleopatra - Zigaretten *die* — *sagāyir kilyūbātra* سَجَايِر كِلْيُوبَاتْرَه

Viktoria - Zigaretten *die* — *sagāyir fiktūrya* سَجَايِر فِيكْتُورْيَا

Belmont - Zigaretten *die* — *sagāyir bílmūnt* سَجَايِر بِلْمُونْت

ʔagnábī, Pl. ʔagānib أَجْنَبِى - أَجَانِب
Fremde(r) *der, -n*, Ausländer *der, -änder*, fremd, ausländisch

gib! geben Sie — *hāt m., hātī f., hātū Pl.* pl. هَاتُو f. هَاتِى ، m. هَات

Leben *das* — *ḥayāh* حَيَاة

wi ḥyātak m., wi ḥyātik f. ... etc. f. وِحْيَاتِك m. وِحْيَاتَك
bei deinem Leben; bitte!

Schachtel *die, -n*	*ʕílba, Pl. ʕílab*	عِلْبَة - عِلَب
Streichhölzer *der, -*	*ʕílbit kabrī́t*	عِلْبَة كَبْرِيت
Ding *das, -e*, Sache *die, -n*	*ḥā́ga, Pl. ḥāgā́t*	حَاجَة - حَاجَات
Käse *der*	*gíbna*	جِبْنَة
Grieche; griechisch	*yūnā́nī*	يُونَانِي
Edamer Käse (Käseart) *der*	*gíbna falamánk*	جِبْنَة فَلَمَنْك
Holländer; holländisch	*hūlándī*	هُولَنْدِي
Chester-Käse	*gíbna šístar*	جِبْنَة شِسْتَر
Parmesankäse *der*	*gíbna rū́mī*	جِبْنَة رُومِي
Emmentaler-Käse *der*	*gíbna ʔimmintā́lar*	جِبْنَة إِمِّنْتَالَر
Weißkäse *der*	*gíbna bḗḍa*	جِبْنَة بِيضَة
Olive *die, -n*	*zatū́na, Koll. zatū́n*	زَتُونَة - زَتُون koll.
schwarz	*ʔáswid m., sṓda f.*	أَسْوِد m. سُودَا f.
gut	*gáyyid*	جَيِّد
grün	*ʔáḫḍar, Pl. ḫáḍra*	أَخْضَر m. خَضْرَا f.
gefüllt	*máḥšī*	مَحْشِي
Paprika *die*	*fílfil*	فِلْفِل

law samáḥt m., law samáḥtī f. لَوْ سَمَحْت .m، لَوْ سَمَحْتِى
wenn Sie erlauben!; bitte!

halb; Hälfte *die* — *núṣṣ, Pl. inṣâṣ* نُصّ - اِنْصَاص

Kilo *das, -s* — *kḗlū* كِيلُو

viertel — *rúbɛ, Pl. írbaɛ* رُبْع - اِرْبَع

natürlich — *ṭábɛan* طَبْعًا

frisch — *ṣâbiḥ, Pl. ṣabḥîn* صَابِح - صَابْحِين

Brot, Fladenbrot — *riġîf, Pl. irġífa* رِغِيف - اِرْغِفَة

Brot *das, -e* — *ɛḗš koll.* عِيش .koll

Landbrot *das, -e* — *ɛḗš báladī* عِيش بَلَدِى

Schami-Brot *das, -e* — *ɛḗš šâmī* عِيش شَامِى

Baguette — *ɛḗš fînū* عِيش فِينُو

Koffer *der, -*, Tasche *die*; Tüte *die* — *šánṭa, Pl. šúnaṭ* شَنْطَة - شُنَط

bāšmuhándis بَاشْمُهَنْدِس
Oberingenieur (als Anrede, besonders für junge Ingenieure)

mit — *máɛa* مَعَ

šaġġâla, Pl. šaġġālât شَغَّالَة - شَغَّالَات
Dienstmädchen *das, -*, Hausgehilfin *die, -nen*

die Rechnung — *il-ḥisâb* الْحِسَاب

Geld *das, -er*	*fulū́s*	فُلُوس
nimm! nehmen Sie!	*ḫúd m., ḫúdī f., ḫúdū Pl.*	خُدْ m.، خُدِي f.، خُدُوا Pl.
Rest *der, -e*	*bā́ḳī, bawā́ḳī*	بَاقِي - بَوَاقِي
Jahreszeit *die, -n*; Saison *die, -s*	*fáṣl, Pl. fuṣū́l*	فَصْل - فُصُول
Jahr *das, -e*	*sána, Pl. sinī́n*	سَنَة - سِنِين
die vier Jahreszeiten	*fuṣū́l is-sána*	فُصُولِ السَّنَة
der Frühling	*ir-rabī́ʕ*	الرَّبِيع
der Sommer	*iṣ-ṣḗf*	الصَّيف
der Herbst	*il-ḫarī́f*	الْخَرِيف
der Winter	*iš-šíta*	الشِّتَا
die Hedschra-Monate	*iš-šuhū́ri 'l-higríyya*	الشُّهُورِ الْهِجْرِيَّة
1. Moharram	*muḥárram*	مُحَرَّم
2. Safar	*ṣáfar*	صَفَر
3. Rabia I.	*rabī́ʕi 'l-ʔáwwal*	رَبِيعِ الأَوَّل
4. Rabia II.	*rabī́ʕi 't-tā́nī*	رَبِيعِ التَّانِي
5. Gumad I.	*gamā́di 'l-ʔáwwal*	جَمَادِ الأَوَّل
6. Gumad II.	*gamā́di 't-tā́nī*	جَمَادِ التَّانِي
7. Ragab	*rágab*	رَجَب

8. Schaaban	*šaɛbā́n*	شَعْبَان
9. Ramadan	*ramaḍā́n*	رَمَضَان
10. Schawal	*šawwā́l*	شَوَّال
11. Zil-Qaada	*zī 'l-qíɛda*	ذِى الْقِعْدَة
12. Zil-Higga	*zī-'ilḥígga*	ذِى الْحِجَّة
die europäischen Monate	*iš-šuhū́r 'l-afrangíyya*	الشُّهُور الاَفْرَنْجيَّة
Januar	*yanā́yir*	١ يَنَايِر
Februar	*fibrā́yir*	٢ فِبْرَايِر
März	*mā́ris*	٣ مَارِس
April	*ibrīl*	٤ إبْرِيل
Mai	*mā́yū*	٥ مَايُو
Juni	*yū́nya*	٦ يُونْيَة
Juli	*yū́lya*	٧ يُولْيَة
August	*ɛaġusṭus*	٨ أَغُسْطُس
September	*sibtámbir*	٩ سِبْتَمْبِر
Oktober	*ɛuktū́bar*	١٠ أُكْتُوبَر
November	*nūfámbir*	١١ نُوفَمْبِر
Dezember	*dīsámbir*	١٢ دِيسَمْبِر

Grammatik قَوَاعِدُ

1 - حُرُوفُ الْجَرِّ مَعَ الضَّمَائِرِ

Suffixe an den Präpositionen

	عَنْد bei	لِـ für	مَعَ * mit	مِنْ von	بِـ mit	فِي in	عَلَى auf	
	عَنْدِي	لِيَّ	مَعَايَ	مِنِّي	بِيَّ	فِيَّ	عَلَيَّ	أَنَا
	عَنْدَك	لَك	مَعَاك	مِنَّك	بِيك	فِيك	عَلِيك	إِنْتَ
Sing.	عَنْدِك	لِكِي	مَعَاكِي	مِنِّك	بِيكِي	فِيكِي	عَلِيكِي	إِنْتِ
	عَنْدُه	لِه	مَعَاه	مِنُّه	بِيه	فِيه	عَلِيه	هُوَّ
	عَنْدِهَا	لِهَا	مَعَاهَا	مِنِّهَا	بِيهَا	فِيهَا	عَلِيهَا	هِيَّ
	عَنْدِنَا	لِنَا	مَعَانَا	مِنِّنَا	بِينَا	فِينَا	عَلِينَا	إِحْنَا
Pl.	عَنْدِكُم	لِكُم	مَعَاكُم	مِنِّكُم	بِيكُم	فِيكُم	عَلِيكُم	إِنْتُم
	عَنْدِهُم	لِهُم	مَعَاهُم	مِنُّهُم	بِيهُم	فِيهُم	عَلِيهُم	هُمَّ

Anmerkungen:

1 - Die Bedeutung und Anwendung von “مَعَ máεa = mit” siehe Anmerkung S. 168.

2 - “بِـ bi = mit, mittels: es wird mit einem Gebrauchsgegenstand benutzt, manchmal in der Bedeutung von فِي fī, wenn im gleichen Satz fī vorkommt, wie:

أَنَا مُقِيم فِي هَامْبُورْج بِأَلْمَانيَا Ich wohne in Hamburg in Deutschland

2 - حُرُوفُ الْجَرِّ "عَنْد، لِـ، مَعَ"

Die Präpositionen "ƐƐand, li und máƐa"

Das deutsche Verb "haben" wird im Arabischen mit Hilfe der Präpositionen "عَنْد *bei*", "لِـ *für*", "مَعَ *mit*", wiedergegeben. In "haben"-Sätzen ist kein Verb nötig, wenn sie im Präsens stehen.

a) عَنْد bei = (haben)

Sing.	عَنْدِي شَغَّالَة	ich habe eine Dienerin
	عَنْدَك شَغَّالَة	du hast eine Dienerin m.
	عَنْدِك شَغَّالَة	du hast eine Dienerin f.
	عَنْدُه شَغَّالَة	er hat eine Dienerin
	عَنْدِهَا شَغَّالَة	sie hat eine Dienerin
Plural	عَنْدِنَا شَغَّالَة	wir haben eine Dienerin
	عَنْدِكُم شَغَّالَة	ihr habt eine Dienerin
	عَنْدِهُم شَغَّالَة	sie haben eine Dienerin

Anmerkungen:

"عَنْد Ɛánd" wird angewandt, wen/n man von Besitz spricht, den

man nicht bei sich, sondern zu Hause oder überhaupt hat, wie:

عَنْدِى كْتَاب تَعْلِيمِى كْوَيِّس .	Ich habe ein gutes Lehrbuch (zu Hause od. überhaupt).
عَنْدِنَا جِبْنَة هُولَنْدِيَّة .	Wir haben Käse aus Holland (zum Verkaufen).

b) für = (haben لِـ)

Sing.	لِيَّ كْتَاب	ich habe ein Buch
	لِك كِتَاب ، (لَك ...)	du hast ein Buch m.
	لِكِى كْتَاب	du hast ein Buch f.
	لِه كِتَاب، (لُه ...)	er hat ein Buch
	لِهَا كْتَاب	sie hat ein Buch
Plural	لِنَا كْتَاب	wir haben ein Buch
	لِكُم كِتَاب، (لِكُو ...)	ihr habt ein Buch
	لِهُم كِتَاب	sie haben ein Buch

Anmerkungen:

لِـ *li* wird angewandt, wenn es sich um einen dauernden Besitz handelt. Dazu gehören auch:

لِيَّ بِنْت. Ich habe eine Tochter.

c) مَعَ mit = (haben)

Sing.	مَعَاىَ سَجَايِر	ich habe Zigaretten
	مَعَاك سَجَايِر	du hast Zigaretten m.
	مَعَاكِي سَجَايِر	du hast Zigaretten f.
	مَعَاه سَجَايِر،	er hat Zigaretten
	مَعَاهَا سَجَايِر	sie hat Zigaretten
Plural	مَعَانَا سَجَايِر	wir haben Zigaretten
	مَعَاكُم سَجَايِر	ihr habt Zigaretten
	مَعَاهُم سَجَايِر	sie haben Zigaretten

Anmerkungen:

مَعَ *máɛa* wird angewandt, wenn es sich um Sachen, Tiere oder Personen handelt, die man bei sich oder die man in seiner Begleitung hat, wie:

مَعَاىَ سَجَايِر. Ich habe Zigaretten (dabei).

مَعَاىَ ضِيف. Ich habe einen Gast (bei mir).

3 - **الدَّاتِيف**

Der Dativ

a) Der Dativ wird durch die Präposition لِـ *li* gebildet, die mit dem الْ zu لِلْـ verschmilzt, wie:

لِلْمُدَرِّس *(li 'l-mudárris)* dem Lehrer	لِلصِّحَّة *(li 'ṣ-ṣíḥḥa)* der Gesundheit

b) Der Dativ der Personalpronomia:
Der Dativ der Personalpronomia wird durch die Präposition لِـ mit den entsprechenden Suffixen ausgedrückt:

Sing.	لِيَّ	mir
	لِك od. لَك	dir m.
	لِكِي	dir f.
	لِه od. لُه	ihm
	لِهَا od. لَهَا	ihr
Plural	لِنَا	uns
	لِكُم od. لِكُو	euch
	لِهُم	ihnen

Beispiel:

هَاتْ لِي لَوْ سَمَحْتِ عِلْبَة كَبْرِيت gib mir bitte eine Schachtel Streichhölzer!

4 - نَفْىُ الْجُمَلِ الْمُسْتَخْدَمِ فِيهَا (عَنْد ، لِـ ، مَعَ ، فِى)

Verneinung der Ausdrücke (ɛánd, li, máɛa und fī)

Um die Präpositionen "عَنْد , لِـ , مَعَ und فِى , verbunden mit den Personalsuffixen, zu verneinen, verwendet man die trennbare Verneinungspartikel "مَا ... ش" (mā als Vorsilbe und š als Nachsilbe), wie:

مَا عَنْدِنَاش سَجَايِر.	Wir haben keine Zigaretten.
مَا مْعَيِيش كَبْرِيت.	Ich habe keine Streichhölzer.
مَا لْهَاش أَوْلَاد.	Sie hat keine Kinder.
مَا فِيهَاش حَاجَة.	Es ist nichts drin.

5 - حُرُوفُ الْجَرِّ الْمَنْفِيَّةِ مَعَ الضَّمَائِرِ الشَّخْصِيَّةِ

Formen der verneinten Präpositionen mit den Personalsuffixen

	عَنْد bei	لِـ für	مَعَ mit	فِى in	
Sing.	مَا عَنْدِيش	مَا لِيَّاش	مَا مْعَيِيش	مَا فِيَّاش	أَنَا
	مَا عَنْدَكْش	مَا لَكْش	مَا مْعَكْش	مَا فِيكْش	إِنْتَ
	مَا عَنْدَكِيش	مَا لْكِيش	مَا مْعَكِيش	مَا فِيكِيش	إِنْتِ
	مَا عَنْدِهُوش	مَا لْهُوش	مَا مْعَهْش	مَا فِيهْش	هُوَّ
	مَا عَنْدِهَاش	مَا لْهَاش	مَا مْعَهَاش	مَا فِيهَاش	هِىَّ

Plural	مَا عَنْدِنَاش	مَا لْنَاش	مَا مْعَنَاش	مَا فِينَاش	إِحْنَا
	مَا عَنْدِكُمْش	مَا لْكُمْش	مَا مْعَكُمْش	مَا فِيكُمْش	إِنْتُم
	مَا عَنْدِهُمْش	مَا لْهُمْش	مَا مْعَهُمْش	مَا فِيهُمْش	هُمَّ

6 - أَشْكَالٌ أُخْرَى لِبَعْضِ حُرُوفِ الْجَرِّ الْمَنْفِيَّةِ

Weitere Varianten für einige verneinte Präpositionen

Von den oben angegebenen Formen sind folgende Varianten zu beachten:

Variante	Grundform		
مَا عَنْدُوش	مَا عَنْدِهُوش	هُوَّ	عَنْد
مَا عَنْدِكُوش	مَا عَنْدِكُمْش	إِنْتُم	
مَا لِيش	مَا لِيَّاش	أَنَا	لِـ
مَالِهْش od. مَالُوش	مَالْهُوش	هُوَّ	
مَالْكُوش	مَالْكُمْش	إِنْتُم	
مَا مْعَهُوش	مَا مْعَهْش	هُوَّ	مَعَ
مَا مْعَكُوش	مَا مْعَكُمْش	إِنْتُم	
مَا فِيهُوش	مَا فِيهْش	هُوَّ	فِي
مَا فِيكُمْش	مَا فِيكُمْش	إِنْتُم	

7 - نَفْىُ كَلِمَةِ "فِيه"

Verneinung von "fīh"

Die Verneinung von "فِيه es gibt" ist "مَفِيش es gibt nicht", wie:

فِيه جبْنَة رُومِى؟	Gibt es Parmesan-Käse?
لأْ، مَفِيشِ النَّهَارْدَه.	Nein, heute nicht.

8 - فُصُولُ السَّنَةِ

Die vier Jahreszeiten

Lernen Sie auswendig!

1 - der Frühling	*ir-rabīع*	١ ـ الرَّبِيع
2 - der Sommer	*iṣ-ṣēf*	٢ ـ الصَّيف
3 - der Herbst	*il-ḫarīf*	٣ ـ الْخَرِيف
4 - der Winter	*iš-šitā*	٤ ـ الشِّتَا

9 -

الشُّهُورُ الْهِجْرِيَّةُ

Die Hidschra-Monate

Lernen Sie auswendig!

rágab	٧ - رَجَب	muḥárram	١ - مُحَرَّم
šaεbân	٨ - شَعْبَان	ṣáfar	٢ - صَفَر
ramaḍân	٩ - رَمَضَان	rabîεi 'l-ʔáwwal	٣ - رَبِيعِ الْأَوَّل
šawwâl	١٠ - شَوَّال	rabîεi 't-tânī	٤ - رَبِيعِ التَّانِى
ḏî 'l-qíεda	١١ - ذِى الْقِعْدَة	gamâdi 'l-ʔáwwal	٥ - جَمَادِ الْأَوَّل
ḏî 'l-ḥígga	١٢ - ذِى الْحِجَّة	gamâdi 't-tânī	٦ - جَمَادِ التَّانِى

10 -

الشُّهُورُ الإِفْرِنْجِيَّةُ

Die europäischen Monate

Lernen Sie auswendig!

yûlya	٧ - يُولْيَة	yanâyir	١ - يَنَايِر
ʔagúsṭus	٨ - أَغُسْطُس	fibrâyir	٢ - فِبْرَايِر
sibtámbir	٩ - سِبْتَمْبِر	mâris	٣ - مَارِس
ʔoktôbar	١٠ - أُكْتُوبَر	ʔibrîl	٤ - إِبْرِيل
nūfámbir	١١ - نُوفَمْبِر	mâyū	٥ - مَايُو
dīsámbir	١٢ - دِيسَمْبِر	yûnya	٦ - يُونْيَة

Übungen تَمَارِينُ

تَمْرِينُ أ) أَسْنِدِ الضَّمَائِرَ الشَّخْصِيَّةَ إِلَى حُرُوفِ الْجَرِّ التَّالِيَةِ ، مَعَ كِتَابَةِ الْكَلِمَاتِ بِالْحُرُوفِ الْعَرَبِيَّةِ ، ثُمَّ انْطِقْ كُلَّ كَلِمَةٍ مَعَ ضَمِيرِهَا الشَّخْصِيِّ ، مُسْتَعِينًا فِي ذَلِكَ بِالْحُرُوفِ اللَّاتِينِيَّةِ ، وَمُرَاعِيًا مَوْقِعَ النَّبْرِ عَلَى الْكَلِمَاتِ وَانْتِقَالَهُ مِنْ مَكَانِهِ ، تَتَبَّعِ النَّمُوذَجَ .

Fügen Sie gemäß dem Beispiel den folgenden Präpositionen die Personalsuffixe hinzu und schreiben Sie diese in arabischer Schrift in die Lücken, dann sprechen Sie die Wörter mit Hilfe der lateinischen Schrift aus! Achten Sie dabei auf die Verschiebung der Betonung!

مَعَ mit	مِنْ von	عِنْدَ bei
عِنْدِي ɛándī	________ mínnī	________ maɛấya
عِنْدَكَ ɛándak	________ mínnak	________ maɛấk
عِنْدِكِ ɛándik	________ mínnik	________ maɛấkī
عِنْدَهُ ɛándu(h)	________ mínnu(h)	________ maɛấh
عِنْدِهَا ɛandíhā	________ minníhā	________ maɛấhā
عِنْدِنَا ɛandínā	________ minnínā	________ maɛấnā
عِنْدِكُم ɛandíkum	________ minníkum	________ maɛấkum
عِنْدِهُم ɛandíhum	________ minníhum	________ maɛấhum

Beachten Sie: Die Betonung liegt nie auf der Nachsilbe.

تَمْرِينُ ب) أَسْنِد الضَّمَائِرَ الشَّخْصِيَّةَ ، حَسَبَ النَّمُوذَجِ ، إِلَى حُرُوفِ الْجَرِّ التَّالِيَةِ، مَعَ نُطْقِ الْكَلِمَةِ مَعَ ضَمِيرِهَا الشَّخْصِيِّ، مُرَاعِيًا مَوْقِعَ النَّبْرِ عَلَى الْكَلِمَاتِ وَانْتِقَالَهُ مِنْ مَكَانِهِ ، تَتَبَّعِ النَّمُوذَجَ.

Fügen Sie gemäß dem Beispiel den folgenden Präpositionen die Personalsuffixe hinzu und sprechen Sie die Wörter aus! Achten Sie dabei auf die Verschiebung der Betonung!

جَنْبَ neben	تَحْتَ unter	قُدَّام vor	فَوْقَ über	عَلَى auf	فِى in	بِـ mit	لِـ für
جَنْبِى	___	___	___	___	___	___	___
جَنْبَكَ	___	___	___	___	___	___	___
جَنْبَكِ	___	___	___	___	___	___	___
جَنْبُهُ	___	___	___	___	___	___	___
جَنْبَهَا	___	___	___	___	___	___	___
جَنْبَنَا	___	___	___	___	___	___	___
جَنْبَكُم	___	___	___	___	___	___	___
جَنْبَهُم	___	___	___	___	___	___	___

تَمْرِينُ ج) اِمْلَإِ الْأَمَاكِنَ الْخَالِيَةَ بِكِتَابَةِ الْجُمَلِ بِالْحُرُوفِ الْعَرَبِيَّةِ ، مُسْتَعِينًا فِى ذَلِكَ بِالْحُرُوفِ اللَّاتِينِيَّةِ وَمُرَاعِيًا مَوْقِعَ النَّبْرِ عَلَى الْكَلِمَات وَانْتِقَالَهُ مِنْ مَكَانِه، تَتَبَّعِ النَّمُوذَجَ.

Fügen Sie gemäß dem Beispiel den folgenden Präpositionen die Persosonalsuffixe hinzu und schreiben Sie die Sätze mit Hilfe der lateinischen Schrift! Achten Sie dabei auf die Verschiebung der Betonung!

a) الْقَامُوس دَه لِه Dieses Wörterbuch ist für ihn.

الْقَامُوس دَه لِيَّ	il-qāmū́s da líyya
	il-qāmū́s da lík
	il-qāmū́s da líkī
	il-qāmū́s da líh
	il-qāmū́s da líhā
	il-qāmū́s da línā
	il-qāmū́s da líkum
	il-qāmū́s da líhum

b) عَنْدِهَا فِي الْبِيت عِيش وِجِبْنَة Sie hat zu Hause Brot und Käse.

عَنْدِي فِي الْبِيت عِيش وِجِبْنَة.	ɛándī fi 'l-bḗt ɛḗš wi gíbna
	ɛándak fi 'l-bḗt ɛḗš wi gíbna
	ɛándik fi 'l-bḗt ɛḗš wi gíbna
	ɛándu(h) fi 'l-bḗt ɛḗš wi gíbna
	ɛandíhā fi 'l-bḗt ɛḗš wi gíbna

_____	ʕandínā fi 'l- bêt ʕêš wi gíbna
_____	ʕandíkum fi 'l- bêt ʕêš wi gíbna
_____	ʕandíhum fi 'l- bêt ʕêš wi gíbna

c) هُوَّ مْعَاه ضِيف فِى الْعَرَبِيَّة   Er hat einen Gast im Auto.

أَنَا مْعَايَ ضِيف فِى الْعَرَبِيَّة.	ana mʕáya ḍêf fi 'l-ʕarabíyya
_____	ínta mʕâk ḍêf fi 'l-ʕarabíyya
_____	ínti mʕâkī ḍêf fi 'l-ʕarabíyya
_____	húwwa mʕâh ḍêf fi 'l-ʕarabíyya
_____	híyya mʕâhā ḍêf fi 'l-ʕarabíyya
_____	íḥna mʕânā ḍêf fi 'l-ʕarabíyya
_____	íntū mʕâkū ḍêf fi 'l-ʕarabíyya
_____	húmma mʕâhum ḍêf fi 'l-ʕarabíyya

تَمْرِينُ د) أَجِبْ عَمَّا يَأْتِى،، تَتَبَّعِ النَّمُوذَجَ.

Antworten Sie nach dem folgenden Beispiel!

اِنْتِ لِكِى مْدَرِّس عَرَبِى؟ ـ أَيْوَه ، أَنَا ...

ـ أَيْوَه ، أَنَا لِيَّ مْدَرِّس عَرَبِى .

١ ـ إِنْتَ لَك كِتَابِ انْجلِيزِى؟	أَيْوَه ، اَنَا ____________
٢ ـ هُوَّ لِه عَرَبِيَّة أَمْرِيكَانِى؟	أَيْوَه ، هُوَّ ____________
٣ ـ هِيَّ لِهَا قَامُوس فَرَنْسَاوِى؟	أَيْوَه ، هِيَّ ____________
٤ ـ اِنْتُو لِكُو جرَاج لِلْعَرَبِيَّة؟	أَيْوَه ، اِحْنَا ____________
٥ ـ هُمَّ لِهُم أَوْلَاد صُغَيَّرِين؟	أَيْوَه ، هُمَّ ____________
٦ ـ اِحْنَا لِنَا أُودَة كْوَيِّسَة؟	أَيْوَه ، اِنْتُو ____________
٧ ـ هِيَّ لِهَا عَمِّ مَصْرِى؟	أَيْوَه ، هِيَّ ____________
٨ ـ هُوَّ لِه عَمَّة مَصْرِيَّة؟	أَيْوَه ، هُوَّ ____________

تَمْرِينُ هـ) أَجِبْ عَمَّا يَأْتِى بِالنَّفْيِ.، تَتَبَّعِ النُّمُوذَجَ.

Antworten Sie mit der Verneinung! Folgen Sie dabei dem Beispiel!

اِنْتُو لِكُو قَامُوس أَلْمَانِى؟ ـ لَأْ، اِحْنَا ...

ـ لَأْ، اِحْنَا مَالْنَاش قَامُوس أَلْمَانِى .

١ ـ هُمَّ لِهُم بِيت كِبِير؟	لَأْ ، هُمَّ ____________
٢ ـ اِنْتَ لَك جرَاج لِلْعَرَبِيَّة؟	لَأْ ، اَنَا ____________
٣ ـ اِنْتِ لِكِى بِنْتِ صْغَيَّرَة؟	لَأْ ، اَنَا ____________
٤ ـ هِيَّ لِهَا كْتَاب عَرَبِى؟	لَأْ ، هِيَّ ____________
٥ ـ هُوَّ لِه أُودِةْ مَكْتَب؟	لَأْ ، هُوَّ ____________

٦ ـ اِحْنَا لِنَا مْدَرِّس أَسْبَانِى؟ لَأْ ، اِنْتُو ___________________

٧ ـ اِنْتُو لِكُو أَوْلَاد كُبَار؟ لَأْ ، اِحْنَا ___________________

تَمْرِينُ و) أَجِبْ عَمَّا يَأْتِى . تَتَبَّعِ النَّمُوذَجَ.

Antworten Sie nach dem folgenden Beispiel!

اِنْتَ عَنْدَك كِتَاب تَعْلِيمِى؟ ـ أَيْوَه ، اَنَا ...
ـ أَيْوَه، اَنَا عَنْدِى كْتَاب تَعْلِيمِى .

١ ـ اِنْتَ عَنْدَك قَامُوس إِيطَالِى؟ ـ أَيْوَه ، اَنَا ___________________
٢ ـ اِنْتُو عَنْدِكُو عَرَبِيَّة انْجِلِيزِى؟ ـ أَيْوَه ، اِحْنَا ___________________
٣ ـ هِىَّ عَنْدِهَا جَزْمَة عَ الْمُوضَة؟ ـ أَيْوَه ، هِىَّ ___________________
٤ ـ هُوَّ عَنْدُه تِلِيفُون فِى الْبِيت؟ ـ أَيْوَه ، هُوَّ ___________________
٥ ـ هُمَّ عَنْدِهُم مَكْتَب سِوِيدِى؟ ـ أَيْوَه ، هُمَّ ___________________
٦ ـ اِنْتِ عَنْدِك شَغَّالَة كْوَيِّسَة؟ ـ أَيْوَه ، اَنَا ___________________

تَمْرِينُ ز) أَجِبْ عَمَّا يَأْتِى بِالنَّفْيِ.، تَتَبَّعِ النَّمُوذَجَ.

Antworten Sie mit der Verneinung! Folgen Sie dabei dem Beispiel!

اِنْتُو عَنْدِكُو سَجَايِر بِلْمُونْت؟ ـ لَأْ، اِحْنَا ...
ـ لَأْ، اِحْنَا مَا عَنْدِنَاش سَجَايِر بِلْمُونْت.

١ ـ اِنْتِ عَنْدِك عِيش فِينُو؟ لَأْ، اَنَا ___________________

٢ ـ إِنْتَ عَنْدَك زَتُون صُغَيَّر؟ لأْ ، أنَا ____________
٣ ـ إِحْنَا عَنْدِنَا شَنْطَة كْبِيرَة؟ لَأْ ، إِحْنَا ____________
٤ ـ إِنْتُو عَنْدِكُو جِزَم رِخِيصَة؟ لَأْ ، إِحْنَا ____________
٥ ـ هِيَّ عَنْدِهَا جِبْنَة بِيضَة؟ لَأْ ، هِيَّ ____________
٦ ـ هُوَّ عَنْدُه أُودِةْ مَكْتَب؟ لَأْ ، هُوَّ ____________
٧ ـ هُمَّ عَنْدِهُم فُلُوس كِتِير؟ لَأْ ، هُمَّ ____________

تَمْرِينُ ح) أَجِبْ عَمَّا يَأْتِى.، تَتَبَّعِ النُّمُوذَجَ.

Antworten Sie nach dem folgenden Beispiel!

فِيه عَنْدِكُو سَجَاير كِنْت؟ (عِلْبَة ...)
ـ أَيْوَه، عَنْدِنَا سَجَايِر كِنْت .
ـ طَبْ هَاتْ لِى لَوْ سَمَحْتِ عِلْبَةْ سَجَايِر كِنْت .

١ ـ فِيه عَنْدِكُو سَجَاير كِلْيُوبَاتْرَة؟ (عِلْبِتين ...)

٢ ـ فِيه عَنْدِكُو سَجَاير بِلْمُونْت؟ (خَمَس سَجَايِر ...)

٣ ـ فِيه عَنْدِكُو عِلَب كَبْرِيت؟ (عِلْبَةْ كَبْرِيت ...)

٤ ـ فِيه عَنْدِكُو جِبْنَة هُولَنْدِى؟ (نُصِّ كِيلُو ...)

٥ ـ فِيه عَنْدِكُو جِبْنَة بِيضَة؟ (اِتْنِين كِيلُو ...)

٦ ـ فِيه عَنْدِكُو زَتُون كِبير؟ (رُبْع كِيلُو ...)

٧ ـ فِيه عَنْدِكُو عِيش بَلَدِى؟ (اَرْبَعَة عِيش بَلَدِى ...)

٨ ـ فِيه عَنْدِكُو عِيش فِينُو؟ (رِغِيفِين عِيش فِينو ...)

تَمْرِينُ ط) أَجِبْ عَمَّا يَأْتِى.، تَتَبَّعِ النُّمُوذَجَ.

Antworten Sie nach dem folgenden Beispiel!

اِنْتَ مْعَاك سَجَايِر؟ (سِيجَارَة) ـ أَيْوَه ، ...
ـ أَيْوَه، اَنَا مْعَاىَ سَجَايِر .
ـ طَب اَنَا عَاوِز سِيجَارَة .

١ ـ اِنْتِ مْعَاكِى عِيش؟ (رغِيفِين) ـ أَيْوَه ، ...

٢ ـ اِنْتُو مْعَاكُو قَوَامِيس أَسْبَانِى؟ (تَلات قَوَامِيس) ـ أَيْوَه ، ...

٣ ـ هُمَّ مْعَاهُم جِبْنَة رُومِى؟ (رُبْعِ كِيلُو) ـ أَيْوَه ، ...

٤ ـ هِىَّ مْعَاهَا عِلَب كَبْرِيت؟ (عِلْبَةْ كَبْرِيت) ـ أَيْوَه ، ...

٥ ـ اِنْتَ مْعَاك فُلُوس؟ (شُوَيَّةْ فُلُوس) ـ أَيْوَه ، ...

٦ ـ هُوَّ مْعَاه عَرَبِيَّة؟ (عَرَبِيَّة النَّهَارْدَه) ـ أَيْوَه ، ...

تَمْرِينُ ى) أَجِبْ عَمَّا يَأْتِى بِالنَّفْىِ.، تَتَبَّعِ النُّمُوذَجَ.

Antworten Sie mit der Verneinung! Folgen Sie dabei dem Beispiel!

فِيه جِبْنَة فَلَمَنْك؟ (جِبْنَة شِسْتَر) ـ لأْ، ...
ـ لأْ، آسِف قِوِى، مَفِيشِ النَّهَارْدَه جِبْنَة فَلَمَنْك ، لَكِن فِيه جِبْنَة شِسْتَر .

١ ـ فِيه سَجَاير أَمْرِيكَانِى؟ (سَجَايِر مَصْرِى) ـ لأْ ، ...

٢ ـ فِيه جزَم بِكَعْبِ عَالِى؟ (جزَم بِكَعْبِ وَاطِى) ـ لَأْ ، ...

٣ ـ فِيه جبْنَة بِيضَة؟ (جبْنَة رُومِى) ـ لأْ ، ...

٤ ـ فِيه قَوَامِيس عَرَبِى؟ (قَوَامِيس فرَنْسَاوِى) ـ لَأْ ، ...

٥ ـ فِيه أُودَة كْبِيرَة؟ (أُودَة صْغَيَّرَة) ـ لَأْ ، ...

٦ ـ فِيه عِيش فِينو؟ (عِيش بَلَدِى) ـ لَأْ ، ...

تَمْرِينُ ز) تَرْجِمْ إِلَى اللُّغَةِ الْأَلْمَانِيَّةِ Übersetzen Sie ins Deutsche!

١ ـ صَبَاحِ الْخِير يَا عَمِّ يُسْرِى. فِيه عَنْدِكُمْ سَجَايِر أَمْرِيكِيَّة؟

٢ ـ لَأْ، آسِف قِوِى. مَا عَنْدِنَاش النَّهَارْدَه سَجَايِر أَمْرِيكِيَّة، عَنْدِنَا سَجَايِر مَصْرِيَّة بَسّ.

٣ ـ عَنْدِكُو أَنْوَاع اِيه مِنِ الجِّبْنَة؟

٤ ـ عَنْدِنَا أَنْوَاع كِتِيرَة مْنِ الجِّبْنَة . عَنْدِنَا جِبْنَة فَلَمَنْك، وِجِبْنَة شِسْتَر ، وِجِبْنَة رُومِى ، وِجِبْنَة إِمِّينْتَالَر .

٥ ـ فِيه عَنْدِكُو عِيش صَابِح وِزَتُون اَسْوِد؟

٦ ـ أَيْوَه، عَنْدِنَا عِيش صَابِح وِزَتُون اَسْوِد ، وِعَنْدِنَا كَمَان زَتُون اَخْضَر كُوَيِّس قِوِى .

٧ ـ طَب هَات لِى لَوْ سَمَحْتِ رُبْع كِيلُو جِبْنَة إِمِّنتَالَر ، ونُصّ كِيلُو زَتُون اَخْضَر، وِخَمْسَة عِيش بَلَدِى.

٨ ـ اِتْفَضَّل يَا أُسْتَاذ عَادِل. حَضْرِتَك مَعَاك شَنْطَة لِلْحَاجَات دِى؟

٩ ـ أَيْوَه يَا عَمّ يُسْرِى ـ مَعَ بِنْتِى نَادْيَة شَنْطَة .

١٠ ـ عَاوِز حَاجَة تَانْيَة يَا أُسْتَاذ عَادِل؟

١١ ـ لأْ، مُتَشَكِّر قَوِى يَا عَمّ يُسْرِى .

١٢ ـ مَعَ السَّلاَمَة يَا أُسْتَاذ عَادِل ، مَعَ السَّلاَمَة يَا نَادْيَة .

١٣ ـ اللَّه يِسَلِّمَك يَا عَمّ يُسْرِى .

تَمْرِينُ ح) تَرْجِمْ إِلَى اللُّغَةِ الْعَرَبِيَّةِ

Übersetzen Sie ins Arabische!

1 - Guten Morgen, "Onkel" Yusri, wie geht es Ihnen?
2 - Guten Morgen, Herr Adel, es geht mir gut, danke schön!
3 - Haben Sie französische oder deutsche Zigaretten "Onkel" Yusri?
4 - Wir haben alle Sorten Zigaretten.
5 - Dann geben Sie mir bitte eine Schachtel Lux-Zigaretten!
6 - Es tut mir sehr leid, Herr Adel. Wir haben heute diese Sorte nicht. "Ernte 23" ist auch eine gute deutsche Sorte.
7 - Nein, danke schön. Geben Sie mir bitte eine Schachtel Belmont-Zigaretten. Die ägyptischen Zigaretten sind auch sehr gut.
8 - Bitte, die Zigaretten! Haben Sie noch einen Wunsch?
9 - Ja, geben Sie mir bitte eine Schachtel Streichhölzer!
10 - Bitte schön, die Streichhölzer!

الدَّرْسِ السَّابِع
فِى الْفُنْدُق

السَّيِّـد : مَسَاءِ الْخِير.

الْمُوَظَّف: مَسَاءِ النُّور

أَهْلًا وَسَهْلًا ،

طَلَبَاتَك يَا بِيه ،

أَىِّ خِدْمَة؟

السَّيِّـد : عَنْدِكُو أُوَد

فَاضْيَة؟

الْمُوَظَّف: أَيْوَه، عَنْدِنَا أُوَد بِسْرِير وَاحِد وِأُوَد بِسْرِيرِين . اِنْتُو

طَبْعًا عَاوْزِين أُودَة بِسْرِيرِين ، مِشْ كِدَة؟

السَّيِّـد : أَيْوَه، اِحْنَا عَاوْزِين أُودَة بِسْرِيرِين ، لَكِنْ عَاوْزِين

كَمَان سِرِير لِلْبِنْتِ الصُّغَيَّرَة دِى ، دَه مُمْكِن؟

الْمُوَظَّف: أَيْوَه مُمْكِن قَوِى . فِيه عَنْدِنَا سَرَايِر صُغَيَّرَة لِلْأَطْفَال ،

عَاوْزِين حَضْرِتْكُو الْأُودَة بْحَمَّام وَاللَّا مِنْ غِير حَمَّام؟

السَّيِّدَة : عَاوْزِينْهَا بْحَمَّام لَوْ سَمَحْت . وِعَلَى فِكْرَة ، فِيه فِي الْأُودَة مَيَّة سُخْنَة؟

الْمُوَظَّف: الْأُوَد بْتَاعِتْنَا كُلَّهَا فِيهَا مَيَّة سُخْنَة وْبَارْدَة . اِتْفَضَّلُوا حَضْرِتْكُو مْعَايَ . إِيه رَأْيِكُو فِي الْأُودَة دِي؟ عَاجْبَاكُمْ؟

السَّيِّدَة : لَأْ ، مِشْ عَاجْبَانَا، عَلَشَان هِيَّ دَوْشَة قَوِي . مَا عَنْدِكُوش أُودَة تَانْيَة هَادْيَة؟

الْمُوَظَّف: فِيه عَنْدِنَا أُوَد تَانْيَة هَادْيَة قَوِي ، بَسّ مِش عَ الشَّارِع.

السَّيِّدَة : الشَّارِع مِشْ مُهِمّ أَبَدًا . الْمُهِمّ الْهُدُوء .

الْمُوَظَّف: طَيِّب وِإِيه رَأْيِكُو فِي الْأُودَة دِي؟ كِبِيرَة وْجَمِيلَة وْهَادْيَة.

السَّيِّدَة : حِلْوَة قَوِي، مِشْ بَطَّالَة .

الْمُوَظَّف: حَضْرِتْكُو هِنَا لْمُدَّة طَوِيلَة؟

السَّيِّد : اِحْنَا فِي اسْكِنْدِرِيَّة لْمُدِّةْ أُسْبُوعِين ، لَكِن عَاوْزِينِ الْأُودَة أُسْبُوع وَاحِد بَسّ.

السَّيِّد : وِأُجْرِةِ الْأُودَة كَام؟

الْمُوَظَّف: أُجْرِةِ الْأُودَة عِشْرِين جنيه فِى الْيُوم.

السَّيِّـد : بِالْفِطَار وَاللَّا مِنْ غِير فِطَار؟

الْمُوَظَّف: الْفِطَار لِه حِسَاب لِوَحْدُه .

السَّيِّـد : وَهْوَ كَذَلِك، اِحْنَا مْوَافْقِين .

الْمُوَظَّف: أُمَّالِ الشُّنَط بِتَاعِتْكُمْ فِين؟ فِى الْعَرَبِيَّة؟

السَّيِّـدَة : لَأْ، الشُّنَط بِتَاعِتْنَا هْنَاك اَهِى جَنْبِ الْبَاب، وِبِنْتِنَا قَاعْدَة عَلَى شَنْطَة مِنْهُم.

الْمُوَظَّف: طَيِّب يَا بِيه، الْمَطْعَم هِنَا عَ الْيِمِين، وِالْخَدَّام طَالِع اَهُو بِالشُّنَط فِى الْأَسَانْسِير، وِرَايِح لِكُو الْأُودَة. أَهْلًا بِيكُو عَنْدِنَا.

السَّيِّـد : مُتشَكِّر قِوِى . الْمُوَظَّف: الْعَفْوِ يَا افَنْدِم.

Vokabeln مُفْرَدَاتٌ

Hotel *das, -s*	*fúnduq, Pl. fanâdiq*	فُنْدُق ـ فَنَادِق
	ṭálab, Pl. ṭalabât	طَلَب ـ طَلَبَات
Bestellung *die, -en*; Wunsch *der, -ünsche*		
Bey (Ehrentitel)	*bếh, Pl. bahawât*	بِيه ـ بَهَوَات
	ḫídma, Pl. ḫadamât	خِدْمَة ـ خَدَمَات
Dienst *der, -e*; Wunsch *der, -ünsche*		
	ɂáyyi ḫídma	أَيِّ خِدْمَة؟
Womit können wir Ihnen dienen?; Was können wir für Sie tun?		
	fâḍī m., fáḍya f., faḍyîn Pl.	فَاضِي .m، فَاضْيَة .f، فَاضْيِين
leer, frei		
Bett *das, -en*	*sirîr, Pl. sarâyir*	سِرِير ـ سَرَايِر
Einzelzimmer *das, -*	*ɂôda bi·srîr wâḥid*	أُودَة بِسْرِير وَاحِد
Doppelzimmer *das, -*	*ɂôda bi srīrên*	أُودَة بِسْرِيرِين
nicht wahr?	*miš kída*	مِشْ كِدَه؟
möglich	*múmkin*	مُمْكِن
Kind *das, -er*	*ṭífl, Pl. ɂaṭfâl*	طِفْل ـ أَطْفَال
Herrschaft *die, -en*	*siyâda*	سِيَادَة

siyā́dtak m., siyā́dtik f. f. سِيَادْتِك ،m. سِيَادْتَك
Sie; Ihre Herrschaft (höfliche Anrede)

Bad *das, -äder* *ḥammā́m, Pl. ḥammāmā́t* حَمَّام - حَمَّامَات

ohne *min ġḗr* مِنْ غِير

ach je;, übrigens, Approbos *ɛalā fíkra* عَلَى فِكْرَة

Wasser *das* *máyya* مَيَّة

heiß *súḫn* سُخْن

ɛā́gib m., ɛágba f., Pl. ɛagbī́n Pl. عَاجْبِين ،f. عَاجْبَة ،m. عَاجِب
gefallend = gefallen

ɛágbak? m., ɛágbik? f. ... ... f. عَاجْبِك؟ ،m. عَاجْبَك؟
gefällt es dir?, gefällt es Ihnen?

Krach, Unruhe; unruhig; laut *dáwša* دَوْشَة

ruhig *hā́dī m., hádya f.* f. هَادْيَة ،m. هَادِى

Straße *die, -n* *šā́riɛ, Pl. šawā́riɛ* شَارِع - شَوَارِع

wichtig *muhímm, Pl. muhimmī́n* مُهِمّ - مُهِمِّين

niemals, überhaupt nicht *ʔábadan* أَبَدًا

Ruhe *die* *hudū́ʔ* هُدُوء

nicht schlecht *miš baṭṭā́l* مِشْ بَطَّال

Zeitspanne *múdda, Pl. múdad* مُدَّة - مُدَد

für lange Zeit	*li múdda ṭawīla*	لِمُدَّة طَوِيلَة
lang	*ṭawīl, Pl. ṭuwāl*	طَوِيل - طُوَال
Woche *die, -n*	*ʔusbūɛ, Pl. ʔasābīɛ*	أُسْبُوع - أَسَابِيع
O.K.!, einverstanden	*wáhwa kazālik*	وَهُوَ كَذَلِك
Lohn *der, -öhne*; Preis *der, -e*	*ʔúgra*	أُجْرَة
Frühstück *das, -ücke*	*fiṭār*	فِطَار
allein, für sich allein; extra	*li wáḥdu*	لِوَحْدُه
aber; ach!, jawohl (auch als Verstärkungspartikel des Fragesatzes)	*ʔummāl*	أُمَّال
stehend = stehen	*wấqif m., wáqfa f., waqfīn Pl.*	وَاقِف m. ، وَاقْفَة f. ، وَاقْفِين Pl.
Restaurant *das, -s*	*máṭɛam, Pl. maṭāɛim*	مَطْعَم - مَطَاعِم
rechte Seite; rechts	*yimīn*	يمِين
rechts; nach rechts	*ɛa 'l-yimīn*	عَ الْيِمِين
hinaufgehend, steigend = hinaufgehen, steigen	*ṭấliɛ m., ṭálɛa f., ṭalɛīn Pl.*	طَالِع m.، طَالْعَة f.، طَالْعِين Pl.
Diener *der, -*	*ḫaddām, Pl. ḫaddāmīn*	خَدَّام - خَدَّامِين

Fahrstuhl *der, -ühle* *ʔasansír, Pl. ʔasansīrât* أَسَانْسِير - أَسَانْسِيرَات

il-ɛáfw الْعَفْو

Nichts zu danken!, Wörtl.: Verzeihung! (antw. auf مُتَشَكِّر)

bitâɛ m., bitâɛit f., butûɛ Pl. Pl. بتوع ،f. بِتَاعِة ،m. بِتَاع

von (Partikel zur Genitivverbindung)

Er hat einen extra Preis *lih ḥisâb li wáḥduh* لِه حِسَاب لِوَحْدُه

sitzend = sitzen *q̊âɛid, q̊áɛda / q̊aɛdîn* قَاعِد ، قَاعْدَة / قَاعْدِين

Koffer *der, -*; Tasche *die, -n* *šánṭa, Pl. šúnaṭ* شَنْطَة - شُنَط

Grammatik قَوَاعِدُ

1 - الْإِضَافَةُ بِالْأَدَاةِ "بِتَاع"

Die Genitivpartikel "bitâع" -des

Der Genitiv kann durch die folgenden Genitivpartikel umgeschrieben werden:

Sing. mask	Sing. fem.	Plural
بِتَاع ...	بِتَاعِة ...	بِتُوع ...

Beide Substantive müssen in diesem Fall determiniert werden.

Beispiele:

Sing. m.	الْبِيت بِتَاعِ الطَّبِيب	das Haus des Arztes
Sing. f.	الجِّنِينَة بْتَاعْةِ الْبِيت	der Garten des Hauses
	الْعَرَبِيَّة بْتَاعْةِ كَامِل	das Auto von Kamil
Plural	التَّلَامْذَة بْتُوعِ الْمُدَرِّسَة	die Schüler der Lehrerin
	الْكُتُب بِتُوعِ* الْمُدَرِّس	die Bücher des Lehrers

Anmerkung:

*) Die Partikel "bitûع" steht hier nach dem Plural von Sachen im Plural, weil es sich hier um eine übersichtliche Menge von bestimmten Sachen handelt.

2 - الْأَدَاةُ "بِتَاع" مَعَ الضَّمَائِرِ الشَّخْصِيَّةِ

Die Genitivpartikel “bitâɛ” mit den Personalsuffixen

Die Personalsuffixe können auch an die Genitivpartikel “بِتَاع *bitâɛ*”, “بِتَاعِةْ *bitâɛit*” und “بِتُوع *bitûɛ*”, treten:

a) Personalsuffixe an “بِتَاع *bitâɛ*” *Sing. mask.*

Sing.	1. Person	الكِّتَاب بِتَاعِى	mein Buch
	2. Pers. m.	الكِّتَاب بِتَاعَك	dein Buch m.
	2. Pers. f.	الكِّتَاب بِتَاعِك	dein Buch f.
	3. Pers. m.	الكِّتَاب بِتَاعُه	sein Buch
	3. Pers. f.	الكِّتَاب بِتَاعْهَا	ihr Buch
Plural	1. Person	الكِّتَاب بِتَاعْنَا	unser Buch
	2. Person	الكِّتَاب بِتَاعْكُم	euer Buch
	3. Person	الكِّتَاب بِتَاعْهُم	ihr Buch

P. S.: Wörtl. wäre die Übersetzung: das Buch von mir, das Buch von dir ... etc.

b) Personalsuffixe an "بِتَاعِة *bitāᶜit*" Sing. fem.

Sing.	1. Person	الْمَدْرَسَة بْتَاعْتِى	meine Schule
	2. Pers. m.	الْمَدْرَسَة بْتَاعْتَك	deine Schule m.
	2. Pers. f.	الْمَدْرَسَة بْتَاعْتِك	deine Schule f.
	3. Pers. m.	الْمَدْرَسَة بْتَاعْتُه	seine Schule
	3. Pers. f.	الْمَدْرَسَة بْتَاعِتْهَا	ihre Schule
Plural	1. Person	الْمَدْرَسَة بْتَاعِتْنَا	unsere Schule
	2. Person	الْمَدْرَسَة بْتَاعِتْكُم	eure Schule
	3. Person	الْمَدْرَسَة بْتَاعِتْهُم	ihre Schule

c) Personalsuffixe an "بِتُوع *bitūᶜ*" Plural.

Singular	1. Person	التَّلَامْذَة بْتُوعِى	meine Schüler
	2. Pers. m.	التَّلَامْذَة بْتُوعَك	deine Schüler m.
	2. Pers. f.	التَّلَامْذَة بْتُوعِك	deine Schüler f.
	3. Pers. m.	التَّلَامْذَة بْتُوعُه	seine Schüler
	3. Pers. f.	التَّلَامْذَة بْتُوعْهَا	ihre Schüler
Plural	1. Person	التَّلَامْذَة بْتُوعْنَا	unsere Schüler
	2. Person	التَّلَامْذَة بْتُوعْكُم	eure Schüler
	3. Person	التَّلَامْذَة بْتُوعْهُم	ihre Schüler

3 - اِسْمُ الْفَاعِلِ مَعَ الضَّمَائِرِ الشَّخْصِيَّةِ

Personalsuffixe am Partizip

Genauso wie beim Substantiv können die Personalsuffixe an das Partizip Aktiv treten. Eine Ausnahme bildet die erste Person Singular, die das Suffix “ ـنِي -ni” erhält:

a) Personalsuffixe an “عَارِف *ɛārif*” Singular maskulin

Sing.	1. Person	هُوَّ عَارِفْنِي	er kennt mich
	2. Pers. m.	هُوَّ عَارْفَك	er kennt dich m.
	2. Pers. f.	هُوَّ عَارْفِك	er kennt dich f.
	3. Pers. m.	هُوَّ عَارْفُه	er kennt ihn
	3. Pers. f.	هُوَّ عَارِفْهَا	er kennt sie
Plural	1. Person	هُوَّ عَارِفْنَا	er kennt uns
	2. Person	هُوَّ عَارِفْكُم	er kennt euch
	3. Person	هُوَّ عَارِفْهُم	er kennt sie

b) Personalsuffixe an “عَارِف *ɛārif*” Singular feminin

Sing.	1. Person	هِيَّ عَارْفَانِي	sie kennt mich
	2. Pers. m.	هِيَّ عَارْفَاك	sie kennt dich m.
	2. Pers. f.	هِيَّ عَارْفَاكِي	sie kennt dich f.

Sing.	3. Pers. m.	هِيَّ عَارْفَاه sie kennt ihn
	3. Pers. f.	هِيَّ عَارْفَاهَا sie kennt sie
Plural	1. Person	هِيَّ عَارْفَانَا sie kennt uns
	2. Person	هِيَّ عَارْفَاكُم sie kennt euch
	3. Person	هِيَّ عَارْفَاهُم sie kennt sie

c) Personalsuffixe an “عَارِف *ɛârif*” Plural

Singular	1. Person	هُمَّ عَارْفِينِّي sie kennen mich
	2. Pers. m.	هُمَّ عَارْفِينَك sie kennen dich m.
	2. Pers. f	هُمَّ عَارْفِينِك sie kennen dich f.
	3. Pers. m.	هُمَّ عَارْفِينُه sie kennen ihn
	3. Pers. f.	هُمَّ عَارْفِينْهَا sie kennen sie
Plural	1. Person	هُمَّ عَارْفِينَّا sie kennen uns
	2. Person	هُمَّ عَارْفِينْكُمْ sie kennen euch
	3. Person	هُمَّ عَارْفِينْهُمْ sie kennen sie

zum ersten Mal = أَوِّل مَرَّة

ich sehe = اَشُوف

Frau, Dame = سِتّ

hohl = مِجَوَّفَة

Übungen تَمَارِينُ

تَمْرِينُ أ) أَكْمِلْ إِسْنَادَ الضَّمَائِرِ الشَّخْصِيَّةِ إِلَى أَدَوَاتِ الْإِضَافَةِ "بِتَاع ، بِتَاعِةْ ، بُتُوع" . تَتَبَّعِ النُّمُوذَجَ.

Fahren Sie mit der Ergänzung der Personalsuffixe fort! Verwenden Sie die Genitivpartikel "بِتَاع bitâع", "بِتَاعِةْ bitâعit", "بِتُوع bitûع" Folgen Sie dem Beispiel!

(1) بِتَاع Sing. maskulin:

Singular	الْقَامُوس بِتَاعِي	←	١ ـ قَامُوسِي
	الْقَامُوس ______	←	٢ ـ قَامُوسَك
	______	←	٣ ـ قَامُوسِك
	______	←	٤ ـ قَامُوسُه
	______	←	٥ ـ قَامُوسْهَا
Plural	______	←	٦ ـ قَامُوسْنَا
	______	←	٧ ـ قَامُوسْكُم
	______	←	٨ ـ قَامُوسْهُم

(2) بِتَاعِةْ Sing. feminin:

Sing.	الْعَرَبِيَّة بْتَاعْتِي	←	١ ـ عَرَبِيِّتِي
	______	←	٢ ـ عَرَبِيِّتَك
	______	←	٣ ـ عَرَبِيِّتِك
	______	←	٤ ـ عَرَبِيِّتُه
	______	←	٥ ـ عَرَبِيِّتْهَا
Plural	______	←	٦ ـ عَرَبِيِّتْنَا
	______	←	٧ ـ عَرَبِيِّتْكُم
	______	←	٨ ـ عَرَبِيِّتْهُم

(3) بِتُوع Plural:

Sing.	الطَّلَبَات بِتُوعِي	←	١ ـ طَلَبَاتِي
	______	←	٢ ـ طَلَبَاتَك
	______	←	٣ ـ طَلَبَاتِك
	______	←	٤ ـ طَلَبَاتُه
	______	←	٥ ـ طَلَبَاتْهَا
Plural	______	←	٦ ـ طَلَبَاتْنَا

Plural	______________	←	٧ ـ طَلَباتْكُم
	______________	←	٨ ـ طَلَباتْهُم

تَمْرِينُ ب) أَجِبْ عَمَّا يَأْتِى، تَتَبَّعِ النُّمُوذَجَ.

Antworten Sie nach dem folgenden Beispiel!

السَّجَايِر دِى بْتَاعِةْ مِين؟ (ـتِى mein) ـ ...
ـ السَّجَايِر دِى بْتَاعْتِى. أَيْوَه، هِىَّ سَجَايْرِى.

١ ـ الْأُوضَة دِى بْتَاعِةْ مِين؟ (ـتِى mein) ـ ...

٢ ـ الْقَامُوس دَه بْتَاع مِين؟ (ـُه sein) ـ ...

٣ ـ الشُّنَط دِى بْتَاعِةْ مِين؟ (ـْنَا uns) ـ ...

٤ ـ الطَّلَبَات دِى بْتَاعِةْ مِين؟ (ـْكُم euer) ـ ...

٥ ـ التِّلِيفُون دَه بْتَاع مِين؟ (ـْهَا ihr Sing. f.) ـ ...

٦ ـ التَّلَامْذَة دُول بِتُوع مِين؟ (ـِى mein) ـ ...

٧ ـ الْمَدْرَسَة دِى بْتَاعِةْ مِين؟ (ـْهُم ihr Pl.) ـ ...

٨ ـ الْمُدَرِّس دَه بْتَاع مِين؟ (ـِى mein) ـ ...

٩ ـ الشَّغَّالَة دِى بْتَاعِةْ مِين؟ (ـتْهَا ihr Sing. f.) ـ ...

١٠ ـ الْمُدَرِّسَة دِى بْتَاعِةْ مِين؟ (ـْنَا uns) ـ ...

تَمْرِينُ ج) أَجِبْ عَمَّا يَأْتِى مُسْتَخْدِمًا إِحْدَى الْأَدَوَاتِ الْمُنَاسِبَةِ التَّالِيَةِ:
"بِتَاع ، بِتَاعِةْ ، بِتُوع". ، تَتَبَّعِ النُّمُوذَجَ.

Antworten Sie nach dem folgendenBeispiel! Verwenden Sie dabei die Genitivpartikel "بِتَاع bitâ꜀", "بِتَاعِةْ bitâ꜀it" und "بِتُوع bitû꜀"!

الكِّتَاب دَه كْتَاب الْمُدَرِّس، مِش كِدَه؟ ـ أَيْوَه ...
ـ أَيْوَه صَحِيح، الكِّتَاب دَه بْتَاع الْمُدَرِس.

١ ـ الْعَرَبِيَّة دِى عَرَبِيِّةِ الطَّبِيب، مِشْ كِدَه؟ ـ أَيْوَه ...

٢ ـ الْأُودَة دِى أُودْةِ الْأَوْلَاد، مِشْ كِدَه؟ ـ أَيْوَه ...

٣ ـ الْمُدَرِّسِين دُول مُدَرِّسِينِ اللُّغَة الْفَرَنْسِيَّة ، مِشْ كِدَه؟ ـ أَيْوَه ...

٤ ـ الْقَامُوس دَه قَامُوس عَلِى ، مِشْ كِدَه؟ ـ أَيْوَه ...

٥ ـ السَّجَاير دِى سَجَاير عَادِل ، مِشْ كِدَه؟ ـ أَيْوَه ...

٦ ـ الشَّنْطَة دِى شَنطِةِ السِّتِّ دِى ، مِشْ كِدَه؟ ـ أَيْوَه ...

٧ ـ الْمُدَرِّسَة دِى مْدَرِّسْةِ التَّلَامْذَة دُول ، مِشْ كِدَه؟ ـ أَيْوَه ...

تَمْرِينُ د) أَجِبْ عَمَّا يَأْتِى، تَتَبَّعِ النُّمُوذَجَ.

Antworten Sie nach dem folgendenBeispiel!

اِنْتِ عَارْفَة الْأُوكَازْيُون يُوم إِيه؟ (Mittwoch) ـ ...
ـ أَيْوَه عَارْفَة، الْأُوكَازْيُون يُوم الَارْبَع.

١ ـ اِنْتَ عَارِف بُكْرَة إِيه؟ (Dienstag) ـ ...

٢ - اِنْتِ عَارْفَة الجَّزْمَة دِى بْكَام؟ (بِخَمْسِين جِنيه بَسّ) - ...

٣ - اِنْتُو عَارْفِين أُجْرِةِ الْأُودَة فِى الْيُوم كَام؟ (تَلاَتِين جِنيه) - ...

٤ - اِنْتَ عَارِفِ الْعَرَبِيَّة دِى بْتَاعِةْ مِين؟ (الدُّكْتُور كَامِل) - ...

٥ - اِنْتِ عَارْفَة مَنَال فِى مَدْرَسِةْ إِيه؟ (الْمَدْرَسَة الْأَلْمَانِيَّة) - ...

٦ - اِنْتُو عَارْفِينِ الْقَامُوس دَه بْتَاع مِين؟ (الْمُدَرِّس) - ...

٧ - اِنْتِ عَارْفَة السِّتِّ دِى مْنِين؟ (سِويسْرَا) - ...

٨ - اِنْتَ عَارِف هَانزِ مْنِين فِى أَلْمَانْيَا؟ (مِنْ بَرْلِين) - ...

تَمْرِينُ هـ) أَسْنِدِ الضَّمَائِرَ الشَّخْصِيَّةَ إِلَى أَسْمَاءِ الْفَاعِلِينَ التَّالِيَةِ، مَعَ كِتَابَةِ الْكَلِمَاتِ بِالْحُرُوفِ الْعَرَبِيَّةِ ، ثُمَّ انْطِقْ كُلَّ كَلِمَةٍ مَعَ ضَمِيرِهَا الشَّخْصِيِّ، مُسْتَعِينًا فِى ذَلِكَ بِالْحُرُوفِ اللَّاتِينِيَّةِ ، وَمُرَاعِيًا مَوْقِعَ النَّبْرِ وَانْتِقَالَهُ مِنْ مَكَانِهِ ، تَتَبَّعِ النَّمُوذَجَ.

Fügen Sie gemäß dem Beispiel den folgenden Partizipien die Personalsuffixe hinzu und schreiben Sie diese in arabischer Schrift in die Lücken, dann sprechen Sie die Wörter mit Hilfe der lateinischen Schrift aus! Achten Sie dabei auf die Verschiebung der Betonung!

a) هُوَّ عَاوِزْنِى Er will mich. هُوَّ عَارِفْنِى Er kennt mich.

__________	húwwa ɛāwíznī	__________	húwwa ɛāríʃnī
__________	húwwa ɛáwzak	__________	húwwa ɛárʃak

____________	húwwa ɛā́wzik	____________	húwwa ɛā́rfik
____________	húwwa ɛā́wzu(h)	____________	húwwa ɛā́rfu(h)
____________	húwwa ɛāwízhā	____________	húwwa ɛārífhā
____________	húwwa ɛāwíznā	____________	húwwa ɛārífnā
____________	húwwa ɛāwízkum	____________	húwwa ɛāríkum
____________	húwwa ɛāwízhum	____________	húwwa ɛāríhum

b) هِيَّ عَاوْزَانِى Sie will mich. هِيَّ عَارْفَانِى Sie kennt mich.

____________	híyya ɛāwzânī	____________	híyya ɛārfânī
____________	híyya ɛāwzâk	____________	híyya ɛārfâk
____________	híyya ɛāwzâkī	____________	híyya ɛārfâkī
____________	híyya ɛāwzâh	____________	híyya ɛārfâh
____________	híyya ɛāwzâhā	____________	híyya ɛārfâhā
____________	híyya ɛāwzânā	____________	híyya ɛārfânā
____________	híyya ɛāwzâkum	____________	híyya ɛārfâkum
____________	híyya ɛāwzâhum	____________	híyya ɛārfâhum

c) هُمَّ عَاوْزِينِّي Sie wollen mich. هُمَّ عَارْفِينِّي Sie kennen mich.

______	humma ʕāwzínnī	______	humma ʕārfínnī
______	humma ʕāwzínak	______	humma ʕārfínak
______	humma ʕāwzínik	______	humma ʕārfínik
______	humma ʕāwzínu(h)	______	humma ʕārfínu(h)
______	humma ʕāwzínhā	______	humma ʕārfínhā
______	humma ʕāwzínnā	______	humma ʕārfínnā
______	humma ʕāwzínkum	______	humma ʕārfínkum
______	humma ʕāwzínhum	______	humma ʕārfínhum

تَمْرِينُ و) أَسْنِدِ الضَّمَائِرَ الشَّخْصِيَّةَ إِلَى أَسْمَاءِ الْفَاعِلِينَ التَّالِيَةِ ، مَعَ نُطْقِ الْكَلِمَةِ مَعَ ضَمِيرِهَا الشَّخْصِيِّ، وَمُرَاعِيًا مَوْقِعَ النَّبْرِ وَانْتِقَالَهُ مِنْ مَكَانِهِ، تَتَبَّعِ النُّمُوذَجَ.

Fügen Sie gemäß dem Beispiel den folgenden Partizipien die Personalsuffixe hinzu und sprechen Sie dieWörter aus! Achten Sie dabei auf die Verschiebung der Betonung!

a) هُوَّ عَاجِبْنِي Er gefällt mir. هُوَّ فَاهِمْنِي Er versteht mich ... etc..

	شَايِف sehen	طَالِب verlangen	سَامِع hören	سَايِب lassen	فَاهِم verstehen	عَاجِب gefallen
ـنِي	______	______	______	______	______	عَاجِبْنِي

	شَايِف sehen	طَالِب verlangen	سَامِع hören	سَايِب lassen	فَاهِم verstehen	عَاجِب gefallen
ـَك	______	______	______	______	______	عَاجْبَك
ـِك	______	______	______	______	______	عَاجْبِك
ـُه	______	______	______	______	______	عَاجْبُه
ـْهَا	______	______	______	______	______	عَاجِبْهَا
ـْنَا	______	______	______	______	______	عَاجِبْنَا
ـْكُم	______	______	______	______	______	عَاجِبْكُم
ـْهُم	______	______	______	______	______	عَاجِبْهُم

b) هِيَّ عَاجْبَانِي sie gefällt mir. هِيَّ فَاهْمَانِي sie versteht mich ... etc..

	شَايْفَة sehen	طَالْبَة verlangen	سَامْعَة hören	سَايْبَة lassen	فَاهْمَة verstehen	عَاجْبَة gefallen
ـنِي	______	______	______	______	______	عَاجْبَانِي
ـك	______	______	______	______	______	عَاجْبَاك
ـكِي	______	______	______	______	______	عَاجْبَاكِي
ـه	______	______	______	______	______	عَاجْبَاه
ـهَا	______	______	______	______	______	عَاجْبَاهَا

ـنَا	______	______	______	______	______	عَاجْبَانَا
ـكُم	______	______	______	______	______	عَاجْبَاكُم
ـهُم	______	______	______	______	______	عَاجْبَاهُم

c) هُمَّ عَاجْبِينِّى sie gefallen mir هُمَّ فَاهْمِينِّى sie verstehen mich ... etc..

شَايْفِين sehen	طَالْبِين verlangen	سَامْعِين hören	سَايْبِين lassen	فَاهْمِين verstehen	عَاجْبِين gefallen
______	______	______	______	______	عَاجْبِينِّى
______	______	______	______	______	عَاجْبِينَك
______	______	______	______	______	عَاجْبِينِك
______	______	______	______	______	عَاجْبِينُه
______	______	______	______	______	عَاجْبِينْهَا
______	______	______	______	______	عَاجْبِينَّا
______	______	______	______	______	عَاجْبِينْكُم
______	______	______	______	______	عَاجْبِينْهُم

تَمْرِينُ ز) أَكْمِلْ مَا يَلِى، مُسْنِدًا الضَّمَائِرَ الشَّخْصِيَّةَ إِلَى أَسْمَاءِ الْفَاعِلِ الْمُبَيَّنَةِ، وَمَعَ نُطْقِ الْجُمَلِ، مُسْتَعِينًا فِى ذَلِكَ بِالْحُرُوفِ اللَّاتِينِيَّةِ، وَمُرَاعِيًا مَوْقِعَ النَّبْرِ عَلَى الْكَلِمَاتِ. تَتَبَّعِ النَّمُوذَجَ.

Fahren Sie mit der Ergänzung der Personalsuffixe fort und sprechen Sie die Sätze mit Hilfe der lateinischen Schrift aus! Achten Sie dabei auf die Betonung! Folgen Sie dem Beispiel!

a) الْقَامُوس دَه عَاجْبُه خَالِص Dieses Wörterbuch gefällt ihm sehr gut.

ـِى	1 - il-qāmū́s da ʕāgíbnī ḫā́liṣ. ١ - الْقَامُوس دَه عَاجِبْنِى خَالِص
ـَك	2 - il-qāmū́s da ʕā́gbak ḫā́liṣ. ٢ - ______________________
ـِك	3 - il-qāmū́s da ʕā́gbik ḫā́liṣ. ٣ - ______________________
ـِك	4 - il-qāmū́s da ʕā́gbu(h) ḫā́liṣ. ٤ - ______________________
ـْهَا	5 - il-qāmū́s da ʕāgíbhā ḫā́liṣ. ٥ - ______________________
ـْنَا	6 - il-qāmū́s da ʕāgíbnā ḫā́liṣ. ٦ - ______________________
ـْكُم	7 - il-qāmū́s da ʕāgíbkum ḫā́liṣ. ٧ - ______________________
ـْهُم	8 - il-qāmū́s da ʕāgíbhum ḫā́liṣ. ٨ - ______________________

d) الأُوْدَة دِى عَاجْبَاه قِوِى Dieses Zimmer gefällt ihm sehr gut.

ـَانِى	1 - il-ءṓda dī ɛāgbā́nī q̊áwī. ١ ـ الأُوْدَة دِى عَاجْبَانِى قِوِى.
ـَاك	2 - il-ءṓda dī ɛāgbā́k q̊áwī. ٢ ـ ______
ـَاكِى	3 - il-ءṓda dī ɛāgbā́kī q̊áwī. ٣ ـ ______
ـَاه	4 - il-ءṓda dī ɛāgbā́h q̊áwī. ٤ ـ ______
ـَاهَا	5 - il-ءṓda dī ɛāgbā́hā q̊áwī. ٥ ـ ______
ـَانَا	6 - il-ءṓda dī ɛāgbā́nā q̊áwī. ٦ ـ ______
ـَاكُم	7 - il-ءṓda dī ɛāgbā́kum q̊áwī. ٧ ـ ______
ـَاهُم	8 - il-ءṓda dī ɛāgbā́hum q̊áwī.. ٨ ـ ______

c) الأَوْلَاد دُول عَاجْبِينُه قِوِى Diese Kinder gefallen ihm sehr gut.

ـِى	1 - il-ءawlā́d dṓl ɛagbínnī q̊áwī. ١ ـ الأَوْلَاد دُول عَاجْبِينِّى قِوِى
ـَك	2 - il-ءawlā́d dṓl ɛagbínak q̊áwī. ٢ ـ ______

ـِك	3 - il-ءawlā́d dṓl ɛagbī́nik q̓áwī. ______________________ - ٣
ـُه	4 - il-ءawlā́d dṓl ɛagbī́nu(h) q̓áwī. ______________________ - ٤
ـْهَا	5 - il-ءawlā́d dṓl ɛagbī́nhā q̓áwī. ______________________ - ٥
ـْنَا	6 - il-ءawlā́d dṓl ɛagbī́nnā q̓áwī. ______________________ - ٦
ـْكُم	7 - il-ءawlā́d dṓl ɛagbī́nkum q̓áwī. ______________________ - ٧
ـْهُم	8 - il-ءawlā́d dṓl ɛagbī́nhum q̓áwī. ______________________ - ٨

e) هُوَّ طَالِعْ لُه اَهُو بِالشُّنَط Er bringt ihm jetzt die Koffer nach oben.

ـِى	1 - húwwa ṭālíɛ lī ahū́ bi š-šúnaṭ. ١ - هُوَّ طَالِعْ لِى اَهُو بِالشُّنَط.
ـَك	2 - húwwa ṭālíɛ lak ahū́ bi š-šúnaṭ. ______________________ - ٢
ـِك	3 - húwwa ṭālíɛ lik ahū́ bi š-šúnaṭ. ______________________ - ٣
ـُه	4 - húwwa ṭālíɛ lu ahū́ bi š-šúnaṭ. ______________________ - ٤

ـْهَا	5 - húwwa ṭālíꜥ líhā ahû bi š-šúnaṭ. ٥ - ________
ـْنَا	6 - húwwa ṭālíꜥ línā ahû bi š-šúnaṭ. ٦ - ________
ـْكُم	7 - húwwa ṭālíꜥ líkum ahû bi š-šúnaṭ. ٧ - ________
ـْهُمْ	8 - húwwa ṭālíꜥ líhum ahû bi š-šúnaṭ. ٨ - ________

f) هِيَّ طَالْعَة لُه اَهِي بِالشُّنَط Sie bringt ihm jetzt die Koffer nach oben.

ـِي	1 - híyya ṭālꜥâ lī ahî bi š-šúnaṭ. ١ - هِيَّ طَالْعَة لِي اَهِي بِالشُّنَط.
ـَك	2 - híyya ṭālꜥâ lak ahî bi š-šúnaṭ. ٢ - ________
ـِك	3 - híyya ṭālꜥâ lik ahî bi š-šúnaṭ. ٣ - ________
ـُه	4 - híyya ṭālꜥâ lu ahî bi š-šúnaṭ. ٤ - ________
ـْهَا	5 - híyya ṭālꜥâ lhā ahî bi š-šúnaṭ. ٥ - ________
ـْنَا	6 - híyya ṭālꜥâ lnā ahî bi š-šúnaṭ. ٦ - ________

ـكُمْ	7 - híyya ṭālεā́ lkum ahī́ bi š-šúnaṭ. ٧ - ______
ـهُمْ	8 - híyya ṭālεā́ lhum ahī́ bi š-šúnaṭ. ٨ - ______

g) هُمَّ طَالْعِين لِى اَهُم بِالشُّنَط

Sie bringen ihm jetzt die Koffer nach oben.

ـى	1 - húmma ṭālεī́n lī ahúm bi š-šúnaṭ. ١ - هُمَّ طَالْعِين لِى اَهُم بالشُّنَط.
ـَك	2 - húmma ṭālεī́n lak ahúm bi š-šúnaṭ. ٢ - ______
ـِك	2 - húmma ṭālεī́n lik ahúm bi š-šúnaṭ. ٣ - ______
ـُه	4 - húmma ṭālεī́n lu ahúm bi š-šúnaṭ. ٤ - ______
ـهَا	5 - húmma ṭālεīn líhā ahúm bi š-šúnaṭ. ٥ - ______
ـنَا	6 - húmma ṭālεīn línā ahúm bi š-šúnaṭ. ٦ - ______
ـكُم	7 - húmma ṭālεīn líkum ahúm bi š-šúnaṭ. ٧ - ______
ـهُم	8 - húmma ṭālεīn líhum ahúm bi š-šúnaṭ. ٨ - ______

تَمْرِينُ ح) أَجِبْ عَمَّا يَأْتِى، تَتَّبِعِ النَّمُوذَجَ.

Antworten Sie nach dem folgenden Beispiel!

> هُوَّ الْكِتَاب بْتَاع مَنَال مَعَاك؟ هِىَّ عَاوْزَاه. - ...
> - أَيْوَه، الْكِتَاب بْتَاع مَنَال مَعَايَ، اِتْفَضَّلِ الْكِتَاب بْتَاعْهَا اَهُو.

١ - هُوَّ الْقَامُوس بْتَاعِى عَنْدَك؟ اَنَا عَاوْزُه. - ...

٢ - هِىَّ الطَّلَبَات بْتَاعِتْنَا مْعَاك؟ اِحْنَا عَاوْزِينْهَا. - ...

٣ - هِىَّ الشُّنَط بْتَاعِتْهُم مَعَاكُم؟ هُمَّ عَاوْزِينْهَا. - ...

٤ - هِىَّ الْجَزْمَة بْتَاعِتِى عَنْدِكُو؟ اَنَا عَاوْزَاهَا. - ...

٥ - هِىَّ الْعَرَبِيَّة بْتَاعِتْهُم فِى جَرَاجْكُم؟ هُمَّ عَاوْزِينْهَا. - ...

٦ - هِىَّ السَّجَايِر بْتَاعْتُه عَنْدَك؟ هُوَّ عَاوْزْهَا. - ...

٧ - هُمَّ التَّلَامْذَة بْتُوعَك فِى الْأُودَة؟ اِحْنَا عَاوْزِينْهُم. - ...

تَمْرِينُ ط) تَرْجِمْ إِلَى اللُّغَةِ الْأَلْمَانِيَّةِ Übersetzen Sie ins Deutsche!

١ - أَلُوه، مَسَاءِ الْخِير. فُنْدُقِ النِّيل؟

٢ - أَلُوه، مَسَاءِ النُّور. أَيْوَه يَا اَفَنْدِم، هِنَا فُنْدُقِ النِّيل. أَىِّ خِدْمَة؟

٣ - فِيه عَنْدِكُو أُودَة خَالِيَة؟

٤ - أَيْوَه يَا اَفَنْدِم. عَاوِز حَضْرِتَك أُودَة بِسَرِير وَاحِد وَاللَّا أُودَة بِسَرِيرِين؟

٥ - اَنَا عَاوِز أُودَة بِسْرِير وَاحِد وِبِالْحَمَّام.

٦ - عَنْدِنَا أُوَد جَمِيلَة قَوِى بِالْحَمَّام، بَسِّ مِش عَ الشَّارِع.

٧ - اَنَا مِش عَاوِز أُودَة عَ الشَّارِع. اَنَا عَاوِز أُودَة هَادْيَة قَوِى.

٨ - أَيْوَه، فِيه عَنْدِنَا أُودَة هَادْيَة قَوِى، بِتْطُلِّ عَلَى جْنِينْةِ الْفُنْدُق.

٩ - وِالْأُودَة دِى أُجْرِتْهَا كَام فِى الْيُوم؟

١٠ - ٣٥ جِنيه فِى الْيُوم.

١١ -.وَهْوَ كَذَلِك، اَنَا جَاىِّ دِلْوَقْتِى عَلَى طُول.

الدَّرْسِ التَّامِن

فِى الْفَصْل

الْمُدَرِّس دَاخِلِ الْفَصْل وِبِيْقُول لِلطَّلَبَة: مَسَاءِ الْخِير.

الطَّلَبَة بِيْرُدُّوا عَ الْمُدَرِّس وِبِيْقُولُوا لُه: مَسَاءِ النُّور.

الْمُدَرِّس وَاقِف جَنْبِ السَّبُّورَة، وِالطَّلَبَة قَاعْدِين عَ الْكَرَاسِى، وِقُدَّام كُلِّ وَاحِد مِنْهُم مَكْتَب.

الْمُدَرِّس بِيكْتِبِ الدَّرْسِ عَ السَّبُّورَة بِالطَّبَاشِير وِبْيِشْرَحُه . لَكِنِ الطَّلَبَة بْيِعْمِلُوا إِيه؟

الطَّلَبَة بْيِسْمَعُوا لْشَرْحِ الْمُدَرِّس ، وِبِيكْتِبُوا الدَّرْسِ بِالْقَلَم فِى كُرَّاسَاتْهُم.

الْمُدَرِّس بِيسْأَلِ الطَّلَبَة أَسْئِلَة عَلَى الدَّرْس ، وِهُمَّ بِيْجَاوْبُوا عَلَى أَسْئِلْةِ الْمُدَرِّس ، وِبَعْدِين بِيكْتِبُوا التَّمَارِين فِى كُرَّاسَاتْهُم.

الْمُدَرِّس بِيكَلِّم مَعَ الطَّلَبَة بِالْعَرَبِى ، وِهُمَّ مَبْسُوطِين خَالِص ، عَلَشَان هُمَّ بْيِتْعَلِّمُوا لُغَة جْدِيدَة.

الْمُدَرِّس بِيقُول لِلطَّلَبَة:

اللُّغَة الْعَرَبِيَّة دِى لُغَة جَمِيلَة جِدًّا وِسَهْلَة.

فِيه طَالِبَة بْتِبْتِسِم وِبْتِقُول لِلْمُدَرِّس:

- دَه مِشْ مَظْبُوط. صَحِيح اللُّغَة الْعَرَبِيَّة جَمِيلَة جِدًّا، لَكِن صَعْبَة خَالِص.

يَا تَرَى اللُّغَة الْعَرَبِيَّة صَعْبَة وَاللَّا سَهْلَة؟

Vokabeln مُفْـرَدَاتٌ

دَاخِل .m، دَاخْلَة .f، دَاخْلِين .Pl *dāḫil m., dáḫla f., daḫlīn Pl.*
eintretend ("hin-, her-" eintretend) = eintreten

(er) sagt	*yiq̂ūl*	يِقُول
Studentin *die, -nen*	*ṭālíba, Pl. ṭālibāt*	طَالِبَة ـ طَالِبَات
(er) antwortet, beantworet	*yirúddi ɛálā*	يِرُدّ عَلَى
Tafel *die, -n*	*ṣabbūra, Pl. ṣabbūrāt*	سَبُّورَة ـ سَبُّورَات

قَاعِد .m، قَاعْدَة .f، قَاعْدِين .Pl *q̂āɛid m., q̂áɛda f., q̂aɛdīn* Pl.
sitzend = sitzen

vor	*q̂uddām*	قُدَّام
alle, ganz; jeder	*kúll*	كُلّ
jeder	*kúlli wāḥid*	كُلِّ وَاحِد
jeder Student	*kúlli ṭālib*	كُلِّ طَالِب
alle Studenten	*kúlli ṭ-ṭullāb*	كُلِّ الطُّلَّاب
(er) schreibt	*yíktib*	يِكْتِب
Lektion *die, -en*	*dárs, Pl. durūs*	دَرْس ـ دُرُوس
Kreide *die*	*ṭabāšīra, Koll. ṭabāšīr*	طَبَاشِيرَة ـ طَبَاشِير .Koll
(er) erklärt	*yíšraḥ*	يِشْرَح

(er) hört	*yísmaɛ*	يِسْمَع
Erklärung *die, -en*	*šárḥ, Pl. šurū́ḥ*	شَرْح - شُرُوح
Stift *der, -e*; Füller *der, -*	*q̂álam, Pl. iq̂lā́m*	قَلَم - إِقْلَام
Heft *das, -e*	*kurrā́sa, Pl. kurrāsā́t*	كُرَّاسَة - كُرَّاسَات
(er) fragt	*yísʔal*	يِسْأَل
Frage *die, -n*	*suʔā́l, Pl. ʔasʔíla*	سُؤَال - أَسْئِلَة
(er) stellt Fragen	*yísʔal ʔasʔíla*	يِسْأَل أَسْئِلَة
(er) antwortet auf ...	*yigā́wib ɛálā*	يِجَاوِب عَلَى
nachher	*baɛdḗn*	بَعْدِين
Übung *die, -en*	*tamrī́n, Pl. tamārī́n*	تَمْرِين - تَمَارِين
(er) spricht; unterhält sich	*yikkállim = yitkállim*	يِكَّلِّم = يِتْكَلِّم
zufrieden; froh	*mabsū́ṭ, Pl. mabsūṭī́n*	مَبْسُوط - مَبْسُوطِين
(er) lernt	*yitɛállim*	يِتْعَلِّم
Sprache *die, -en*	*lúġa, Pl. luġā́t*	لُغَة - لُغَات
neu	*gidī́d, Pl. gudā́d*	جدِيد - جُدَاد
sehr	*gíddan*	جِدًّا
leicht	*sáhl*	سَهْل

(er) lächelt	*yibtísim*	يِبْتِسِم
genau, in Ordnung	*maẓbúṭ*	مَظْبُوط
schwer, schwierig	*ṣáɛb*	صَعْب
zuerst	*ɛawwálan*	أَوَّلًا

Grammatik قَوَاعِدُ

1 - الْمُضَارِعُ الْبَسِيطُ

Das einfache Präsens

Das einfache Präsens bezeichnet eine in der Gegenwart unvollendete Handlung.

2 - تَصْرِيفُ الْمُضَارِعِ الْبَسِيطِ

Konjugation des einfachen Präsens

Konjugation des Verbs يِكْتِب er schreibt

Sing.	1. Person	أَنَا اكْتِب	ich schreibe
	2. Pers. m.	إِنْتَ تِكْتِب	du schreibst m.
	2. Pers. f.	إِنْتِ تِكْتِبِي	du schreibst f.
	3. Pers. m.	هُوَّ يِكْتِب	er schreibt
	3. Pers. f.	هِيَّ تِكْتِب	sie schreibt
Plural	1. Person	إِحْنَا نِكْتِب	wir schreiben
	2. Person	إِنْتُو تِكْتِبُوا	ihr schreibt
	3. Person	هُمَّ يِكْتِبُوا	sie schreiben

Beachten Sie!

Das einfache Präsens kann, wie in den folgenden Lektionen erklärt wird, nur in Verbindung mit einer Partikel (z. B. die Futurpatikel ḥa-, die Vorsilbe der Verlaufsform bi- ... etc.) oder kombiniert mit einem Modalwort verwendet werden.

3 - الْمُضَارِعُ الْمُسْتَمِرُّ

Die Verlaufsform des Präsens

Die Verlaufsform des Präsens bezeichnet eine in der Gegenwart andauernde Handlung oder eine Gewohnheit, die sich immer wiederholt. Sie beginnt mit der Vorsilbe "بِـ *bi-*" *oder* "بْـ b-" und wird wie das einfache Präsens konjugiert,

4 - تَصْرِيفُ الْمُضَارِعِ الْمُسْتَمِرِّ

Konjugation der Verlaufsform des Präsens

Konjugation des Verbs بيِكْتِب er schreibt (gerade)

Sing.	1. Person	أَنَا بَاكْتِب	ich schreibe (gerade)
	2. Pers. m.	اِنْتَ بْتِكْتِب	du schreibst (gerade) m.
	2. Pers. f.	اِنْتِ بْتِكْتِبى	du schreibst (gerade) f.
	3. Pers. m.	هُوَّ بْيِكْتِب	er schreibt (gerade)
	3. Pers. f.	هِيَّ بْتِكْتِب	sie schreibt (gerade)
Plural	1. Person	اِحْنَا بِنِكْتِب	wir schreiben (gerade)
	2. Person	اِنْتُو بْتِكْتِبُوا	ihr schreibt (gerade)
	3. Person	هُمَّ بْيِكْتِبُوا	sie schreiben (gerade)

Beachten Sie!

Ein Satz in der Verlaufsform des Präsens wird folgendermaßen übersetzt, wie: هُوَّ بْيَاكُل = er ißt (gerade) oder er ist beim Essen.

5 - نَفْىُ لْمُضَارِع الْمُسْتَمِرّ

Verneinung der Verlaufsform des Präsens

Zur Verneinung der Verlaufsform des Präsens wird die trennbare Verneinungspartikel “ مَا ... ش *mā ... š*” verwendet, wie:

هُوَّ مَا بِيكْتِبْش دِلْوَقْتِى. Er schreibt jetzt nicht.

5 - تَصْرِيفُ الْمُضَارِع الْمُسْتَمِرّ مَنْفِيًّا

Konjugation der verneinten Verlaufsform des Präsens

Konjugation des Verbs مَا بِيكْتِبْش er schreibt nicht.

Sing.	1. Person	اَنَا مَا بَاكْتِبْش	ich schreibe nicht
	2. Pers. m.	اِنْتَ مَا بْتِكْتِبْش	du schreibst nicht m.
	2. Pers. f.	اِنْتِ مَا بْتِكْتِبِيش	du schreibst nicht f.
	3. Pers. m.	هُوَّ مَا بِيكْتِبْش	er schreibt nicht
	3. Pers. f.	هِيَّ مَا بْتِكْتِبْش	sie schreibt nicht
Plural	1. Person	اِحْنَا مَا بِنِكْتِبْش	wir schreiben nicht
	2. Person	اِنْتُو مَا بْتِكْتِبُوش	ihr schreibt nicht
	3. Person	هُمَّ مَا بِيكْتِبُوش	sie schreiben nicht

7 - الْمُقَارَنَةُ بَيْنَ الْمُضَارِعِ الْمُسْتَمِرِّ وَاسْمِ الْفَاعِلِ

Vergleich zwischen der Verlaufsform des Präsens und dem Partizip Aktiv

Der Unterschied zwischen

أَنَا بَاسْمَعِ الرَّادْيُو.	ich höre das Radio
und	
أَنَا سَامِعِ الرَّادْيُو.	ich höre das Radio

ist wie folgt:

Mit dem Satz أَنَا بَاسْمَعِ الرَّادْيُو wird entweder ausgedrückt, daß ich jetzt gerade das Radio höre oder gewohnheitsmäßig immer wieder höre. Man kann deshalb sagen

أَنَا بَاسْمَعِ الرَّادْيُو دِلْوَقْتِى	ich höre das Radio jetzt.
oder	
أَنَا بَاسْمَعِ الرَّادْيُو كُلِّ يُوم	ich höre das Radio jeden Tag.

dagegeb kann man nicht sagen:

أَنَا سَامِعِ الرَّادْيُو كُلِّ يُوم.	----------
sondern	
أَنَا سَامِعِ الرَّادْيُو دِلْوَقْتِى.	ich höre das Radio jetzt.

8 - الأَمْــرُ

Der Imperativ

Der Imperativ wird gebildet, indem man von der Präsensform das Präfix تـ oder يـ abtrennt. Beginnt nachher das Verb mit zwei Konsonanten, dann erhält es ein Verbindungs-ءálif أَلِفُ الْوَصْل, wie:

Verb von dem der Imperativ gebildet wird		die drei Imperativformen		
		2. Person Sing. m.	2. Person Sing. f.	2. Person Plural
يقُول	sagen	قُول	قُولِي	قُولُوا
يجَاوِب	antworten	جَاوِب	جَاوْبى	جَاوْبُوا
يكْتِب	schreiben	اِكْتِب	اِكْتِبى	اِكْتِبُوا
يِسْمَع	hören	اِسْمَع	اِسْمَعِى	اِسْمَعُوا

Anmerkung:

Der Imperativ wird im Band zwei dieses Lehrbuches ausführlich behandelt.

Mann, Herr = رَاجِل

das heißt = يَعْنِى

hinunterkommend = (= hinunterkommen) نَازِل

Übungen تَمَارِينُ

تَمْرِينُ أ) صَرِّفِ الْأَفْعَالَ التَّالِيَةَ فِى كُلٍّ مِنَ الْمُضَارِعِ الْبَسِيطِ وَالْمُضَارِعِ الْمُسْتَمِرِّ، مَعَ كِتَابَةِ الْأَفْعَالِ بِالْعَرَبِيَّةِ ، ثُمَّ انْطِقِ الْأَفْعَالَ مَعَ ضَمَائِرِهَا الشَّخْصِيَّةِ، مُسْتَعِينًا فِى ذَلِكَ بِالْحُرُوفِ اللَّاتِينِيَّةِ، وَمُرَاعِيًا مَوْقِعَ النَّبْرِ وَانْتِقَالَهُ مِنْ مَكَانِهِ، تَتَبَّعِ النُّمُوذَجَ.

Konjugieren Sie folgende Verben im einfachen Präsens und in der Verlaufsform des Präsens und schreiben Sie die Wörter in arabischer Schrift in die Lücken, dann sprechen Sie die Ausdrücke mit Hilfe der lateinischen Schrift aus! Achten Sie dabei auf die Betonung und deren Kennzeichnung auf dem Verb sowie auf ihre Verschiebung!

a) Das einfache Präsens

1 - هُوَّ يِكْتِب er schreibt هُوَّ يِتْعَلِّم er lernt

اَنَا اَكْتِب	aná 'ktib	اَنَا اَتْعَلِّم	ana 'tɛállim
___	ínta tíktib	___	ínta titɛállim
___	ínti tiktíbī	___	ínti titɛallímī
___	húwwa yíktib	___	húwwa yitɛállim
___	híyya tíktib	___	híyya titɛállim
___	íḥna níktib	___	íḥna nitɛállim
___	íntū tiktíbū	___	íntū titɛallímū
___	húmma yiktíbū	___	húmma yitɛallímū

2 - هُوَّ يْقُول er sagt هُوَّ يْجَاوِب er antwortet

اَنَا اَقُول	aná aqûl	اَجَاوِب	ana agâwib
______	ínta tqûl	______	ínta tgâwib
______	ínti tqûlī	______	ínti tgâwbī
______	húwwa yqûl	______	húwwa ygâwib
______	híyya tqûl	______	híyya tgâwib
______	íḥna nqûl	______	íḥna ngāwib
______	íntū tqûlū	______	íntū tgâwbū
______	húmma yqûlū	______	húmma ygâwbū

b) <u>Die Verlaufsform des Präsens</u>

1 - هُوَّ بِيكْتِب er schreibt gerade هُوَّ بِيتْعَلِّم er lernt gerade

اَنَا بَاكْتِب	aná ba 'ktib	بَاتْعَلِّم	ana ba'tεállim
______	ínta b' tíktib	______	ínta b' titεállim
______	ínti b' tiktíbī	______	ínti b' titεallímī
______	húwwa b' yíktib	______	húwwa b' yitεállim
______	híyya b' tíktib	______	híyya b' titεállim

___	íḥna b' níktib	___	íḥna b' nitᶜállim
___	íntū b' tiktíbū	___	íntū b' titᶜallímū
___	húmma b' yiktíbū	___	húmma b' yitᶜallímū

2- هُوَّ بِيْقُول er sagt (gerade) هُوَّ بِيْجَاوِب er antwortet (gerade)

أَنَا بَاقُول	aná ba ´q̂ûl	أَنَا بَاجَاوِب	ana ba gâwib
___	ínta bi tq̂ûl	___	ínta bi tgâwib
___	ínti bi tq̂ûlī	___	ínti bi tgâwbī
___	húwwa bi yq̂ûl	___	húwwa bi ygâwib
___	híyya bi tq̂ûl	___	híyya bi tgâwib
___	íḥna bi nq̂ûl	___	íḥna bi ntgâwib
___	íntū bi tq̂ûlū	___	íntū bi tgâwbū
___	húmma bi yq̂ûlū	___	húmma bi ygâwbū

تَمْرِينُ ب) صَرِّفِ الْأَفْعَالَ التَّالِيَةَ فِي كَلٍّ مِنَ الْمُضَارِعِ الْبَسِيطِ وَالْمُضَارِعِ الْمُسْتَمِرِّ، ثُمَّ انْطِقِ الْأَفْعَالَ مَعَ ضَمَائِرِهَا الشَّخْصِيَّةِ، مُرَاعِيًا مَوْقِعَ النَّبْرِ عَلَى الْكَلِمَةِ وَانْتِقَالَهُ مِنْ مَكَانِهِ، تَتَبَّعِ النُّمُوذَجَ.

Konjugieren Sie folgende Verben im einfachen Präsens und in der Verlaufsform des Präsens und sprechen Sie die Ausdrücke aus! Achten Sie dabei auf die Verschiebung der Betonung

a) Das einfache Präsens

يِرُدّ	يِتْكَلِّم	يِشْرَح	يِسْأَل	يِسْمَع
أَنَا أرُدّ				أَنَا اسْمَع
إِنْتَ تْرُدّ				إِنْتَ تِسْمَع
				إِنْتِ تِسْمَعِي
				هُوَّ يِسْمَع
				هِيَّ تِسْمَع
				إِحْنَا نِسْمَع
				إِنْتُو تِسْمَعُوا
				هُمَّ يِسْمَعُوا

b) Die Verlaufsform des Präsens

بِيْرُدّ	بِيِتْكَلِّم	بِيِشْرَح	بِيِسْأَل	بِيِسْمَع
أَنَا بَارُدّ				أَنَا بَاسْمَع
إِنْتَ بِتْرُدّ				إِنْتَ بْتِسْمَع
				إِنْتِ بْتِسْمَعِي
				هُوَّ بِيِسْمَع
				هِيَّ بْتِسْمَع

بيِسْمَع	بيِسْأَل	بيِشْرَح	بيِتْكَلِّم	بيِـرُدّ
اِحْنَا بْنِسْمَع	________	________	________	________
اِنْتُو بْتِسْمَعُوا	________	________	________	________
هُمَّ بْيِسْمَعُوا	________	________	________	________

تَمْرِينُ ج) اِبْنِ مِنَ الْأَفْعَالِ التَّالِيَةِ صِيغَةَ الْأَمْرِ، وَأَسْنِدْهَا إِلَى الْمُخَاطَبِ الْمُفْرَدِ مُذَكَّرًا وَمُؤَنَّثًا، وَإِلَى الْمُخَاطَبِ الْجَمْعِ، وَاكْتُبِ الأَفْعَالَ بِالْعَرَبِيَّةِ، ثُمَّ انْطِقْ بَعْدَ ذَلِكَ الْأَفْعَالَ مَعَ ضَمَائِرِهَا الشَّخْصِيَّةِ، مُسْتَعِينًا فِي ذَلِكَ بِالْحُرُوفِ اللَّاتِينِيَّةِ، وَمُرَاعِيًا مَوْقِعَ النَّبْرِ وَانْتِقَالَهُ مِنْ مَكَانِهِ.

Setzen Sie gemäß dem Beispiel die folgenden Verben in den Imperativ! Konjugieren Sie dann den Imperativ mit der 2. Pers. Sing. mask. und fem. und der 2. Pers. Plural! Schreiben Sie die Formen in arabischer Schrift in die Lücken, dann sprechen Sie die Ausdrücke mit Hilfe der lateinischen Schrift aus! Achten Sie dabei auf die Betonung und deren Kennzeichnung auf dem Verb sowie auf ihre Verschiebung!

a) Imperativformen ohne Verbindungs-ءálif

يِقُول sagen, يِـرُدّ antworten, يِجَاوِب antworten

قُول ḳûl	________ rúdd	________ gắwib
________ ḳûlī	________ rúddī	________ gắwbī
________ ḳûlū	________ rúddū	________ gắwbū

b) Imperativformen mit Verbindungs-ʔálif

1- يِسْمَع hören, يِشْرَح erklären, يِسْأَل fragen

اِسْمَع	ísmaɛ	______	íšraḥ	______	ísʔal
______	ismáɛī	______	išráḥī	______	isʔálī
______	ismáɛū	______	išráḥū	______	isʔálū

2 - يِدْخُل eintreten, يِتْعَلِّم lernen, يِكَلِّم sprechen

اِدْخُل	ídḫul	______	ítɛállim	______	ikkállim
______	idḫúlī	______	itɛallímī	______	ikkallímī
______	idḫúlū	______	itɛallímū	______	ikkallímū

تَمْرِينُ د) صَرِّفِ الْأَفْعَالَ التَّالِيَةَ بِالنَّفْيِ. تَتَبَّعِ النُّمُوذَجَ.

Konjugieren Sie die folgenden Verben mit der Verneinung!
Folgen Sie dem Beispiel!

1 - هُوَّ مَا بِيِكْتِبْش er schreibt nicht, هُوَّ مَا بِيْجَاوِبْش er antwortet nicht

أنَا مَا بَاكْتِبْش	.. mā ba 'ktíbš	أنَا ______	.. mā ba gāwíbš
اِنْتَ ______	.. mā b' tiktíbš	اِنْتَ ______	.. mā bi tgāwíbš
اِنْتِ ______	.. mā b' tiktibī́š	اِنْتِ ______	.. mā bi tgāwbī́š
هُوَّ ______	.. mā b' yiktíbš	هُوَّ ______	. mā bi ygāwíbš

هِيَّ ________	.. mā b' tiktíbš	هِيَّ ________	.. mā bi tgāwíbš
اِحْنَا ________	.. mā b' niktíbš	اِحْنَا ________	. mā bi ngāwíbš
اِنْتُو ________	.. mā b' tiktibū́š	اِنْتُو ________	. mā bi tgāwbū́š
هُمَّ ________	.. mā b' yiktibū́š	هُمَّ ________	. mā bi ygāwbū́š

2 - هُوَّ مَا بِيْسْأَلْش er fragt nicht, هُوَّ مَا بِيْرُدِّش er antwortet nicht

اَنَا مَا بَاسْأَلْش	.. mā ba 'sʔálš	اَنَا مَا بَارُدِّش	.. mā ba rúddiš
اِنْتَ ________	.. mā b' tisʔálš	اِنْتَ ________	.. mā bi trúddiš
اِنْتِ ________	.. mā b' tisʔalíš	اِنْتِ ________	.. mā bi truddíš
هُوَّ ________	.. mā b' yisʔálš	هُوَّ ________	.. mā bi yrúddiš
هِيَّ ________	.. mā b' tisʔálš	هِيَّ ________	.. mā bi trúddiš
اِحْنَا ________	.. mā b' nisʔálš	اِحْنَا ________	.. mā bi nrúddiš
اِنْتُو ________	.. mā b' tisʔálū́š	اِنْتُو ________	.. mā bi trúddū́š
هُمَّ ________	.. mā b' yisʔalū́š	هُمَّ ________	. mā bi yrúddū́š

تَمْرِينُ هـ) صَرِّفِ الْأَفْعَالَ التَّالِيَةَ بِالنَّفْيِ. تَتَبَّعِ النُّمُوذَجَ.

Konjugieren Sie die folgenden Verben mit der Verneinung!
Folgen Sie dem Beispiel!

.. مَا بِيْقُولْش er sagt nicht	.. مَا بِيْكَلِّمْش er spricht nicht	.. مَا بِيْسأَلْش er fragt nicht	.. مَا بِيْسْمَعْش er hört nicht
______ ...	______ ...	______ ...	أَنَـا مَا بَاسْمَعْش
______ ...	______ ...	______ ...	إِنْتَ ______
______ ...	______ ...	______ ...	إِنْتِ ______
______ ...	______ ...	______ ...	هُوَّ ______
______ ...	______ ...	______ ...	هِيَّ ______
______ ...	______ ...	______ ...	إِحْنَا ______
______ ...	______ ...	______ ...	إِنْتُو ______
______ ...	______ ...	______ ...	هُمَّ ______

تَمْرِينُ و) إِمْلَإِ الْأَمَاكِنَ الْخَالِيَةَ بِالْفِعْلِ الْمُبَيَّنِ فِيمَا يَلِى، مَعَ تَصْرِيفِهِ بِمَا يَتَلَاءَمُ وَالضَّمِيرَ الشَّخْصِيَّ، تَتَبَّعِ النُّمُوذَجَ.

Ergänzen Sie die Sätze mit dem unten angeführten Verb! Achten Sie dabei auf die richtige Konjugation des Verbs! Folgen Sie dem Beispiel!

أ ـ هُوَّ بِيْجَاوِب عَلَى السُّؤَال. Er antwortet auf die Frage.

أَنَا	بَاجَاوِب	عَلَى السُّؤَال
اِنْتُو	________	عَلَى السُّؤَال
هِيَّ	________	عَلَى السُّؤَال
اِنْتِ	________	عَلَى السُّؤَال
اِحْنَا	________	عَلَى السُّؤَال
هُوَّ	________	عَلَى السُّؤَال
هُمَّ	________	عَلَى السُّؤَال
اِنْتَ	________	عَلَى السُّؤَال
عَادِل	________	عَلَى السُّؤَال
أَنَا وِانْتَ	________	عَلَى السُّؤَال
سُوزِي	________	عَلَى السُّؤَال
هَانْز	________	عَلَى السُّؤَال
الْبِنْتِين	________	عَلَى السُّؤَال
الْوَلَدِين	________	عَلَى السُّؤَال

ب - هُوَّ بِيْتْعَلِّم عَرَبِى Er lernt Arabisch.

	إِنْتَ بْتِتْعَلِّم عَرَبِى.
	أَنَا ______ عَرَبِى.
	هِيَّ ______ عَرَبِى.
	إِنْتُو ______ عَرَبِى.
	هُوَّ ______ عَرَبِى.
	إِنْتِ ______ عَرَبِى.
	إِحْنَا ______ عَرَبِى.
	هُمَّ ______ عَرَبِى.
	عَادِل ______ عَرَبِى.
	أَنَا وِانْتَ ______ عَرَبِى.
	سُوزِى ______ عَرَبِى.
	هَانْز ______ عَرَبِى.
	الْبِنْتِين ______ عَرَبِى.
	الْوَلَدِين ______ عَرَبِى.

ج - هِيَّ بْتِكْتِبِ الدَّرْسِ فِى كُرَّاسِتْهَا .Sie schreibt die Lektion in ihr Heft.

اِنْتَ	بْتِكْتِب	الدَّرْسِ فِى	كُرَّاسْتَك
هُوَّ	________	الدَّرْسِ فِى	________
اِنْتُو	________	الدَّرْسِ فِى	________
اِحْنَا	________	الدَّرْسِ فِى	________
اَنَا	________	الدَّرْسِ فِى	________
هِيَّ	________	الدَّرْسِ فِى	________
هُمَّ	________	الدَّرْسِ فِى	________
اِنْتِ	________	الدَّرْسِ فِى	________
سُوزِى	________	الدَّرْسِ فِى	________
الطَّالِبِين	________	الدَّرْسِ فِى	________
مَحْمُود	________	الدَّرْسِ فِى	________
الْبِنْتِين	________	الدَّرْسِ فِى	________
اَنَا وِانْتَ	________	الدَّرْسِ فِى	________
هُوَّ وْهِيَّ	________	الدَّرْسِ فِى	________
لَيْلَى وْدِينَا	________	الدَّرْسِ فِى	________

تَمْرِينٌ د) أَكْمِلِ الْجُمَلَ التَّالِيَةَ بِتَصْرِيفِ اسْمِ الْفَاعِلِ مَعَ الضَّمَائِرِ الشَّخْصِيَّةِ ثُمَّ انْطِقِ الْجُمَلَ، مُسْتَعِينًا فِى ذَلِكَ بِالْحُرُوفِ اللَّاتِينِيَّةِ، وَمُرَاعِيًا مَوْقِعَ النَّبْرِ عَلَى الْكَلِمَاتِ وَانْتِقَالَهُ مِنْ مَكَانِهِ. تَتَبَّعِ النَّمُوذَجَ.

Fahren Sie mit der Deklination des aktiven Partizips fort und sprechen Sie die Sätze mit Hilfe der lateinischen Schrift aus! Achten Sie dabei auf die Betonung und deren Verschiebung! Folgen Sie dem Beispiel!

a) هُوَّ دَاخِلِ الْفَصْلْ دِلْوَقْتِى Er betritt (jetzt) die Klasse ein.

1 - ana (m.) dāḫili 'l-fáṣli dilwáqtī.

١ - أَنَا m. دَاخِلِ الْفَصْلْ دِلْوَقْتِى

2 - ana (f.) dāḫla 'l-fáṣli dilwáqtī.

٢ - أَنَا f دَاخْلَة الْفَصْلْ دِلْوَقْتِى

3 - ínta dāḫili 'l-fáṣli dilwáqtī

٣ - إِنْتَ ______

4 - ínti dāḫla 'l-fáṣli dilwáqtī

٤ - إِنْتِ ______

5 - húwwa dāḫili 'l-fáṣli dilwáqtī

٥ - هُوَّ ______

6 - híyya dāḫla 'l-fáṣli dilwáqtī

٦ - هِيَّ ______

7- íḥna dāḫlīni 'l-fáṣli dilwáqtī

٧ - إِحْنَا ______

8 - íntū dāḫlîni ´l-fáṣli dilwáqtī
٨ - اِنتُو ____________
9 - húmma dāḫlîni ´l-fáṣli dilwáqtī
٩ - هُمَّ ____________

b) هُوَّ وَاقِف جَنْبِ السَّبُّورَة Er steht neben der Tafel.

1 - ana (m.) wâqif gánbi s-sabbûra.
١ - اَنَا m. وَاقِف جَنْبِ السَّبُّورَة.
2 - ana (f.) wâqfa gánbi s-sabbûra.
٢ - اَنَا f وَاقْفَة جَنْبِ السَّبُّورَة.
3 - ínta wâqif gánbi s-sabbûra
٣ - اِنْتَ ____________
4 - ínti wâqfa gánbi s-sabbûra
٤ - اِنْتِ ____________
5 - húwwa wâqif gánbi s-sabbûra
٥ - هُوَّ ____________
6 - híyya wâqfa gánbi s-sabb_ûra
٦ - هِيَّ ____________
7 - íḥna wāqfîn gánbi s-sabbûra
٧ - اِحْنَا ____________
8 - íntū wāqfîn gánbi s-sabbûra
٨ - اِنتُو ____________
9 - húmma wāqfîn gánbi s-sabbûra
٩ - هُمَّ ____________

c) هُوَّ رَايِح هِنَاك وِجَاىّ بُكْرَة تَانِى

Er geht dorthin und kommt morgen zurück.

1 - ana (m.) rấyiḥ hinấk wi gấyyi búkra tấnī. ١ - أنَا m. رَايِح هِنَاك وِجَاىّ بُكْرَة تَانِى.
2 - ana (f.) rấyḥa hnấk wi gấyya búkra tấnī. ٢ - أنَا f رَايْحَة هْنَاك وِجَايَّة بُكْرَة تَانِى.
3 - ínta rấyiḥ hinấk wi gấyyi búkra tấnī. ٣ - اِنْتَ ______
4 - ínti rấyḥa hnấk wi gấyya búkra tấnī. ٤ - اِنْتِ ______
5 - húwwa rấyiḥ hinấk wi gấyyi búkra tấnī. ٥ - هُوَّ ______
6 - híyya rấyḥa hnấk wi gấyya búkra tấnī. ٦ - هِيَّ ______
7 - íḥna rāyḥín hinấk wi gāyyín búkra tấnī. ٧ - اِحْنَا ______
8 - íntū rayḥín hinấk wi gāyyín búkra tấnī. ٨ - اِنْتُو ______
9 - húmma rāyḥín hinấk wi gāyyín búkra tānī. ٩ - هُمَّ ______

d) هُوَّ قَاعِد عَ الْمَكْتَب وِبْيِتْعَلِّم عَرَبى

Er sitzt am Schreibtisch und lernt Arabisch

1 - ana (m.) q̂ā̂εid εa 'l-máktab wi ba 'tεállim εárabī.

١ - أَنَا m. قَاعِد عَ الْمَكْتَب وِبَاتْعَلِّم عَرَبى.

---

2 - ana (f.) q̂ā̂εda εa 'l-máktab wi ba 'tεállim εárabī.

٢ - أَنَا f ______

---

3 - ínta q̂ā̂εid εa 'l-máktab wi b' titεállim εárabī.

٣ - اِنْتَ ______

---

4 - ínti q̂ā̂εda εa 'l-máktab wi b' titεallímī εárabī.

٤ - اِنْتِ ______

---

5 - húwwa q̂ā̂εid εa 'l-máktab wi b' yitεállim εárabī.

٥ - هُوَّ ______

---

6 - híyya q̂ā̂εda εa 'l-máktab wi b' titεallím εárabī.

٦ - هِىَّ ______

---

7 - íḥna q̂āεdīn εa 'l-máktab wi b' nitεallím εárabī.

٧ - اِحْنَا ______

---

8 - íntū q̂āεdīn εa 'l-máktab wi b' titεallímū εárabī.

٨ - اِنْتُو ______

---

9 - húmma q̂āεdīn εa 'l-máktab wi b' yitεallímū εárabī.

٩ - هُمَّ ______

تَمْرِينُ ح) أَجِبْ عَمَّا يَأْتِى، تَتَبَّعِ النَّمُوذَجَ.

Antworten Sie nach dem folgenden Beispiel!

مِين وَاقِف جَنْبِ السَّبُّورَة؟ (الْمُدَرِّس)
ـ الْمُدَرِّس وَاقِف جَنْبِ السَّبُّورَة .

١ ـ مِين طَالِع بِالشُّنَط فِى الْأَسَانْسِير؟ (الْخَدَّام) ـ ...

٢ ـ مِين عَاوِز سَجَاير كِلْيُوبَاتْرَة؟ (الْأُسْتَاذ عَادِل) ـ ...

٣ ـ مِين عَاوِز جِبْنَة وْزَتُون؟ (إِحْنَا) ـ ...

٤ ـ مِين رَايِح الْمَدْرَسَة؟ (هِشَام وِمَنَال) ـ ...

٥ ـ مِين جَاىِّ النَّهَارْدَه عَنْدِنَا؟ (أَنَا) ـ ...

٦ ـ مِين عَارِفِ الْمُدَرِّسِ الجِّدِيد؟ (هُمَّ) ـ ...

تَمْرِينُ ط) أَجِبْ عَمَّا يَأْتِى، تَتَبَّعِ النَّمُوذَجَ.

Antworten Sie nach dem folgendenBeispiel!

مِين بِيِكْتِبِ الدَّرْسِ عَ السَّبُّورَة؟ (الْمُدَرِّس) ـ ...
ـ الْمُدَرِّس بِيِكْتِبِ الدَّرْسِ عَ السَّبُّورَة.

١ ـ مِين بِيِتْعَلِّم لُغَة جْدِيدَة؟ (إِحْنَا) ـ ...

٢ ـ مِين بِيِكْتِب بِالْقَلَم فِى الكُرَّاسَات؟ (الطَّلَبَة) ـ ...

٣ ـ مِين بِيْقُول لِلطَّلَبَة: "اللُّغَة الْعَرَبِيَّة سَهْلَة"؟ (الْمُدَرِّس) ـ ...

٤ ـ مِين بِيْرُدِّ عَ الْمُدَرِّس وِبِيْقُول لُه: "دَه مِشْ مَظْبُوط. اللُّغَة الْعَرَبِيَّة صَعْبَة خَالِص"؟ (طَالِبَة) ـ ...

٥ ـ مِين بِيِسْمَع لِشَرْحِ الْمُدَرِّس؟ (الطَّلَبَة وِالطَّالِبَات) ـ ...

٦ ـ مِين بِيِتْكَلِّم انْجِلِيزِى كُوَيِّس؟ (أَنَا) ـ ...

تَمْرِينُ ى) أَجِبْ بِالنَّفْيِ عَمَّا يَأْتِى، تَتَبَّعِ النَّمُوذَج.

Antworten Sie mit der Verneinung nach dem folgenden Beispiel!

أَلَّا انْتَ بْتِتْكَلِّم أَسْبَانِى؟ ـ لأْ، أَنَا ...
ـ لأْ، أَنَـا مَا بَاتْكَلِّمْشِ أَسْبَانِى.

١ ـ أَلَّا انْتِ بْتِكْتِبِى كُلِّ الدُّرُوس فِى كُرَّاسْتِك؟ ـ لأْ، أَنَا ...

٢ ـ أَلَّا التَّلَامْذَة بِيْجَاوْبُوا عَلَى كُلِّ الأَسْئِلَة؟ ـ لأْ، هُمَّ ...

٣ ـ أَلَّا انْتُو بِتْقُولُوا حَاجَة؟ ـ لأْ، إِحْنَا ...

٤ ـ هُوَّ هَانْز بْيِتْعَلِّم يُونَانِى؟ ـ لأْ، هُوَّ ...

٥ ـ هِيَّ الطَّالِبَة دِى بْتِسْأَلِ الْمُدَرِّس كُلِّ يُوم أَسْئِلَة كْتِير؟ ـ لأْ، هِيَّ ...

٦ ـ هُوَّ التِّلْمِيذ دَه بْيِشْرَحِ الدَّرْسِ لِلْمُدَرِّس؟ ـ لأْ، هُوَّ ...

تَمْرِينُ ك) أَجبْ بالْإِيجَاب عَمَّا يَأْتِى، تَتَبَّعِ النُّمُوذَجَ.

Antworten Sie mit der Bejahung nach dem folgenden Beispiel!

يَا تَرَى هُوَّ بِيِسْمَعِ الرَّادْيُو وَاللَّا لَأْ؟ - أَيْوَه، ...
- أَيْوَه، هُوَّ بِيِسْمَعِ الرَّادْيُو.

١ - يَا تَرَى فِيه سَجَايِر كِنْتِ وَاللَّا لَأْ؟ - أَيْوَه، ...

٢ - يَا تَرَى هِيَّ عَاوْزَة جِبْنَة رُومِى وَاللَّا لَأْ؟ - أَيْوَه، ...

٣ - يَا تَرَى فِيه عَنْدِكُو جزم بِكَعْبِ عَالِى وَاللَّا لَأْ؟ - أَيْوَه، ...

٤ - يَا تَرَى الْأُوكَازْيُونِ الْأُسْبُوع ده وَاللَّا لَأْ؟ - أَيْوَه، ...

٥ - يَا تَرَى فِيه تِلِيفُون عَنْدِكُو وَاللَّا لَأْ؟ - أَيْوَه، ...

٦ - يَا تَرَى انْتُو بِتْحِبُّوا اللُّغَة الْعَرَبِيَّة وَاللَّا لَأْ؟ - أَيْوَه، ...

٧ - يَا تَرَى هُمَّ مَبْسُوطِينِ النَّهَارْدَه وَاللَّا لَأْ؟ - أَيْوَه، ...

٨ - يَا تَرَى عَلِى فِى الْبِيت وَاللَّا لَأْ؟ - أَيْوَه، ...

تَمْرِينُ ل) تَرْجِمْ إِلَى اللُّغَةِ الْأَلْمَانِيَّةِ — Übersetzen Sie ins Deutsche!

١ - مَدَام عَزِيزَة بِتِسْأَل هِشَام وِمَنَال: هِيَّ مَامِتْكُو فِين دِلْوَقْتِى؟ هِيَّ فِى الْبِيت؟

٢ - هِشَام بِيْرُدِّ عَلِيهَا وِبِيْقُول لِهَا: أَيْوَه، مَامَا فِى الْبِيت.

٣ - مَنَال بِتْقُول: يَا مَامَا. تَعَالِى هِنَا بْسُرعَة.

٤ ـ أُمِّهَا بِتْرُدِّ عَلِيهَا وِبْتِقُول: اَنَا هِنَا اَهُو ، فِيه إِيه يَا اوْلَاد؟

٥ ـ هِشَام بِيْقُول لِهَا: بُصِّى كِدَه وَرَاكِى ، شُوفِى فِيه إِيه؟

٦ ـ مَدَام عَزِيزَة بِتْقُول لِهَا: مَسَاءِ الْخِير يَا مَدَام أَمِينَة . إِزَّيِّك وِازَّىِّ صِحِّتِك؟

٧ ـ مَدَام أَمِينَة بِتْقُول لِهَا: أَهْلًا وَسَهْلًا يَا مَدَام عَزِيزَة . اِتْفَضَّلِى ادْخُلِى عَنْدِنَا شْوَيَّة فِى الْبِيت .

٨ ـ الدَّكْتُور كَامِل قَاعِد عَلَى كُرْسِى فِى الجِّنِينَة وِبِيسْمَع لِلرَّادْيُو

تَمْرِينْ م) تَرْجِمْ إِلَى اللُّغَةِ الْعَرَبِيَّةِ

Übersetzen Sie ins Arabische!

1 - Thomas fragt: Was macht Mahdi?

2 - Antonio antwortet: Er schreibt französische Übungen in sein Heft.

3 - Yusri sagt: Die französische Sprache ist sehr schwer.

4 - Maria sagt: Das stimmt nicht. Die französische Sprache ist eine sehr leichte Sprache.

5 - Der Lehrer sagt: Die französische Sprache ist für den Italiener leicht aber für den Türken oder für den Araber sehr schwer.

الدَّرْسِ التَّاسِعُ

فِى الْقَهْوَة

فِى يُوم حَرِّ خَالِص بِتِدْخُل زَكِيَّة الْقِهْوَة، وِبْتِقْعُد عَلَى تَرَابِيزَة فِى الجِّنِينَة، وِبِتْنَادِى عَ الجَّرْسُون. زَكِيَّة سِتّ عَصَبِيَّة خَالِص. يَللَّا بِينَا نِسْمَع اِزَّاى هِىَّ بْتِطْلُب مَشْرُوبْهَا.

زَكِيَّة : جَرْسُون، يَا جَرْسُون! اللَّه، هُوَّ فِين الجَّرْسُون؟

الجَّرْسُون: أَيْوَه يَا مَدَام،
أَنَا الجَّرْسُون،
طَلَبَاتِك يَامَدَام.

زَكِيَّة : اِسْمَع يَا رَيِّس،
النَّهَارْدَه حَرّ قَوِى،
وَانَا عَطْشَانَة خَالِص ، عَنْدِكُو إيه لِلشَّرْب؟

الجَّرْسُون: عَنْدِنَا عَصِير قَصَب ، كُوكَا كُولَا، بِيبْسِى كُولَا،
قَهْوَة مْتَلِّجَة بِالْكِرِيمَة، شَاى مِتَلِّج . وِعَنْدِنَا كَمَان
آيس كِرِيم . أَجِيب لِك شَاى مِتَلِّج؟

زَكِيَّة : لَأْ لَأْ ، مِشْ عَاوْزَة شَاى مِتَلِّج، عَنْدِكُو شَاى سُخْن؟

الجَرْسُون: أَيْوَه ، عَنْدِنَا شَاى سُخْن ، عَنْدِنَا قَهْوَة سُخْنَة ، كَاكَاو سُخْن، لَبَن سُخن، عَنْدِنَا كُلِّ طَلَبَاتِك .

زَكِيَّة : عَصِير قَصَب ..؟ قَهْوَة ..؟ اِسْمَع يَا رَيِّس، اَنَا عَطْشَانَة قَوِى ، وِعَنْدِى صْدَاع . هَات لِى لَوْ سَمَحْتِ شُوبِّ كْبِير عَصِير قَصَب مِتَلِّج، وِفِنجَان قَهْوَة سُخْنَة خَالِص، وِهَات لِى مِنْ فَضْلَك عِلْبِةْ سَجَاير فِيكْتُورْيَا .

الجَرْسُون: عَاوْزَة حَضْرِتك الْقَهْوَة سَادَة، وَاللَّا عَ الرِّيحَة وَاللَّا سُكَّر مَظْبُوط ، وَاللَّا سُكَّر زِيَادَة؟

زَكِيَّة : عَاوْزَاهَا سُكَّر مَظْبُوط .

الجَرْسُون: حَاضِر يَا مَدَام، حَاشْتِرِى فِى الْأَوِّل السَّجَاير مِنِ الْبِقَالَة اللِّى جَنْبِنَا دِى ، وَاجِيب لِك طَلَبَاتِك عَلَى طُول .

.. بَعْدِ شْوَيَّة بْيِيجِى الجَرْسُون ، وِبِيْجِيب لِلسِّتِّ زَكِيَّة أَبْرِيقْ شَاى مِتَلِّج ، وِأَبْرِيقْ كَاكَاو سُخْن ، وِبِيْحُطُّهُم قُدَّامْهَا عَ الطَّرَابِيزَة، وِبِيْحُطّ قُدَّامْهَا كَمَان عِلْبِةِ السَّجَايِر، وِبِيِمْشِى بْسُرْعَة. السِّتِّ زَكِيَّة بْتِكْشِف أَبْرِيقِ الشَّاى، وِأَبْرِيقِ الْكَاكَاو،

وِبِتْنَادِى بْنَرْفَزَة عَ الجَّرْسُون:

زَكِيَّـة : جَرْسُون..، يَا جَرْسُون..، هُوَّ فِينِ الجَّرْسُون دَه؟

الجَّرْسُون: أَيْوَه يَا مَدَام، فِيه إِيه؟

زَكِيَّة بْتِفْتَح عِلْبِةِ السَّجَايِر، وِبِتْطَلَّع مِنْهَا وَاحْدَة، وِبِتْوَلَّعْهَا، وِبِتْقُول لِلجَّرْسُون:

زَكِيَّـة : فِيه إِيه؟ اَنَا بَاقُول لَك اَنَا عَاوْزَة شُوبِّ عَصِير قَصَب وِفِنْجَان قَهْوَة سُكَّر مَظْبُوط، وِحَضْرِتَك جَايِبْ لِى شَاى مِتَلِّج وِكَاكَاو سُخْن؟ هِىَّ إِيهِ اللَّخْبَطَة اللِّى فِى الْقَهْوَة دِى؟

الجَّرْسُون: اَنَا آسِف يَا مَدَام، آسِف خَالِص. الطَّلَب دَه مِشْ لِكِى، الطَّلَب دَه لِلطَّرَابِيزَة اللِّى هْنَاك دِى. حَاجِيب لِك طَلَبِك حَالًا.

الجَّرْسُون بِيْرُوحِ النَّصْبَة، وِبِيْجِيب لِلسِّتّ زَكِيَّة فِنْجَان قَهْوَة سُكَّر مَظْبُوط وِشُوبِّ عَصِير قَصَب مِتَلِّج، وِبِيْقَدِّمْهُم لِلسِّتّ زَكِيَّة، وِبِيْقُول لِهَا: اَنَا آسِف يَا مَدَام مَرَّة تَانْيَة، دَه الزُّبُون عَنْدِنَا مُهِمّ قَوِى.

.. زَكِيَّة بِتْوَلَّع سِيجَارَة تَانْيَـة، وِبْتَاخُد مِنْهَا نَفَس كِبير،
وِبْتِشْرَب الْعَصِير، وِبْتِقُول: يَا سَلَام، عَصِير مُمْتَاز قَوِى،
يِرُدّ الرُّوح. مُتَشَكِّرَة قَوِى.

الجَّرْسُون: الْعَفْو يَا مَدَام، اِحْنَا دَايْمًا تَحْتِ الْخِدْمَة، لَكِن يَا مَدَام،
حَضْرِتك بِتْدَخَّنِى كْتِير، وِالتَّدْخِين بِيْضُرّ الصِّحَّة.

زَكِيَّـة بِتْقُول لُه: طَيِّب، مُتَشَكِّرَة قَوِى لِنَصَايْحَك الْغَالْيَة.

.. السِّتّ زَكِيَّة بِتْدَخَّن بَعْد كِدَة سِيجَارِتْهَا فِى هُدُوء،
وِبْتِشْرَب قَهْوِتْهَا. وِبَعْدِين بِتِدْفَع الْحِسَاب لِلجَّرْسُون،
وِبْتِدِّى لُه الْبَقْشِيش، وِبْتِخْرُج مِ الْقَهْوَة.

الجَّرْسُون بِيْقُول لِهَا: أَلْف
شُكْر يَا مَدَام، مَعَ السَّلَامَة
يَا مَدَام، أَهْلًا بِيكِى دَايْمًا
عَنْدِنَا يَا مَدَام.

تَحْذِيرٌ حُكُومِىٌّ: التَّدْخِينُ ضَارٌّ جِدًّا بِالصِّحَّـة
Warnung der Regierung: Rauchen ist schädlich für die Gesundheit.

Vokabeln مُفْرَدَاتٌ

Café *das, -s*, Kaffee *der, -s*	*q̊áhwa, Pl. q̊ahā́wī*	قَهْوَة - قِهَاوِى
heiß (Wetter)	*ḥárr*	حَرّ
sehr	*ḫā́liṣ*	خَالِص
(er) geht hinein, kommt herein	*yídḫul*	يِدْخُل
Zakíyya (weibl. Name)	*zakíyya*	زَكِيَّة
(er) setzt sich	*yíq̊ɛud*	يِقْعُد
(er) ruft	*yinā́dī*	يِنَادِى
Kellner *der, -*; Ober *der, -n*	*garsū́n, Pl. garsūnā́t*	جَرْسُون - جَرْسُونَات
nervös	*ɛáṣabī, Pl. ɛaṣabiyyī́n*	عَصَبِى - عَصَبِيِّين
(er) verlangt, bestellt	*yíṭlub*	يِطْلُب
Getränk *der, -e*	*mašrū́b, Pl. mašrūbā́t*	مَشْرُوب - مَشْرُوبَات
Chef *der, -s*; Meister *der, -*	*ráyyis, Pl. rúyasa*	رَيِّس - رُيَسَا
Herr Ober!; Meister!	*yā ráyyis!*	يَا رَيِّس!
durstig, Durst haben	*ɛaṭšā́n, Pl. ɛaṭšānī́n*	عَطْشَان - عَطْشَانِين
das Trinken	*iš-šúrb*	الشُّرْب

was gibt es zu trinken?	*fīh ءḗh li 'š-šúrb*	فِيه إيه لِلشُّرْب
Saft *der, -äfte*	*ɛaṣī́r*	عَصِير
Zuckerrohrsaft *der, -äfte*	*ɛaṣī́r q̂áṣab*	عَصِير قَصَب
Coca Cola *die*	*kū́kā kū́lā*	كُوكَا كُولَا
Pepsi Cola *die*	*bī́bsī kū́lā*	بِيبْسِى كُولَا
eiskalt, gekühlt	*mitállig, Pl. mitalligī́n*	مِتَلِّج - مِتَلِّجِين
Tee *der, -s*	*šā́y*	شَاى
Eiscreme *die*	*ءā́yis kirī́m*	آيِس كِرِيم
(er) bringt ...	*yigī́b li ...*	يجيب لِـ ...
Kakao *der, -s*	*kākā́w*	كَاكَاو
Milch *die*	*lában, Pl. ءalbā́n*	لَبَن - أَلْبَان
Schoppen *der, -*	*šúbb*	شُوبّ
Tasse	*fingā́n, Pl. fanāgī́n*	فِنْجَان - فَنَاجِين
Tasse Kaffee *die*	*fingā́n q̂áhwa, Pl. fanāgī́n q̂áhwa*	فِنْجَان قَهْوَة - فَنَاجِين قَهْوَة
Kopfschmerzen *die*	*ṣudā́ɛ*	صُدَاع
Kaffee ohne Zucker, schwarzer Kaffee	*q̂áhwa sā́da*	قَهْوَة سَادَة

Kaffee mit ganz wenig Zucker	*q̂áhwa ɛa 'r-rīḥa*	قَهْوَة عَ الرِّيحَة
Kaffee mit wenig Zucker	*q̂áhwa súkkar maẓbūṭ*	قَهْوَة سُكَّر مَظْبُوط
Kaffee mit viel Zucker	*q̂áhwa súkkar ziyâda*	قَهْوَة سُكَّر زِيَادَة
O. K.!, jawohl!	*ḥâḍir*	حَاضِر
(er) kauft	*yištírī*	يِشْتِرِى
zuerst	*fi 'l-ɛáwwal*	فِي الْأَوَّل
sofort, gleich; geradeaus	*ɛála ṭūl*	عَلَى طُول
(er) kommt	*yígī*	ييجِى
Kanne *die, -n*	*ɛabrī́q̂, Pl. ɛabārī́q̂*	أَبْرِيق - أَبَارِيق
Kännchen Tee	*ɛabrī́q̂ šây*	أَبْرِيق شَاى
(er) legt	*yiḥúṭṭ*	يِحُطّ
(er) geht, (er) läuft	*yímšī*	يِمْشِى
schnell	*bi súrɛa*	بِسُرْعَة
(er) deckt auf	*yíkšif*	يِكْشِف
ärgerlich, nervös	*bi narváza*	بِنَرْفَزَة
bringend = bringen	*gâyib m., gáyba f., gaybī́n Pl.*	جَايِب m.، جَايْبَة f.، جَايْبِين Pl.

(er) macht auf, öffnet	*yíftaḥ*	يِفْتَح
(er) nimmt heraus	*yiṭállaɛ*	يِطَلَّع
(er) zündet an	*yiwállaɛ*	يِوَلَّع
Durcheinander	*laḫbáṭa*	لَخْبَطَة
der, das, die (Relativpronomen)	*íllī*	اللِّى
es tut mir leid	*ana ɛāsif m., ana ɛásfa f.* … …	أَنَا آسِف ، أَنَا آسْفَة
sofort, gleich	*ḥālan*	حَالًا
(er) geht	*yirūḥ*	يِرُوح
Theke *die, -n*, Tee-Küche *die, -n*	*in-náṣba*	النَّصْبَة
(er) bietet an, legt vor	*yiq̂áddim*	يِقَدِّم
noch einmal	*marra tánya*	مَرَّة تَانْيَة
Kunde *der, -n*	*zubūn, Pl. zabāyin*	زُبُون - زَبَاين
(er) nimmt	*yāḫud*	يَاخُد
Zug (Zigarette, Pfeife) *der, -üge*	*náfas, Pl. infās*	نَفَس - اِنْفَاس
(er) trinkt	*yíšrab*	يِشْرَب
oh!	*yā salām!*	يَا سَلَام!

ausgezeichnet *mumtā́z, Pl. mumtāzī́n* مُمْتَاز ـ مُمْتَازِين

tut gut (wörtl. es bringt die Seele zurück) *yirúddī́ 'r-rū́ḥ* يِرُدِّ الرُّوح

immer, stets *dáyman* دَايْمًا

unter; unten *táḥt* تَحْت

iḥna dáyman taḥti 'l-ḫídma اِحْنَا دَايْمًا تَحْتِ الْخِدْمَة

wir sind stets zu Ihren Diensten

(er) raucht *yidáḫḫan* يِدَخَّن

(er) schadet *yiḍúrr* يِضُرّ

Rat *der, -(Ratschläge)* *naṣī́ḥa, Pl. naṣā́yiḥ* نَصِيحَة ـ نَصَايِح

nachher *baɛdi kída* بَعْدِ كِدَه

(er) bezahlt *yídfaɛ* يِدْفَع

(er) gibt *yíddī* يِدِّى

baq̂šī́š, Pl. baq̂āšī́š بَقْشِيش ـ بَقَاشِيش

Trinkgeld *das, -er*, Bakschisch *das, -e*

(er) geht hinaus *yíḫrug* يِخْرُج

ʔáhlan bī́k m., ʔáhlan bī́kī f. أَهْلًا بِيك .m، أَهْلًا بِيكِى .f

willkommen!, herzlich willkommen

Grammatik قَوَاعِدُ

1 - اَلْمُسْتَقْبَل

Das Futur

Das Futur bezeichnet ein Ereignis, das in der Zukunft stattfindet.
Vom Futur gibt es im Ägyptisch-Arabischen zwei Arten:
das Nahe Futur und das Ferne Futur

2 - اَلْمُسْتَقْبَلُ الْقَرِيبُ

Das Nahe Futur

Das Nahe Futur wird gebildet, indem die Vorsilbe " حَـ ḥa-" dem einfachen Präsens hinzugefügt wird, wie:

هُوَّ حَيِيجِى عَنْدِنَا النَّهَارْدَه.	Er wird heute zu uns kommen.

3 - تَصْرِيفُ الْمُسْتَقْبَلِ الْقَرِيبِ

Konjugation des Nahen Futurs

Sing.	1. Person	اَنَا حَاكْتِب	ich werde schreiben
	2. Pers. m.	اِنْتَ حَتِكْتِب	du wirst schreiben m.
	2. Pers. f.	اِنْتِ حَتِكْتِبى	du wirst schreiben f.
	3. Pers. m.	هُوَّ حَيِكْتِب	er wird schreiben
	3. Pers. f.	هِىَّ حَتِكْتِب	sie wird schreiben

Plural	1. Person	اِحْنَا حَنِكْتِب	wir werden schreiben
	2. Person	اِنْتُو حَتِكْتِبُوا	ihr werdet schreiben
	3. Person	هُمَّ حَيِكْتِبُوا	sie werden schreiben

4 - الْمُسْتَقْبَلُ الْبَعِيدُ

Das Ferne Futur

Das Ferne Futur wird gebildet, indem die Vorsilbe " يِبْقَى yíbḳ̂ā" mit der Vorsilbe " حَـ ḥa-" dem Hauptverb vorgesetzt wird, wie:

> لَمَّا اَسَافِر مَصْر، حَابْقَى اَجِيب لَك مَعَاى هَدِيَّة.
>
> Wenn ich nach Ägypten reise, werde ich dir (dann) ein Geschenk mitbringen.

5 - تَصْرِيفُ الْمُسْتَقْبَلِ الْبَعِيدِ

Konjugation des Fernen Futurs

Sing.	1. Person	أَنَا حَابْقَى اكْتِب	ich werde (dann) schreiben
	2. Pers. m.	إِنْتَ حَتِبْقَى تِكْتِب	du wirst (dann) schreiben m.
	2. Pers. f.	إِنْتِ حَتِبْقِى تِكْتِبِى	du wirst (dann) schreiben f.
	3. Pers. m.	هُوَّ حَيِبْقَى يِكْتِب	er wird (dann) schreiben
	3. Pers. f.	هِيَّ حَتِبْقَى تِكْتِب	sie wird (dann) schreiben

Plural	1. Person	اِحْنَا حَنبْقَى نِكْتِب	wir werden (dann) schreiben
	2. Person	اِنْتُو حَتبْقُوا تِكْتِبُوا	ihr werdet (dann) schreiben
	3. Person	هُمَّ حَيبقُوا يِكْتِبُوا	sie werden (dann) schreiben

6 - نَفْىُ الْمُسْتَقْبَـل

Verneinung des Futurs

Zur Verneinung des Futurs verwendet man die Verneinungspartikel "مِشْ miš", wie:

Nahes Futur	السِّتّ زَكِيَّة مِشْ حَتِشْرَب شَاى مِتَلِّج. Frau Zakiyya wird keinen eiskalten Tee trinken
Fernes Futur	الجَرْسُون مِشْ حَيِبْقَى يْجيب لِهَا شَاى مِتَلِّج تَانى. Der Kellner wird ihr (dann) nicht wieder eiskalten Tee bringen

7 - اِسْمُ الْمَوْصُولِ

Das Relativpronomen

Das Relativpronomen ist ein Fürwort, das sich auf ein vorangegangenes Substantiv bezieht und durch seinen angeschlossenen Nebensatz auf etwas Bestimmtes hinweist.
Im Ägyptisch-Arabischen lautet das Relativpronomen für alle Zahlen und Geschlechter “ اللِّى íllī” .

8 - اِسْمُ الْمَوْصُولِ وَصِلَتُهُ

Das Relativpronomen und sein Nebensatz

Das Relativpronomen steht unmittelbar nach dem dazugehörigen Substantiv. Der folgende Nebensatz صِلَةُ الْمَوْصُولِ wird ganz selbständig behandelt.

Übersicht und Beispiele der Relativsätze:

Relativ-Pronom. im:	Beachte: a) Sätze unter (أ) sind keine Relativsätze. b) Sätze unter (ب) sind Relativsätze.
Nom.	أ) الطَّيَّارَة وَصَلِتْ دِلْوَقْتِى . هِىَّ جَايَّة مِنْ بَلْجِيكَا .
	ب) الطَّيَّارَة اللِّى وَصَلِتْ دِلْوَقْتِى، جَايَّة مِنْ بَلْجِيكَا. Das Flugzeug, das jetzt gelandet ist, kommt aus Belgien.
	أ) سُوزِى مْعَاهَا قَامُوس. هُوَّ قَامُوس عَرَبِى أَلْمَانِى.
	ب) الْقَامُوس اللِّى مَعَ سُوزِى، قَامُوس عَرَبِى أَلْمَانِى. Das Wörterbuch, das bei Susi ist, ist ein arabisch-deutsches

Relativ-Pronom. im:	Beachte: a) Sätze unter (أ) sind keine Relativsätze. b) Sätze unter (ب) sind Relativsätze.
Akkusativ	أ) الجَرْسُون بيْقَدِّم شَاى لِلستّ. الشَّاى سُخْن.
	ب) الشَّاى اللِّى الجَرْسُون بيْقَدِّمُه لِلستّ، سُخْن. Der Tee, den der Kellner der Dame serviert, ist heiß.
Dativ	أ) الْمُدَرِّس بيدِّى لِلطَّلَبَة كُتُب. الطَّلَبَة شَاطْرِين.
	ب) الطَّلَبَة اللِّى الْمُدَرِّس بيدِّى لْهُم كُتُب، شَاطْرِين. Die Studenten, denen der Lehrer Bücher gibt, sind fleißig.
Genitiv	أ) اِبْن السِّتّ عَنْدِنَا . السِّتّ وَاقْفَة هْنَاك اَهِى .
	ب) السِّتّ اللِّى ابْنِهَا عَنْدِنَا ، وَاقْفَة هْنَاك اَهِى. Die Dame, deren Sohn bei uns ist, steht (da) dort.
	أ) بِنْتِ الْأُسْتَاذ مِسَافْرَة مَصْر. الْأُسْتَاذ طَالِع مِ الْمَطَار اَهُو.
	ب) الْأُسْتَاذ اللِّى بِنْتُه مْسَافْرَة مَصْر، طَالِع مِ الْمَطَار اَهُو. Der Herr, dessen Tochter nach Ägypten verreist, verläßt jetzt den Flughafen.

Anmerkungen:

1) Der Relativsatz ist folgendermaßen aufgebaut:
Substantiv + Relativpronomen + Verb + Adverb + Rest des Satzes, nämlich der Nebensatz, wie

٥	٤	٣	٢	١

الطَّيَّارَة اللِّى وَصَلِتْ دِلْوَقْتِى ، جَايَّة مِنْ بَلْجِيكَا.

Das Flugzeug, das jetzt gelandet ist, kommt aus Belgien.

2) oder wie folgt, wenn der Hauptsatz kein Verb hat:
Substantiv + Relativpronomen + Adverb od. Präpositional-Substantiv + Rest des Satzes d. h. der Nebensatz, wie

٤	٣	٢	١

الكِتّاب اللِّى عَ الْمَكْتَب دَه، قَامُوس أَلْمَانِى عَرَبِى.

Das Buch, das auf dem Schriebtisch ist, ist ein deutsch-arabisches Wörterbuch

3) oder wie folgt, wenn im Satz zwei verschiedene Subjekte sind:
Substantiv + Relativpronomen + Subjekt + Verb + rückbezügliches Pronomen + Rest des Satzes, d. h. der Nebensatz, wie

٦	٥	٤	٣	٢	١

الشَّاىِ اللِّى الجَرْسُون بِيْقَدِّمُـه لِلسِّتّ سُخْن.

Der Tee, den der Kellner der Dame serviert, ist heiß.

9 - الْجُمْلَةُ بَعْدَ الاِسْمِ النَّكِرَةِ

Der Relativsatz nach dem indeterminierten Substantiv

Ist das Substaniv, das einen Relativsatz nach sich hat, indeterminiert, so darf nach ihm im Arabischen kein Relativpronomen stehen, wie

فِيه عَرَبِيَّة وَاقْفَة قُدَّامِ الجَرَاج.

Es gibt ein Auto, das vor der Garage steht.

Beachte:

Wenn das indeterminierte Substantiv im obigen Beispiel determiniert ist, d. h. mit dem Artikel "al- أَلْ" versehen wird, dann

folgt ihm ein Relativpronomen, wie:

أَنَا شَايِف الْعَرَبِيَّة اللِّى وَاقْفَة قُدَّام الجَرَاج.
Ich sehe das Auto, das vor der Garage steht.

10 - اِسْمُ الْمَوْصُول مُبْتَدَأً

Das Relativpronomen als Substantiv

Das Relativpronomen kann auch substantivisch verwdet werden, wie

اللِّى قَاعِد هِنَاك دَه، الْمُدَرِّس الجِّدِيد.
Derjenige, der dort sitzt, ist der neue Lehrer.

تَمَارِينُ Übungen

تَمْرِينُ أ) صَرِّفِ الْأَفْعَالَ التَّالِيَةَ فِى الْمُسْتَقْبَلِ الْقَرِيبِ، مَعَ كِتَابَةِ الْأَفْعَالِ بِالْعَرَبِيَّةِ، ثُمَّ اُنْطِقْ كُلَّ كَلِمَةٍ مَعَ ضَمِيرِهَا الشَّخْصِيِّ، مُسْتَعِينًا فِى ذَلِكَ بِالْحُرُوفِ اللَّاتِينِيَّةِ، وَمُرَاعِيًا مَوْقِعَ النَّبْرِ عَلَى الْكَلِمَاتِ وَانْتِقَالَهُ مِنْ مَكَانِهِ، تَتَبَّعِ النَّمُوذَجَ.

Konjugieren Sie die nachfolgenden Verben im Nahen Futur und schreiben Sie diese in arabischer Schrift in die Lücken, dann sprechen Sie die Ausdrücke mit Hilfe der lateinischen Schrift aus! Achten Sie dabei auf die Betonung und ihre Verschiebung!

a) - حَيَطْلُب er wird bestellen   حَيِشْرَب er wird trinken

أَنَا حَاطْلُب	aná ḥá 'ṭlub	_____	ana ḥá 'šrab
_____	ínta ḥa títlub	_____	ínta ḥa tíšrab
_____	ínti ḥa tiṭlúbī	_____	ínti ḥa tišrábī
_____	húwwa ḥa yíṭlub	_____	húwwa ḥa yíšrab
_____	híyya ḥa títlub	_____	híyya ḥa tíšrab
_____	íḥna ḥa níṭlub	_____	íḥna ḥa níšrab
_____	íntū ḥa tiṭlúbū	_____	íntū ḥa tišrábū
_____	húmma ḥa yiṭlúbū	_____	húmma ḥa yišrábū

b) - حَيِيجِى er wird kommen حَيْرُوح er wird gehen

أَنَا حَاجِى ána ḥāgī	____________	ána ḥarūḥ
____________ ínta ḥatīgī	____________	ínta ḥatrūḥ
____________ ínti ḥatīgī	____________	ínti ḥatrūḥī
____________ húwwa ḥayīgī	____________	húwwa ḥayrūḥ
____________ híyya ḥatīgī	____________	híyya ḥatrūḥ
____________ íḥna ḥanīgī	____________	íḥna ḥanrūḥ
____________ íntū ḥatīgū	____________	íntū ḥatrūḥū
____________ húmma ḥayīgū	____________	húmma ḥayrūḥū

تَمْرِينُ ب) أَكْمِلْ تَصْرِيفَ الْجُمَلِ التَّالِيَةِ، مَعَ وَضْعِ الْفِعْلِ فِى الْمُسْتَقْبَلِ الْقَرِيبِ، ثُمَّ انْطِقِ الْجُمَلَ، مُرَاعِيًا مَوْقِعَ النَّبْرِ عَلَى الْكَلِمَاتِ وَانْتِقَالَهُ مِنْ مَكَانِهِ، تَتَبَّعِ النَّمُوذَجَ.

Ergänzen Sie die Konjugation der folgenden Sätze! Setzen Sie das Verb in das Nahe Futur und sprechen Sie die Sätze aus! Achten Sie dabei auf die Betonung und ihre Verschiebung!

a) - هُوَّ حَيِشْرَب شَاى بَعْدِ شْوَيَّة er wird nach einer Weile Tee trinken

1 - ana ḥášrab šāy báʕdi šwáyya. ١ ـ أَنَا m. حَاشْرَب شَاى بَعْدِ شْوَيَّة.
2 - ínta ḥatíšrab šāy báʕdi šwáyya. ٢ ـ إِنْتَ ____________________

3 - ínti ḥatíšrabī šāy báˁdi šwáyya.	
______________________	٣ - اِنْتِ
4 - húwwa ḥayíšrab šāy báˁdi šwáyya.	
______________________	٤ - هُوَّ
5 - híyya ḥatíšrab šāy báˁdi šwáyya.	
______________________	٥ - هِيَّ
6 - íḥna ḥaníšrab šāy báˁdi šwáyya.	
______________________	٦ - اِحْنَا
7 - íntū ḥatíšrabū šāy báˁdi šwáyya.	
______________________	٧ - اِنْتُو
8 - húmma ḥayíšrabū šāy báˁdi šwáyya.	
______________________	٨ - هُمَّ

تَمْرِينُ ج) أَكْمِلْ تَصْرِيفَ الْجُمَلِ التَّالِيَةِ، ضَعِ الْفِعْلَ مَنْفِيًّا فِى الْمُسْتَقْبَلِ الْقَرِيبِ، ثُمَّ انْطِقِ الْجُمَلَ، مُرَاعِيًا مَوْقِعَ النَّبْرِ، تَتَبَّعِ النُّمُوذَجَ.

Ergänzen Sie die Konjugation der nachfolgenden Sätze! Setzen Sie das verneinte Verb in das Nahe Futur, dann sprechen Sie die Sätze aus! Achten Sie dabei auf die Betonung!

هُوَّ مِشْ حَيِطْلُب قَهْوَة لَكِن حَيِطْلُب آيِس كِرِيم

Er wird keinen Kaffee bestellen, sondern Eiscreme

1 - ana miš ḥáṭlub qáhwa lākin ḥáṭlub ˀāyis kirīm.	
مِشْ حَاطْلُب قَهْوَة لَكِن حَاطْلُب آيس كِرِيم.	١ - أَنَا
2 - ínta miš ḥá tíṭlub qáhwa lākin ḥá tíṭlub ˀāyis kirīm.	
______________________	٢ - اِنْتَ

3 - ínti miš ḥá tíṭlúbī q̊áhwa lā́kin ḥá tíṭlúbī ʕā́yis kirī́m.

٣ - إِنْتِ ______________________________

4 - húwwa miš ḥá yíṭlub q̊áhwa lā́kin ḥá yíṭlub ʕā́yis kirī́m.

٤ - هُوَّ ______________________________

5 - híyya miš ḥá tíṭlub q̊áhwa lā́kin ḥá tíṭlub ʕā́yis kirī́m.

٥ - هِيَّ ______________________________

6 - íḥna miš ḥá níṭlub q̊áhwa lā́kin ḥá níṭlub ʕā́yis kirī́m.

٦ - إِحْنَا ______________________________

7 - íntū miš ḥá tiṭlúbū q̊áhwa lā́kin ḥá tiṭlúbū ʕā́yis kirī́m.

٧ - إِنْتُوْ ______________________________

8 - húmma miš ḥá yiṭlúbū q̊áhwa lā́kin ḥá yiṭlúbū ʕā́yis kirī́m.

٨ - هُمَّ ______________________________

تَمْرِينُ د) أَكْمِلْ تَصْرِيفَ الْجُمَلِ التَّالِيَةِ، ضَعِ الْفِعْلَ مُوجَبًا فِي الْمُسْتَقْبَلِ الْبَعِيدِ، ثُمَّ انْطِقِ الْجُمَلَ، مُرَاعِيًا مَوْقِعَ النَّبْرِ، تَتَبَّعِ النَّمُوذَجَ.

Ergänzen Sie die Konjugation der nachfolgenden Sätze! Setzen Sie das bejahte Verb in das Ferne Futur, dann sprechen Sie die Sätze aus! Achten Sie dabei auf die Betonung!

هُوَّ حَيِبْقَى يِيجِي هِنَا تَانِي — Er wird (dann) wieder hierher kommen.

1 - ana ḥábq̊ā agī hínā tā́nī.

١ - أَنَا حَابْقَى آجِي هِنَا تَانِي.

2 - ínta ḥatíbq̊ā tígī hínā tā́nī.

٢ - إِنْتَ ______________________________

3 - ínti ḥatíbqī tigī hínā tānī. ٣ - اِنْتِ ______
4 - húwwa ḥayíbqā yigī hínā tānī. ٤ - هُوَّ ______
5 - híyya ḥatíbqā tigī hínā tānī. ٥ - هِيَّ ______
6 - íḥna ḥaníbqā nigī hínā tānī. ٦ - اِحْنَا ______
7 - íntū ḥatíbqū tígū hínā tānī. ٧ - اِنْتُو ______
8 - húmma ḥayíbqū yígū hínā tānī. ٨ - هُمَّ ______

تَمْرِينُ هـ) أَكْمِلْ تَصْرِيفَ الْجُمَلِ التَّالِيَةِ، ضَعِ الْفِعْلَ مَنْفِيًّا فِى الْمُسْتَقْبَلِ الْبَعِيدِ، ثُمَّ انْطِقِ الْجُمَلَ، مُرَاعِيًا مَوْقِعَ النَّبْرِ، تَتَبَّعِ النُّمُوذَجَ.

Ergänzen Sie die Konjugation der nachfolgenden Sätze! Setzen Sie das verneinte Verb in das Ferne Futur, dann sprechen Sie die Sätze aus! Achten Sie dabei auf die Betonung!

هُوَّ مِشْ حَيبْقَى يْرُوح هِنَاك تَانِى بِفْلُوس شُوَيَّة

Er wird nie wieder dort hingehen mit wenig Geld.

1 - ana miš hábqā arūḥ hināk tānī bi flūs šuwáyya. ١ - أَنَا مِشْ حَابْقَى اَرُوح هِنَاك تَانِى بِفْلُوس شُوَيَّة.
2 - ínta miš hatíbqā trūḥ hināk tānī bi flūs šuwáyya. ٢ - اِنْتَ ______

3 - ínti miš hatíbq̊ī trúḥī hnāk tānī bi flūs šuwáyya. ٣ - اِنْتِ ________________________
4 - húwwa miš hayíbq̊ā yrúḥ hināk tánī bi flūs šuwáyya. ٤ - هُوَّ ________________________
5 - híyya miš hatíbq̊ā trúḥ hināk tánī bi flūs šuwáyya. ٥ - هِيَّ ________________________
6 - íḥna miš haníbq̊ā nrúḥ hināk tánī bi flūs šuwáyya. ٦ - اِحْنَا ________________________
7 - íntū miš hatíbq̊ū trúḥū hnāk tánī bi flūs šuwáyya.. ٧ - اِنْتو ________________________
8 - húmma miš ḥayíbq̊ū yrúḥū hnāk tánī bi flūs šuwáyya. ٨ - هُمَّ ________________________

تَمْرِينُ و) اُرْبُطِ الْجُمَلَ بِاسْمِ الْمَوْصُولِ، تَتَبَّعِ النَّمُوذَجَ.

Bilden Sie Relativsätze, in denen das Relativpronomen im Nominativ steht! Folgen Sie dem Beispiel!

السِّتِّ قَاعْدَة فِى الْقَهْوَة. هِيَّ عَطْشَانَة قَوِى.
ـ السِّتِّ اللِّى قَاعْدَة فِى الْقَهْوَة، عَطْشَانَة قَوِى.

١ ـ الجَرْسُون رَايِح بِسُرْعَة . هُوَّ مِسْتَعْجِل شُوَيَّة.

٢ ـ الْعَرَبِيَّة وَاقْفَة قُدَّامِ الجَرَّاج. هِيَّ بْتَاعْةِ الدَّكْتُور كَامِل.

٣ ـ الكُتُب فِى الشَّنْطَة. هِيَّ كُتُب جِدِيدَة جَايَّة مِنْ مَصْر.

٤ ـ الْأُودَة مِشْ عَ الشَّارِع. هِيَّ هَادْيَة قَوِى.

٥ ـ عَصِير الْقَصَب عَ الطَّرَابيزَة. هُوَّ مْتَلِّج خَالِص.

٦ ـ الشُّنَط جَنْبِ الْبَاب. هِيَّ بْتَاعِتْنَا.

٧ ـ الْمَعْرَض (Ausstellung) فِى الْفُنْدُق دَه. هُوَّ مَعْرَض مُهِمّ قَوِى.

٨ ـ الْوَلَدِين فِى الْجِنِّينة. هُمَّ اوْلَادِ السِّتّ دِى.

٩ ـ الْعِيش عَ الطَّرَابيزَة. هُوَّ لِسَّه طَازَة.

تَمْرِينُ ز) اُرْبُطِ الْجُمَلَ بِاسْمِ الْمَوْصُول، تَتَبَّعِ النُّمُوذَج.

Bilden Sie Relativsätze, in denen das Relativpronomen im Akkusativ steht! Folgen Sie dem Beispiel!

الجَّرْسُون بيْقَدِّم شَاى لِلسِّتّ. الشَّاى سُخْن قَوِى.
ـ الشَّاى اللِّى الجَّرْسُون بِيْقَدِّمُه لِلسِّتّ، سُخْن قَوِى.

١ ـ السِّتّ زَكِيَّة بْتِشْرَب عَصِير قَصَب. عَصِيرِ الْقَصَب مِتَلِّج.

٢ ـ الْأَوْلَاد بِيْحِبُّوا الجِّبْنَة الْبِيضَة. الجِّبْنَة الْبِيضَة مُمْتَازَة.

٣ ـ الْمُدَرِّس بِيِشْرَح دَرْس جْدِيد. الدَّرْسِ الجِّدِيد سَهْل خَالِص.

٤ ـ الْبِيه بِيِدْفَع بَقْشِيش لِلجَّرْسُون. الْبَقْشِيش كِبِير.

٥ ـ السِّتّ عَزِيزَة عَاوْزَة جَزْمَة . الجَّزْمَة بْكَعْبِ عَالِى.

٦ ـ الْأُسْتَاذ بِيْدَخَّن سَجَايِر. السَّجَايِر مِنْ نُوع مُمْتَاز.

٧ ـ مَنَال بِتِشْتِرِى زَتُون مِ الْبَقَّال. الزَّتُون اَخْضَر.

تَمْرِينُ ح) اُرْبُطِ الْجُمَلَ بِاسْمِ الْمَوْصُولِ، تَتَبَّعِ النُّمُوذَجَ.

Bilden Sie Relativsätze, in denen das Relativpronomen im Genitiv durch eine Präposition steht! Folgen Sie dem Beispiel!

الْمُدَرِّس بِيدِّى لِلطَّلَبَة قَوَامِيس. الطَّلَبَة بِيْتْعَلِّمُوا عَرَبى.
ـ الطَّلَبَة اللِّى الْمُدَرِّس بِيِدِّى لْهُم قَوَامِيس، بِيِتْعَلِّمُوا عَرَبى.

١ ـ السِّتّ بْتِدْفَع لِلجَرْسُون بَقْشِيش. الجَرْسُون مَبْسُوط قَوِى.

٢ ـ الْخَدَّام طَالِع لِلْأُسْتَاذ بِالشُّنَط. الْأُسْتَاذ مِشْ فِى أُوِدْتُه.

٣ ـ الجَرْسُون بِيْقَدِّم لِلسِّتّ شَاى. السِّتّ عَصَبِيَّة خَالِص.

٤ ـ الطَّلَبَة بِيْكَلِّمُوا مَعَ مْدَرِّس. هُوَّ مْدَرِّس اللُّغَة الْعَرَبِيَّة.

٥ ـ الطَّبِيب طَالِع مِنْ بِيت. الْبِيت جَمِيل قَوِى.

٦ ـ الدَّكْتُورَة سَوْسَن جَايَّة لْنَا بْعَرَبِيَّة. الْعَرَبِيَّة بْتَاعِة جُوزْهَا.

تَمْرِينُ ط) اُرْبُطِ الْجُمَلَ بِاسْمِ الْمَوْصُولِ ، تَبَّعِ النُّمُوذَجَ.

Bilden Sie Relativsätze, in denen das Relativpronomen aus einer Genitivverbindung entstanden ist! Folgen Sie dem Beispiel!

عَرَبِيِّةِ الْبِيه قُدَّامِ الْبَاب. الْبِيه قَاعِد فِى الْقَهْوَة.
ـ الْبِيه اللِّى عَرَبِيِّتُه قُدَّامِ الْبَاب، قَاعِد فِى الْقَهْوَة.

١ ـ قَامُوسِ الْمُدَرِّس مَعَاىَ. الْمُدَرِّس بِيِكَلِّم دِلْوَقْتِى مَعَ الطَّلَبَة.

٢ ـ دَه كْتَابِ الْوَلَد. الْوَلَد قَاعِد هِنَاك اَهُو.

٣ ـ شُنَطِ الطَّلَبَة فِى الصَّالَة. الطَّلَبَة جَايِّين دِلْوَقْتِى حَالًا.

٤ ـ كُرَّاسَاتِ التَّلَامْذَة جَمِيلَة. التَّلَامْذَة شَاطْرِين خَالِص.

٥ ـ جِزَمِ السِّتَّات عَ الْمُوضَة. السِّتَّات مُودِرْن قَوِى.

٦ ـ طَلَبَاتِ السِّتِّ مِشْ مَظْبُوطَة. السِّتّ بِتْنَادِى عَ الْجَرْسُون.

٧ ـ أُوَد فَنَادِق شَارِعِ الْهَرَم كِبِيرَة. الْفَنَادِق غَالْيَة قَوِى.

٨ ـ حِسَابِ* الْأُسْتَاذ عَلَىَّ. الْأُسْتَاذ قَاعِد هِنَاك اَهُو جَنْبِ الْبَاب.

P. S.: (*) حِسَابُه عَلَىَّ = auf meine Rechnung

تَمْرِينُ ى) أَجِب عَمَّا يَأْتِى بِجُمَلٍ يَكُونُ اسْمُ الْمَوْصُولِ فِيهَا مُبْتَدَأً.

Antworten Sie mit Relativsätzen, in denen das Relativpronomen substantivisch ist! Folgen Sie dem Beispiel!

> مِينِ اللِّى وَاقِف هِنَاك دَه؟ (مُدَرِّس فَرَنْسَاوِى).
>
> ـ اللِّى وَاقِف هِنَاك دَه، مُدَرِّس فَرَنْسَاوِى.

١ ـ مِينِ اللِّى بِيكَلِّم مَعَ عَمّ أَمِينِ الْبَقَّال دَه؟ (الأُسْتَاذ عَادِل).

٢ ـ مِينِ اللِّى مِسْتَعْجِلِين قَوِى دُول؟ (مُدَرِّسِين مِنْ أَلْمَانْيَا).

٣ ـ مِينِ اللِّى طَالْعَة مِ الْبيت دِى؟ (مَدَام عَزِيزَة).

٤ ـ مِين اللِّى الجَرْسُون بِيْقَدِّم لِهَا عَصِير قَصَب؟ (السِّتِّ زَكِيَّة).

٥ ـ مِينِ اللِّى بِيْجَاوِب كُوَيِّس عَ الأَسْئِلَة دِى؟ (اِحْنَا).

٦ ـ مِينِ اللِّى رَايِحِ الأُوكَازْيُون بُكْرَة؟ (مَدَام أَمِينَة وْعَزِيزَة).

٧ ـ مِينِ اللِّى حَيِيجِى عَنْدِنَا النَّهَارْدَه؟ (الدّكْتُور كَامِل وأُسْرِته).

٨ ـ مِينِ اللِّى حَيِطْلُب لِنَا الْمَشْرُوبَات مِ الجَرْسُون؟ (سُوزِى).

تَمْرِينُ ك) أُرْبُطِ الْجُمَلَ بِاسْمِ الْمَوْصُولِ بَعْدَ تَعْرِيفِ الِاسْمِ، تَتَبَّعِ النُّمُوذَجَ.

Bilden Sie nach folgendem Beispiel Relativsätze! Das Substantiv muß determiniert werden.

> دَه كْتَاب جَاىّ مِنْ مَصْر. هُوَّ كْتَاب عَرَبِى.
>
> ـ الكْتَابِ اللِّى جَاىّ مِنْ مَصْرِ دَه، كْتَاب عَرَبِى.

١ ـ دَه خدَّام طَالِع لِكُو بالشُّنَط. هُوَّ اسْمُه نَبِيل.
٢ ـ دِى بِنْتِ بْتِكَلِّم خمَس لُغَات. هِىَّ بِنْتِ مُمْتَازَة.
٣ ـ دُول اَوْلَاد بِيشْرَبُو كَاكَاو. هُمَّ بِيْحِبُّوا الْكَاكَاو خَالِص.
٤ ـ دَه جَرْسُون رَايِح بِسُرْعَة. هُوَّ حَيْجِيب لِلسِّتّ طَلَب تَانِى.
٥ ـ دُول مُدَرِّسِين جَايِّين مِنْ أَمْرِيكَا. هُمَّ بِيْكَلِّمُوا انْجِلِيزِى بَسّ.
٦ ـ فِيه وَلَدِين بِيِلْعَبُوا فِى الجِّنِينَة. هُمَّ اَوْلَادِ الْمُهَنْدِس فَوْزِى.
٧ ـ فِيه طَلَبَات عَ الطَّرَابِيزَة. هِىَّ طَلَبَاتِ السِّتّ زَكِيَّة.

تَمْرِينُ ل) تَرْجِمْ إِلَى اللُّغَةِ الْأَلْمَانِيَّةِ Übersetzen Sie ins Deutsche!

١ ـ سَيِّد بِيِدْخُلِ الْقَهْوَة، وِبِيُقْعُد عَلَى طَرَابِيزَة جَنْبِ الشِّبَّاك، وِبَعْدِين بِيْنَادِىَ عَ الجَّرْسُون، وِبِيُطْلُب مِنُّه قَهْوَة عَ الرِّيحَة.
٢ ـ سِتّ بْتِدْخُلِ الْقَهْوَة، وِبْتِقْعُد عَلَى طَرَابِيزَة فِى الجِّنِينَة، وِبَعْدِين بْتَنَادِى عَ الجَّرْسُون، وِبْتِقُول لُه: اَنَا عَطْشَانَة قَوِى، وِعَنْدِى صُدَاع. اَنَا عَاوْزَة مِنْ فَضْلَك شُوبّ كْبِير عَصِير قَصَب مِتَلِّج، وِفِنْجَان قَهْوَة سُكَّر مَظْبُوط، وِعِلْبَةْ سَجَاير فِيكْتُورْيَا كْبِيرَة.
٣ ـ طُلَّاب بِيِدْخُلوا الْقَهْوَة، وِبِيُقْعُدُوا عَلَى كَنَبَة جَنْبِ الْبَاب، وِبِيُطْلُبُوا مِ الجَّرْسُون كُوكَا كولَا. هُمَّ بِيْشَرْبُوا الْكُوكَا كُولَا بْسُرْعَة وِبِيِدْفَعُوا

الْحِسَاب لِلجَرْسُون، وِبِيْخرُجُوا مِ الْقَهْوَة.

٤ - طَالِبَات بِيدْخُلُوا الْقَهْوَة، وِبِيْنَادُوا عَ الجَرْسُون، وِبِيْقُولُو لُه.: عَنْدِكُو عَصِير قَصَب مِتَلِّج؟ اِحْنَا عَاوْزِين نِشْرَب عَصِير قَصَب مِتَلِّج قَوِى.

تَمْرِينُ م) تَرْجِمْ إِلَى اللُّغَةِ الْعَرَبِيَّةِ   Übersetzen Sie ins Arabische!

Zakiyya ist eine sehr nervöse Frau. Sie hat Durst und Kopfschmerzen. Sie geht ins Café und setzt sich an einen Tisch im Garten. Sie ruft den Kellner, bestellt ein Glas Zuckerrohrsaft und eine Tasse Kaffee mit wenig Zucker.
Der Kellner bringt ihr aber ein Kännchen eiskalten Tee und ein Kännchen warmen Kakao, stellt sie auf den Tisch und geht schnell weg.
Zakiyya ruft ärgerlich den Kellner und sagt zu ihm: Diese Bestellung ist nicht für mich. Ich will Zuckerrohrsaft und Kaffee.
Der Kellner sagt: Entschuldigen Sie bitte, meine Dame! Ich bringe Ihnen sofort Ihre Bestellung.
Zakiyya trinkt den Zuckerrohrsaft, dann trinkt sie den Kaffee, bezahlt dem Kellner die Rechnung, gibt ihm Trinkgeld und verläßt das Café.
Der Kellner sagt zu ihr:
Vielen Dank, meine Dame, auf Wiedersehen, meine Dame!

الدَّرْسِ الْعَاشِر

أَحْمَد مِسافِر مَصْر

اَحْمَد قَاعِد قُدَّامِ الْمَكْتَب بِتَاعُه وِبِيْفَكَّر فِى الرِّحْلَة اللِّى حَيِعْمِلْهَا

قُرَيِّب. هُوَّ مِنْ زَمَان بِيْفَكَّر اِنُّه يْسَافِر مَصْر، عَلَشَان يِزُور قَرَايْبُه هْنَاك، وِيِقْضِى مْعَاهُم تَلَاتْةِ اشْهُر. شَهْر مِنْهُم حَيِقْضِيه عَنْدِ جِدِّتُه فِى الرِّيف،

وِشَهْرِين حَيِقْضِيهُم فِى الْمَنْصُورَة وِاسْكِنْدِرِيَّة وِالْقَاهِرَة. حَيِقْضِى فِى اسْكِنْدِرِيَّة اَرْبَعْةِ ايَّام، وِحَيِقْضِى فِى الْقَاهِرَة أُسْبُوع وَاللَّا اتْنِين، وِالْبَاقِى حَيِقْضِيه فِى الْمَنْصُورَة عَنْدِ خَالْتُه. أَحْمَد بِيَاخُد دِلْوَقْتِى وَرَقَة مِ الْمَكْتَب بِتَاعُه وِحَيِكْتِب فِيهَا جَوَاب لِعَمُّه مَحْمُود.

يَا تَرَى حَيِكْتِب لِعَمُّه إِيه فِى الجَّوَاب؟

هَامْبُورْج فِى ١٣ يُونْيَة ...

عَمِّى الْعَزِيز مَحْمُود

أَبْعَت لَك تَحِيَّاتى وِأَشْوَاقِى وِحُبِّى - وَبَعْد

أَبَلَّغَك يَا عَمِّى الْعَزِيز اِنِّى حَاسَافِر مَصْر لْوَحْدِى بَعْدِ خَمَس أَسَابِيع ، وِحَاقْضِى مْعَاكُم فِى مَصْر تَلَاتْةِ اشْهُر ، عَلَشَان اَشُوفْكُم وَاتْمَرَّن عَ الكَّلَام بِاللُّغَة الْعَرَبِيَّة اللِّى بَاحِبِّهَا خَالِص .

حَاتِبْقَى تْقَابِلْنِى فِى الْمَطَار؟ اَنَا حَاوْصَل مَطَار الْقَاهِرَة يُوم الجُّمْعَة ١٨ يُولْيَة السَّاعَة ارْبَعَة وْنُصّ وْخَمْسَة بَعْدِ الضُّهْر .

اَنَا آسِف يَا عَمِّى قَوِى اِنِّى بَاكْتِب الجَّوَاب بِاللُّغَة الْعَامِّيَّة ، عَلَشَان

لِسَّه مَا بَاعْرَفْشِ الْعَرَبِيَّة الْفَصِيحَة ، لَكِن حَاتْعَلِّم قُرَيِّبِ اللُّغَة الْعَرَبِيَّة الْفَصِيحَة وِحَابْقِى اكْتِب لَك بيها بَعْدِ كِدَه.

سَلِّم لِي عَلَى تَانْتِ مُنى، وِعَلَى اَوْلَاد عَمِّى مْحَمَّد وِمَنَال.

وِسَلَامِى وْسَلَام بَابَا وْمَامَا لَك وِلْنِينَة الْعَزِيزَة.

وَالسَّلَامُ عَلَيْكُم وَرَحْمَةُ اللّه

الْمُخْلِص

اَحْمَد اِبْن اَخُوك

Vokabeln مُفْـرَدَاتٌ

		مِسَافِر m.، مِسَافْرَة f.، مِسَافْرِين Pl.
verreisend = verreisen	*misā́fir m., misā́fra f., misafrī́n Pl.*	
(er) denkt an ...	*yifákkar fī ...*	يِفَكَّر فِي ...
Reise *die, -n*	*ríḥla, Pl. riḥlā́t*	رِحْلَة - رِحْلَات
(er) tut, macht	*yíɛmil*	يعْمِل
bald, nahe	*ḡuráyyib*	قُرَيِّب
seit langem	*min zamā́n*	مِنْ زَمَان
daß	*ínn*	إِنّ
daß ich, daß du ... etc.	*ínnī, ínnak ...*	إِنِّي ، إِنَّك ...
(er) fährt, verreist	*yisā́fir*	يِسَافِر
(er) besucht	*yizū́r*	يـزُور
Verwandte(r) *der, -n*	*ḡarī́b, Pl. ḡarā́yib*	قِرِيب - قَرَايِب
(er) verbringt	*yíḡḍī*	يِقْضِي
	gádda, Pl. gaddā́t	جَدَّة - جَدَّات
Großmutter *die, -ütter*, Oma *die, -s*		
Land (Gegs. Stadt) *das, -änder*	*rī́f, Pl. ɛaryā́f*	رِيف - أَرْيَاف

Monat *der, -e*	*šáhr, Pl. šuhū́r*	شَهْر - شُهُور
Mansoura (Stadt in Ägypten)	*il-manṣū́ra*	الْمَنْصُورَة
Alexandria	*iskindiríyya*	إِسْكِنْدِرِيَّة
Tante (mütterlicherseits)	*ḫā́lā, Pl. ḫālā́t*	خَالَة - خَالَات
Blatt (Papier) *das, -ätter*	*wáraq̂a, Koll. wáraq̂* Koll.	وَرَقَة - وَرَق
Brief *der, -e*; Antwort *die*		
Hamburg	*hámbūrg*	هَامْبُورْج
selten, rar; lieb	*ɛazī́z, Pl. ɛuzā́z*	عَزِيز - عُزَاز
mein lieber Onkel!	*ɛámmī 'l-ɛazī́z*	عَمِّي الْعَزِيز
(er) schickt, sendet ab	*yíbɛat*	يِبْعَت
Gruß *der, -üsse*	*taḥíyya, Pl. taḥiyyāt*	تَحِيَّة - تَحِيَّات
Sehnsucht *das*	*šōq̂, Pl. ʔašwāq̂*	شُوق - أَشْوَاق
Liebe *die*	*ḥúbb*	حُبّ
	wa báɛd	وَبَعْد

alsdann, nun zum Thema, (وَبَعْد zum Übergang eines Grußes, mit dem der arabische Brief beginnt, zum Them)

(er) teilt mit	*yibállaġ*	يِبَلَّغ
	li wáḥdī, li wáḥdak ... etc. ...	لِوَحْدِي ، لِوَحْدَك ...

ich allein, du allein ... etc.

nach	*báɛd*	بَعْد
(er) sieht	*yišū́f*	يشُوف
(er) übt	*yitmárran ɛálā*	يتْمَرَّن عَلَى
das Reden, das Sprechen	*il-kalā́m*	الْكَلَام
mit	*bi ...*	بِ . . .
(er) trifft	*yiq̂ā́bil*	يقَابِل
Flughafen *der, -äfen*	*maṭā́r, Pl. maṭārā́t*	مَطَار ـ مَطَارَات
(er) kommt an	*yíwṣal*	يوْصَل
Uhr *die, -en*; Stunde *die, -n*	*sā́ɛa, Pl. sāɛā́t*	سَاعَة ـ سَاعَات
Mittag *der, -e*	*iḍ-ḍúhr*	الضُّهْر
der Dialekt, die Umgangssprache	*il-ɛāmmíyya*	الْعَامِّيَّة
noch nicht	*líssa*	لِسَّه
(er) kennt, weiß	*yíɛraf*	يعْرَف
Hocharabisch(e) *das*	*il-ɛarabíyya 'l-faṣī́ḥa*	الْعَرَبِيَّة الْفَصِيحَة
grüße ...!	*sállim ɛálā*	سَلِّم عَلَى
Tante *die, -n*	*tánt*	تَانْت
Mona (weibl. Name)	*múnā*	مُنَى

Oma *die, -s*	*nḗna*	نِينَة
der Treue	*il-múḫliṣ*	اَلْمُخْلِص
dein Neffe; Sohn deines Bruders	*íbn aḫū́k*	اِبْن اَخُوك
wieviel?	*kā́m?*	كَام؟
Drittel *das, -*	*tílt, Pl. itlā́t*	تِلْت - اِتْلَات
außer; vor, bis auf	*illā*	اِلَّا
morgens	*ṣabā́ḥan*	صَبَاحًا
abends	*masā́ءan*	مَسَاءً
vormittags	*q̂ábli 'ḍ-ḍúhr*	قَبْلِ الضُّهْر
nachmittags	*báεdi 'ḍ-ḍúhr*	بَعْدِ الضُّهْر
Mitternacht *die, -ächte*	*núṣṣi 'l-lḗl*	نُصِّ اللِّيل
die Kardinalzahlen	*il-ءaεdā́di 'l-ءaṣlíyya*	اَلْأَعْدَادِ الْأَصْلِيَّة

Grammatik قَوَاعِدُ

1 - ## اَلْعَدَدُ وَالْمَعْدُودُ

Die Zahl und das gezählte Substantiv

Das Verhältnis zwischen der Zahl und dem gezählten Substantiv ist aus der folgenden Tabelle ersichtlich:

c	b	a	
يُوم (وَاحِد)	كِتَاب (وَاحِد)	وَاحِد	1
يُومِين	كِتَابِين	اِتْنين	2
تَلاَتَةِ ايَّام	تَلاَت كُتُب	تَلاَتَة	3
اَرْبَعَةِ ايَّام	اَرْبَع كُتُب	اَرْبَعَة	4
خَمَسْةِ ايَّام	خَمَس كُتُب	خَمْسَة	5
سِتْـةِ ايَّام	سِتّ كُتُب	سِتَّـة	6
سَبَعْةِ ايَّام	سَبَع كُتُب	سَبْعَـة	7
تَمَانْةِ ايَّام	تَمَان كُتُب	تَمَانْيَة	8
تِسَعْةِ ايَّام	تِسَع كُتُب	تِسْعَة	9
عَشَرْةِ ايَّام	عَشَر كُتُب	عَشَرَة	10
اِحْدَاشَر يُوم	اِحْدَاشَر كِتَاب	اِحْدَاشَر	11
اِتْنَاشَر يُوم	اِتْنَاشَر كِتَاب	اِتْنَاشَر	12

Beachten Sie folgendes:

1) Die Zahlen 3 - 10 haben das nachfolgende Substantiv im

Plural (siehe Tabelle Gruppe b u. c), wie:

خَمَس كُتُب	fünf Bücher	سَبَعْةِ أيَّام	sieben Tage

2) Beginnt das nachfolgende Substantiv mit einem Konsonanten, dann verliert die Zahl das Femininzeichen ـَة *-a(h)* (siehe Gruppe c der Tabelle), wie

تَلَات كُتُب	drei Bücher

3) Beginnt das nachfolgende Substantiv mit einem Verbindungs-Alif, dann wird der Zahl die Nachsilbe -t(i), nämlich das Femininzeichen ـةِ *-t(i)* hinzugefügt (siehe Gruppe c der Tabelle), wie:

أَرْبَعْـةِ أيَّام *(árbaεt iyyām)*	vier Tage

4) Stehen die Zahlen 3 - 10 allein, dann werden sie mit Femininzeichen ـَة *a(h)* versehen (siehe Gruppe a der Tabelle, wie:

تَلَاتَة ، أَرْبَعَة ، خَمْسَة ...	drei, vier, fünf etc.

5) Bei Geldbezeichnungen oder Maßen, nämlich جنيه Pfund, كِيلُو مِتْر Kilometer oder كِيلُو جْرَام Kilogramm, steht das gezählte Substantiv ab der Zahl <u>zwei</u> im Singular und die Zahlen 3 - 10 erhalten das Femininzeichen, wie:

Geldbezeichnung	جنيه ein Pfund
	اِتْنِين جنيه zwei Pfund
	تَلَاتَة جْنيه drei Pfund

Maße	كِيلُومِتْر	ein Kilometer
	اِتْنِين كِيلُومِتْر	zwei Kilometer
	تَلَاتَة كِيلُومِتْر	drei Kilometer

6) Bei Bestellungen im Restaurant oder Café steht das Substantiv nach den Zahlen ab der Zahl eins im Singular und die Zahlen 3 - 10 erhalten das Femininzeichen ـة , wie:

وَاحِد شَاى واِتْنِين قِهْوَة مِنْ فَضْلَك einen Tee und zwei Kaffee bitte!
تَلَاتَة كَبَاب ووَاحِد كُوكَا كُولَا لَوْ سَمَحْت. drei Kebab und eine Coca Cola bitte!

7) Die Zahlen وَاحِد und اِتْنِين stehen manchmal nach dem Substantiv, wenn es sich um eine bestimmte Anzahl handelt, die betont ist, wie:

كِتَاب وَاحِد (بَسّ)	nur ein einziges Buch.
كِتَابِين اتْنِين (بَسّ)	nur zwei Bücher (nicht mehr).

8) Alle übrigen Zahlen (also ab 11) haben das Substantiv im Singular nach sich, wie:

اِحْدَاشَر كِتَاب	elf Bücher
خَمْسَة وْسِتِّين كِتَاب	fünfundsechzig Bücher

2 Die Uhrzeit تَحْدِيدُ الْوَقْتِ

 السَّاعَة اتْنِين وِخَمْسَة	 السَّاعَة اتْنِين	السَّاعَة كَام؟ كَام السَّاعَة؟ سَاعْتَك كَام؟ السَّاعَة مْعَاك كَام؟
 السَّاعَة اتْنِين وِتِلْت	 السَّاعَة اتْنِين وِرُبْع	 السَّاعَة اتْنِين وعَشَرَة
 السَّاعَة اتْنِين وِنُصِّ وْ خَمْسَة	 السَّاعَة اتْنِين وِنُصّ	 السَّاعَة اتْنِين ونُصّ الّا خَمْسَة
 السَّاعَة تَلَاتَة الّا عَشَرَة	 السَّاعَة تَلَاتَة الّا رُبْع	 السَّاعَة تَلَاتَة الّا تِلْت
Wieviel Uhr ist es? Wie spät ist es? Haben Sie die genaue Zeit?	 السَّاعَة تَلَاتَة	 السَّاعَة تَلَاتَة الّا خَمْسَة

Beachten Sie folgendes:

1) Bei der Uhrzeit (volle Stunden) wird das Femininzeichen ـة *-a(h)* den Zahlen 3 - 10 bzw. 1 hinzugefügt. Die Zahlen 2, 11, und 12 erhalten kein Femininzeichen. Man sagt:

السَّاعَة وَاحْدَة ، السَّاعَة اتْنين ، ... تَلاتَة ، ... أرْبَعَة ، ... خَمْسَة ،
... سِتَّة ، ... سَبْعَة ، ... تَمَانْيَة ، ... تِسْعَة ، ...عَشَرَة ،
Es ist 1,00Uhr, ...2,00 ...etc. السَّاعَة احْدَاشَر ، السَّاعَة اتْنَاشَر

2) Bei der Angabe von Minuten entfällt das Femininzeichen ـة *-a(h)* der Zahlen 3 - 10 , wie:

السَّاعَة خَمْسَة وْخَمَس دَقَايِق.
Es ist fünf Minuten nach fünf.

Die "Minuten" werden normalerweise nicht erwähnt. Man sagt: die Zahlen 3 - 10 , wie folgt:

السَّاعَة خَمْسَة وْخَمْسَة Es ist fünf nach fünf

3) Bei Zeitangaben mit 15, 20 und 30 Minuten verwendet man die Wörter رُبْع (Viertel), تِلْت (Drittel), نُصّ (Hälfte, halb) mittels der Konjunktion و (und) bzw. إلَّا (außer, vor, bis auf). Man sagt:

السَّاعَة تَلاتَة وْرُبْع	Es ist viertel nach drei.
السَّاعَة تَلاتَة وْتِلْت	Es ist zwanzig nach drei.
السَّاعَة تَلاتَة وْنُصّ	Es ist halb vier.

السَّاعَة ارْبَعَة الَّا تِلْت	s ist zwanzig vor vier.
السَّاعَة ارْبَعَة الَّا رُبْع	s ist viertel vor vier.

4) Die Zahlen 13 - 24 sind im Arabischen ungebräuchlich. Um Mißverständnisse zu vermeiden gebraucht man Zusätze wie: صَبَاحًا *ṣabāḥan* morgens, مَسَاءً *masā*ʾ*an* abends, قَبْلِ الضُّهْر *q̃ábli ḍ-ḍúhr* vormittags, بَعْدِ الضُّهْر *báɛdi ḍ-ḍúhr* nachmittags.

3 - الْأَعْدَادُ الْأَصْلِيَّة

Die Kardinalzahlen

Lernen Sie auswendig!

0 *ṣífr* صِفْر ٠

6	*síta*	سِتّة	٦	1	*wâḥid*	وَاحِد	١
7	*sábɛa*	سَبْعَة	٧	2	*itnến*	اِتْنِين	٢
8	*tamânya*	تَمَانْيَة	٨	3	*talâta*	تَلَاتَة	٣
9	*tísɛa*	تِسْعَة	٩	4	*arbáɛa*	اَرْبَعَة	٤
10	*ɛášara*	عَشَرَة	١٠	5	*ḫámsa*	خَمْسَة	٥

16	sittâšar	١٦ سِتَّاشَر	11	iḥdâšar	١١ إِحْدَاشَر
17	sabaɛtâšar	١٧ سَبَعْتَاشَر	12	itnâšar	١٢ إِتْنَاشَر
18	tamantâšar	١٨ تَمَنْتَاشَر	13	talattâšar	١٣ تَلَاتَّاشَر
19	tisaɛtâšar	١٩ تِسَعْتَاشَر	14	arbaɛtâšar	١٤ أَرْبَعْتَاشَر
20	ɛišrîn	٢٠ عِشْرِين	15	ḫamastâšar	١٥ خَمَسْتَاشَر

21	wâḥid wi ɛišrîn	وَاحِد وِعِشْرِين	٢١
22	itnên wi ɛišrîn	إِتْنِين وِعِشْرِين	٢٢
23	talâta w' ɛišrîn	تَلَاتَة وْعِشْرِين	٢٣
24	arbáɛa w' ɛišrîn	أَرْبَعَة وْعِشْرِين	٢٤
25	ḫámsa w' ɛišrîn	خَمْسَة وْعِشْرِين	٢٥
26	sítta w' ɛišrîn	سِتَّة وْعِشْرِين	٢٦
27	sábɛa w' ɛišrîn	سَبْعَة وْعِشْرِين	٢٧
28	tamánya w' ɛišrîn	تَمَانْيَة وْعِشْرِين	٢٨
29	tísɛa w' ɛišrîn	تِسْعَة وْعِشْرِين	٢٩
30	talātîn	تَلَاتِين	٣٠

31	wâḥid wi talātîn	وَاحِد وِتلَاتِين	٣١
32	itnên wi talātîn	اِتْنِين وِتلَاتِين	٣٢
33	talâta w' talātîn	تَلَاتَة وْتَلَاتِين	٣٣
34	arbáɛa w' talātîn	اَرْبَعَة وْتَلَاتِين	٣٤
35	ḫámsa w' ... etc.	خَمْسَة وْ .. الخ	٣٥

60	*sittîn*	سِتِّين	٦٠	10	*ɛášara*	عَشَرَة	١٠
70	*sabɛîn*	سَبْعِين	٧٠	20	*ɛišrîn*	عِشْرِين	٢٠
80	*tamānîn*	تَمَانِين	٨٠	30	*talātîn*	تَلَاتِين	٣٠
90	*tísɛîn*	تِسْعِين	٩٠	40	*arbiɛîn*	اَرْبِعِين	٤٠
100	*míyya*	مِايَّة	١٠٠	50	*ḫamsîn*	خَمْسِين	٥٠

P. s.: * "míyya" schreibt man meistens "مِايَّة", selten "مِيَّة".

101	míyya w' wâḥid	مِايَّة وْوَاحِد	١٠١
102	míyya wi 'tnên	مِايَّة وِاتْنِين	١٠٢
103	míyya w' talâta	مِايَّة وْتَلَاتَة	١٠٣
104	míyya wa 'rbáɛa	مِايَّة وَارْبَعَة	١٠٤
105	míyya w' ... etc.	مِايَّة وْ ... الخ	١٠٥

110	míyya w' ɛášara	مِايَّة وْعَشَرَة	١١٠
111	míyya wi 'ḥdā́šar	مِايَّة وِاحْدَاشَر	١١١
112	míyya wi 'tnā́šar	مِايَّة وِاتْنَاشَر	١١٢
113	míyya w' talattā́šar	مِايَّة وْتَلَاتَّاشَر	١١٣
114	míyya wa 'rbáɛtâšar	مِايَّة وَارْبَعْتَاشَر	١١٤
115	míyya w' ... etc.	مِايَّة وْ ... الخ	١١٥

120	míyya w' ɛišrī́n	مِايَّة وْعِشْرِين	١٢٠
121	míyya wâḥid wi ɛišrī́n	مِايَّة وِاحِد وِعِشْرِين	١٢١
122	míyya 'tnḗn wi ɛišī́n	مِايَّة اتْنِين وِعِشْرِين	١٢٢
123	míyya talâta w' ɛišrī́n	مِايَّة تَلَاتَة وْعِشْرِين	١٢٣
124	míyya w' ... etc.	مِايَّة وْ ... الخ	١٢٤

110	míyya w' ɛášara	مِايَّة وْعَشَرَة	١١٠
120	míyya w' ɛišrī́n	مِايَّة وْعِشْرِين	١٢٠
130	míyya w' talātī́n	مِايَّة وْتَلَاتِين	١٣٠
140	míyya wa 'rbiɛī́n	مِايَّة وَارْبِعِين	١٤٠

150	míyya w' ḫamsīn	مِايَّة وْخَمْسِين	١٥٠
160	míyya w' sittīn	مِايَّة وْسِتِّين	١٦٠
170	míyya w' sabɛīn	مِايَّة وْسَبْعِين	١٧٠
180	míyya w' tamānīn	مِايَّة وْتَمَانِين	١٨٠
190	míyya w' tisɛīn	مِايَّة وِتسْعِين	١٩٠
200	mitēn	مِيتِين	٢٠٠

100	míyya	مِايَّة	١٠٠
200	mitēn	مِيتِين	٢٠٠
300	tultumíya	تُلْتُمِايَّة	٣٠٠
400	rúbɛumíya	رُبْعُمِايَّة	٤٠٠
500	ḫumsumíya	خُمْسُمِايَّة	٥٠٠
600	suttumíya	سُتُّمِايَّة	٦٠٠
700	subɛumíya	سُبْعُمِايَّة	٧٠٠
800	tumnumíya	تُمْنُمِايَّة	٨٠٠
900	tusɛumíya	تُسْعُمِايَّة	٩٠٠
1000	ʔálf	أَلْف	١٠٠٠

1000	ʔálf	أَلْف	١٠٠٠
2000	ʔalfên	أَلْفِين	٢٠٠٠
3000	tálatt alâf	تَلاَتْةَ الاَف	٣٠٠٠
4000	árbaɛt alâf	اَرْبَعْةَ الاَف	٤٠٠٠
5000	ẖámast alâf	خَمَسْةَ الاَف	٥٠٠٠
6000	sítta alâf	سِتْةَ الاَف	٦٠٠٠
7000	sábaɛt alâf	سَبَعْةَ الاَف	٧٠٠٠
8000	támant alâf	تَمَانْةَ الاَف	٨٠٠٠
9000	tísaɛt alâf	تِسَعْةَ الاَف	٩٠٠٠

10000	ɛášart alâf	عَشَرْةَ الاَف	١٠٠٠٠
11000	iḥdâšar ʔálf	اِحْدَاشَر أَلْف	١١٠٠٠
12000	itnâšar ʔálf	اِتْنَاشَر أَلْف	١٢٠٠٠
13000	talattâšar ʔálf	تَلاَتَّاشَر أَلْف	١٣٠٠٠
	... etc.	... الخ	

<u>Beachten Sie:</u>

1) Das Alif im Wort مِايَّة *míyya* ist sowohl im Hocharabischen als auch im Dialekt stumm.

2) Mit dem Zahlwort مِايَّة wird das gezählte Substantiv in den Genitiv gesetzt; das Femininzeichen ـة wird also als "t" ausgesprochen, wie:

مِاية مَارْك أَلْمَانِى	*mît mârk ʔalmânī* einhundert Deutsche Mark
تُلْتُمِاية جِنيه مَصْرِى	*tultumît ginêh máṣrī* dreihundert Ägypt. Pfund

تَمارِينُ Übungen

تَمْرِينُ أ) إِنْطِقِ الْأَرْقَامَ التَّالِيَةَ بِاللُّغَةِ الْعَرَبِيَّةِ، ثُمَّ اكْتُبْهَا بَعْدَ ذَلِك بِالْحُرُوفِ، تَتَبَّعِ النَّمُوذَجَ.

Sprechen Sie die nachfolgenden Ziffern in Arabisch, dann schreiben Sie sie in Worten! Folgen Sie dem Beispiel

٠ = صِفْر	٤ = أَرْبَعَة	١١ = إِحْدَاشَر	١٨ = تَمَانْتَاشَر
٤٦ = سِتَّة وَارْبِعِين	٨٨ = تَمَانْيَة وْتَمَانِين	١٠٠ = مِايَّة	

١= ______	٥= ______	٧= ______	٣= ______	٢= ______
٩= ______	٨= ______	٣= ______	٦= ______	٤= ______

١٢= ______	٢٥= ______	٣٦= ______
١٣= ______	٢٧= ______	٣٣= ______
١١= ______	٤٢= ______	٦٥= ______
١٩= ______	٦٣= ______	٩٨= ______
١٤= ______	٤٧= ______	٨٧= ______
٢٠= ______	١٠٥= ______	١٠٩= ______
٣٠= ______	١٥٠= ______	١٧٠= ______
٣٠٠= ______	٢٢٠= ______	٢٦٠= ______
٧٠٠= ______	٤٦٠= ______	٦٩٠= ______

٨٨١= ______	٤٦٥= ______

٣٣٣= ________	٤٤٤= ________

١٠٠٠= ________	٥٠٠٠= ________	٣٠٠٠= ________
٢٠٠٠= ________	٧٠٠٠= ________	٩٠٠٠= ________

تَمْرِينُ ب) أُكْتُبِ الأَرْقَامَ التَّالِيَةَ بِالْحُرُوفِ. تَتَبَّعِ النَّمُوذَجَ.

Schreiben Sie die nachfolgenden Ziffern in Worten! Folgen Sie dem Beispiel

٢ قامُوس ← قَامُوسِين	٥ أُسَر ← خَمَس أُسَر

٣ مُدَرِّسِين ← ________	٩ كُرَّاسَات ← ________
٥ أُوَد ← ________	٨ كُتُب ← ________
٤ تَلَامْذَة ← ________	٦ عَرَبِيَّات ← ________
٨ صَالَات ← ________	٢ جَرَاج ← ________
٦ سَجَايِر ← ________	٩ شُنَط ← ________
٧ بُيُوت ← ________	٩ مُدَرِّسَات ← ________
٢ جَوَاب ← ________	٣ مَكَاتِب ← ________

تَمْرِينُ ج) أُكْتُبِ الأَرْقَامَ التَّالِيَةَ بِالْحُرُوفِ. تَتَبَّعِ النَّمُوذَجَ.

Schreiben Sie die nachfolgenden Ziffern in Worten! Folgen Sie dem Beispiel

٣ اِشْهُر ← تَلَاتْـةِ اشْهُر	٢ أُسْرَة ← أُسْرِتين

٣ إِيَّـام ← ________	٩ كُرَّاسَات ← ________
٧ إِنْصَاص ← ________	٢ مَدْرَسَة ← ________
٦ إِقْلَام ← ________	٤ إِربـع ← ________
٣ إِتْلَات ← ________	٩ اِوْلَاد ← ________
٥ اِشْهُر ← ________	٧ إِبْـوَاب ← ________
٨ آلَاف ← ________	٣ إِنْصَاص ← ________

تَمْرِينْ د) أَكْمِلْ مَا يَلِى حَتَّى الرَّقَمِ عَشَرَة ، أَوَّلًا شَفَوِيًّا ثُمَّ كِتَابَةً. تَتَبَّعِ النَّمُوذَجَ.

Setzen Sie fort bis zehn; zuerst mündlich dann schriftlich; Folgen Sie dem Beispiel!

يُوم - اِيَّـام Pl. - يُوم ، يُومِين ، تَلَاتْةِ اَيَّام ... الخ . - ...
- يُوم ، يُومِين ، تَلَاتْةِ اَيَّام ، اَرْبَعْةِ اَيَّام ، خَمَسْةِ اَيَّام، سِتْةِ اَيَّام ، سَبعْةِ اَيَّام ، تَمَانْةِ اَيَّام ، تِسَعْةِ اَيَّام ، عَشَرْةِ اَيَّام.
yṓm, Pl. iyyâm: - yṓm, yōmḗn, tálatt iyyâm ... etc. - ...
- yṓm, yōmḗn, tálatt iyyâm, árbaɛt iyyâm, ḫámast iyyâm, sítt iyyâm, sábaɛt iyyâm, támant iyyâm, tísaɛt iyyâm, ɛášart iyyâm.

١ - وَلَد - اِوْلَاد Pl. - وَلَد ، وَلَدِين ، تَلَاتْةِ ...

٢ - رِغِيف - اِرْغِفَة Pl. - رِغِيف ، ...

٣ - تِلْت - اِتْلَات Pl. - ...

٤ ـ شَهْر ـ اِشْهُر .Pl ـ ...

٥ ـ نُصّ ـ اِنْصَاص .Pl ـ ـ ...

٦ ـ قَلَم ـ اِقْلَام .Pl ـ ...

٧ ـ رُبْع ـ اِرْبَع .Pl ـ ...

٨ ـ بَاب ـ اِبْوَاب .Pl ـ ...

٩ ـ أَلْف ـ آلَاف .Pl ـ ...

١٠ ـ حِزَام ـ اِحْزِمَة .Pl ـ ...

تَمْرِينُ هـ) أَجِبْ عَمَّا يَأْتِى مَعَ كِتَابَةِ الْأَرْقَامِ بِالْحُرُوفِ. تَتَبَّعِ النُّمُوذَجَ.

Beantworten Sie die Fragen! Schreiben Sie dabei die Ziffern in Worten! Folgen Sie dem Beispiel

أَحْمَد حَيِقْضِى فْ مَصْرِ كَام شَهْر؟ (٣ اِشْهُر). ـ ...

ـ أَحْمَد حَيِقْضِى فْ مَصْرِ تَلَاتْةِ اشْهُر.

١ ـ سُوزَان حَتْسَافِر أَمْرِيكَا بَعْدِ كَام يُوم؟ (٥ اِيَّام) ـ ...

٢ ـ السِّتّ دِى عَنْدِهَا كَام وَلَد؟ (٨ اِوْلَاد) ـ ...

٣ ـ الشَّنْطَة دِى فِيهَا كَام كِتَاب؟ (١٧ كِتَاب) ـ ...

٤ ـ الْأُودَة دِى أُجْرِتْهَا كَام فِى الشَّهْر؟ (٣ جِنيه وِنُصّ) ـ ...

٥ ـ حَضْرِتَك عَاوِز كَام رِغِيف؟ (٤ اِرْغِفَة بَسّ) ـ ...

٦ ـ اَلْعَرَبِيَّة دِى تَمَنْهَا كَام جِنِيه؟ (٣٥٠٠ جِنِيه مَصْرِى) ـ ...

٧ ـ اِنْتُو عَاوْزِين كَام كِيلُو جِبْنَة؟ (٣ اِرْبَع كِيلُو بَسّ) ـ ...

٨ ـ اِنْتَ عَاوِز عِلْبَةْ سَجَايِر؟ (عِلْبَة ٢٠ سِيجَارَة) ـ أَيْوَه، أَنَا ...

٩ ـ اَلْمَدْرَسَة دِى فِيهَا كَام مُدَرِّس وِمْدَرِّسَة؟ (٨ مُدَرِّسِين وِ ٦ مُدَرِّسَات)

ـ ...

١٠ ـ هُوَّ يُسْرِى حَيِقْضِى فِى الْقَاهِرَة كَام أُسْبُوع؟ (٢ أُسْبُوع وَاللَّا ٣)

ـ ...

١١ ـ اَلْعَرَبِيَّة اللِّى عَنْدِكُو لِهَا كَام بَاب؟ (٤ اِبْوَاب) ـ ...

١٢ ـ يَا جَرْسُون، هَات لِنَا لَوْ سَمَحْت (١ شَاى وِ ٢ كُوكَا كُولَا)

ـ ...

١٣ ـ أَنَا عَاوِز لَوْ سَمَحْتِ عِلْبِةْ سَجَايِر (٢٠ سِيجَارَة) ـ ...

تَمْرِينُ و) أَجِبْ عَمَّا يَأْتِى مَعَ كِتَابَةِ الْأَرْقَامِ بِالْحُرُوفِ. تَتَبَّعِ النُّمُوذَجَ.

Beantworten Sie die Fragen! Schreiben Sie dabei die Ziffern in Worten! Folgen Sie dem Beispiel

اَلسَّاعَة كَام؟	(س ٥ ق ٥)	ـ اَلسَّاعَة خَمْسَة وْخَمْسَة
اَلسَّاعَة كَام؟	(س ٥ ق ٤٥)	ـ اَلسَّاعَة سِتَّة اِلَّا رُبْع

س ق

١ ـ اَلسَّاعَة كَام؟ (٦ ١٠) ـ ________________

س ق
٢ ـ السَّاعَة كَام؟ (٧ ١٥) - ______________________________

س ق
٣ ـ السَّاعَة كَام؟ (٨ ٢٠) - ______________________________

س ق
٤ ـ السَّاعَة كَام؟ (٨ ٢٥) - ______________________________

____

س ق
٥ ـ السَّاعَة كَام؟ (٩ ٣٠) - ______________________________

س ق
٦ ـ السَّاعَة كَام؟ (٩ ٣٥) - ______________________________

____

س ق
٧ ـ السَّاعَة كَام؟ (٩ ٤٠) - ______________________________

س ق
٨ ـ السَّاعَة كَام؟ (١٠ ٤٥) - ______________________________

س ق
٩ ـ السَّاعَة كَام؟ (١٠ ٥٥) - ______________________________

س ق
١٠ ـ السَّاعَة كَام؟ (١٢ -) - ______________________________

س ق
١٢ ـ السَّاعَة كَام؟ (١ - بَعْدِ الضُّهْر) - ______________________________

- ______________________________

س ق

١٣ ـ السَّاعَة كَام؟ (١ ٣٠ مَسَاءً) - ______________

- ______________

س ق

١٤ ـ السَّاعَة كَام؟ (٨ ١٠ مَسَاءً) - ______________

- ______________

س ق

١٥ ـ السَّاعَة كَام؟ (١١ ٣٠ قَبْلِ نُصِّ اللِّيل) - ______________

- ______________

س ق

١٦ ـ السَّاعَة كَام؟ (١٢ - نُصِّ اللِّيل) - ______________

- ______________

س ق

١٧ ـ السَّاعَة كَام؟ (١٢ ٣٠ بَعْدِ نُصِّ اللِّيل) - ______________

- ______________

س ق

١٨ ـ السَّاعَة كَام؟ (٢ ١٥ صَبَاحًا) - ______________

- ______________

تَمْرِينُ ز) أَجِبْ عَمَّا يَأْتِي مَعَ كِتَابَةِ الْأَرْقَامِ بِالْحُرُوفِ. تَتَبَّعِ النُّمُوذَجَ.

Beantworten Sie die Fragen! Schreiben Sie dabei die Ziffern in Worten! Folgen Sie dem Beispiel

س ق اَحْمَد حَيوْصَل مَطَار الْقَاهِرَة السَّاعَة كَام؟ (٤ ٣٥ بَعْدِ الضَّهْر). - ... - اَحْمَد حَيوْصَل مَطَار الْقَاهِرَة السَّاعَة ارْبَعَة وْنُصّ وْخَمْسَة بَعْدِ الضُّهْر.

س ق

١ - مَحْمُود حَيْقَابِل اَحْمَدِ السَّاعَة كَام؟ (٤ ٣٥ بَعْدِ الضَّهْر).

- ________________________________

س ق

٢ - عُمَر بِيْرُوحِ الْمَدْرَسَة السَّاعَة كَام؟ (٨ - صَبَاحًا).

- ________________________________

س ق

٣ - سُوزَان بِتِيجِي مِ الْمَدْرَسَة السَّاعَة كَام؟ (١ ١٥ بَعْدِ الضَّهْر).

- ________________________________

س ق

٤ - إِنْتَ حَتْجِيب لِي الشَّنْطَة فِي الْفُنْدُقِ السَّاعَة كَام؟ (٧ ٢٠ مَسَاءً).

- ________________________________

س ق

٥ - هُمَّ حَيْجُو لْنَا (= حِيِيجُو لِنَا) الْقَهْوَة السَّاعَة كَام؟ (٧ ٤٠ مَسَاءً).

- ________________________________

٦ - اِنْتُو حَتْزُورُونِى فِى الْبِيتِ السَّاعَة كَام؟ (٤ س ٣٥ ق مَسَاءً)، مِشْ قَبْلِ كِدَه). - ______________________________

٧ - اِنْتِ بِتِشْرَبِى الْقَهْوَة بْتَاعْتِك السَّاعَة كَام كُلِّ يُوم؟ (٤ س ٣٠ ق وَاللَّا ٥ س - ق بَعْدِ الضُّهْر). - ______________________________

٨ - هُوَّ الْمُدَرِّس حَيِدِّى لْنَا دَرْسِ اللُّغَة النَّهَارْدَه السَّاعَة كَام؟ (٦ س ٣٠ ق مَسَاءً). - ______________________________

____

٩ - هِىَّ طَيَّارْةِ الْمَدَام حَتِوْصَلِ النَّهَارْدَه السَّاعَة كَام؟ (١٢ س ٣٠ ق بَعْدِ نُصِّ اللِّيل). - ______________________________

____

١٠ - الْأُوتُوبِيسِ اللِّى رَايِحِ الْقَاهِرَة بِيْقُوم مِنْ هِنَا السَّاعَة كَام؟ (٨ س ٣٠ ق صَبَاحًا).- ______________________________

____

تَمْرِينُ ح) أَسْنِدِ الْأَفْعَالَ إِلَى الضَّمَائِرِ الشَّخْصِيَّةِ، وَاكْتُبِ الْكَلِمَاتِ بِالْحُرُوفِ الْعَرَبِيَّةِ، ثُمَّ انْطِقِ الْجُمَلَ مُسْتَعِينًا بِالْحُرُوفِ اللَّاتِينِيَّةِ، وَمُرَاعِيًا مَوْقِعَ النَّبْرِ عَلَى الْكَلِمَاتِ وَانْتِقَالَهُ مِنْ مَكَانِهِ، تَتَبَّعِ النَّمُوذَجَ.

Fügen Sie gemäß dem Beispiel den folgenden Verben die Personalsuffixe hinzu und schreiben Sie diese in arabischer Schrift in die Lücken, dann sprechen Sie die Sätze mit Hilfe der lateinischen aus! Achten Sie dabei auf die Verschiebung der Betonung!

١) هُوَّ حَيْجِي لِي = (هُوَّ حَيِيجِي لِيَّ) er kommt zu mir
húwwa ḥaygí lī = (húwwa ḥayígī líyya)

______________________	húwwa ḥa ygí lī
______________________	húwwa ḥa ygí lak
______________________	húwwa ḥa ygí lik
______________________	húwwa ḥa ygí lu(h)
______________________	húwwa ḥa ygí lhā
______________________	húwwa ḥa ygí lnā
______________________	húwwa ḥa ygí lkum
______________________	húwwa ḥa ygí lhum

٢) هِيَّ حَتْجِي لِي = (هِيَّ حَتِيجِي لِيَّ) sie kommt zu mir

híyya ḥatgī́lī = (híyya ḥatī́ī líyya)

híyya ḥa tgí lī ______

híyya ḥa tgí lak ______

híyya ḥa tgí lik ______

híyya ḥa tgí lu(h) ______

híyya ḥa tgí lhā ______

híyya ḥa tgí lnā ______

híyya ḥa tgí lkum ______

híyya ḥa tgí lhum ______

٣) هُمَّ حَيْجُو لِي = (هُمَّ حَيِيجُو لِّي) sie kommen zu mir

húmma ḥaygū lī = (húmma ḥayī́gū líyya)

húmma ḥaygú lī ______

húmma ḥaygú lak ______

húmma ḥaygú lik ______

húmma ḥaygú lu(h) ______

húmma ḥaygú lhā ______

______________________	*húmma ḥaygú* lnā
______________________	*húmma ḥaygú* lkum
______________________	*húmma ḥaygú* lhum

٤) اِنْتَ حَتْجِى لِى = (اِنْتَ حَتِيجِى لِّى) du kommst zu mir

ínta ḥatgí lī = (ínta ḥatígī líyya)

______________________	*ínta ḥa tgí* lī
---------- ـك	*ínta -------------k*
______________________	*ínta ḥa tgí* lu(h)
______________________	*ínta ḥa tgí* lhā
______________________	*ínta ḥa tgí* lnā
--------- ـكُمْ	*ínta ---------kum*
______________________	*ínta ḥa tgí* lhum

٥) اِنْتُو حَتْجُو لِى = (اِنْتَ حَتِيجُو لِّى) ihr kommt zu mir

íntū ḥatgú lī = (íntu ḥatígū líyya)

______________________	*íntū ḥatgú* lī
---------- ـك	*ínta -------------k*
______________________	*íntū ḥatgú* lu(h)

______________________	*íntū ḥatgū́* lhā
______________________	*íntū ḥatgū́* lnā
ـكُمْ ----------	*ínta ----------kum*
______________________	*íntū ḥatgū́* lhum

٦) إِحْنَا حَنْجِى لَك = (حَنِيجِى لَك) wir kommen zu dir

íḥna ḥangí lak = (íḥna ḥaníg̲ī lak)

______________________	*íḥna ḥangí lak*
______________________	*íḥna ḥangí lik*
______________________	*íḥna ḥangí* lu(h)
______________________	*íḥna ḥangí* lhā
ـنَا ----------	*ínta ------------nā*
______________________	*íḥna ḥangí lkum*
______________________	*íḥna ḥangí* lhum

تَمْرِينُ ط) تَرْجِمْ إِلَى اللُّغَةِ الْأَلْمَانِيَّةِ Übersetzen Sie ins Deutsche!

١ ـ تِسْمَح يَا أُسْتَاذ؟ حَضْرِتَك مَعَاك سَاعَة؟ السَّاعَة كَام مِنْ فَضْلَك؟

٢ ـ أَنَا آسِف قَوِى ، مَا مْعَايِيش سَاعَة.

٣ - طَبِ مَعَلِهْش .
تِسْمَحِى يَا مَدَام؟ حَضْرِتِك مَعَاكِى سَاعَة؟ السَّاعَة كَام لَوْ سَمَحْتِى؟

٤ - أَيْوَه يَا أُسْتَاذ ، السَّاعَة ارْبَعَة وْنُصِّ وْخَمْسَة .

٥ - أَلْفِ شُكْر يَا مَدَام .

٦ - الْعَفْوِ يَا أُسْتَاذ .

٧ - تِسْمَح يَا أُسْتَاذ؟ هِيَّ طَيَّارَةْ لُوفْتِهَانْزَا اللِّى رَايْحَة مَصْرِ النَّهَارْدَه حَتْقُومِ السَّاعَة كَام؟

٨ - هِيَّ حَتْقُومِ السَّاعَة سِتَّة وْنُصِّ بَعْدِ الضُّهْر .

٩ - طَبِ السَّاعَة مْعَاك كَام دِلْوَقْتِى ، عَلَشَان أَنَا حَاسَافِر بِالطَّيَّارَة دِى؟

١٠ - السَّاعَة خَمْسَة بِالظَّبْط (genau) . يَعْنِى بَاقِى لَك سَاعَة وْنُصّ .

١١ - طَبْ مُتَشَكِّر قَوِى . يَعْنِى لِسَّه بَاقِى عَنْدِى وَقْتِ كْتِير . حَارُوح الْقَهْوَة دِى ، اَشْرَبِ لِى كُبَّايَةْ شَاى وَالَّا فِنْجَان قَهْوَة وَاجِى تَانِى .

١٢ - زَىِّ مَا يِعْجِبَك . مَعَ السَّلَامَة ، وِرِحْلَة مُوَفَّقَة .

١٣ - أَلْفِ شُكْر .

تَمْرِينُ ى) تَرْجِمْ إِلَى اللُّغَةِ الْعَرَبِيَّةِ   Übersetzen Sie ins Arabische!

1 - Entschuldigen Sie, mein Herr, wann startet das Flugzeug, das heute nach Saudie-Arabien fliegt?

2 - Das Flugzeug, (das) nach Saudi-Arabien (fliegt), wird um viertel vor neuen abfliegen.

3 - Sehr gut. Ich habe viel Zeit. Gibt es hier im Flughafen ein Café? Ich will eine Tasse Kaffee trinken

4 - Gehen Sie diesen Weg entlang. Nach ca. 200 Metern finden Sie auf der rechten Seite (an deiner rechten Hand) ein Café

5 - Gut, vielen Dank! Salem alaikum!

6 - Salem alaikum

7 - Herr Ober, ich möchte einen Kaffee mit wenig Zucker, und geben Sie mir bitte eine große Schachtel Belmont-Zigaretten und Streichhölzer. Aber bitte schnell, ich habe es eilig.

8 - Jawohl mein Herr.

9 - Herr Ober, die Rechnung, bitte!

10 - Ja, mein Herr, die Rechnung beträgt zweieinhalb Pfund.

11 - Bitte schön, das Geld!

12 - Vielen Danke

كَلِمَةُ خِتَامٍ

وَبِهَذَا الدَّرْسِ - يَا أَعِزَّائِى الدَّارِسِينَ - نَصِلُ إِلَى نِهَايَةِ الْجُزْءِ الْأَوَّلِ مِنْ كِتَابِنَا التَّعْلِيمِىِّ الْجَدِيدِ. "**الْعَرَبِيَّةُ الدَّارِجَةُ لِلأَجَانِبِ**"، وَهُوَ الْخَاصُّ بِالْمَرْحَلَةِ الِابْتِدَائِيَّةِ. وَسَوْفَ يَلِيهِ بَعْدَ ذَلِكَ - إِنْ شَاءَ اللَّهُ - الْجُزْءُ الثَّانِى مِنْهُ، وَالْخَاصُّ بِالْمَرْحَلَةِ الْمُتَوَسِّطَةِ.

وَمِنْ ذَلِكَ تَرَوْنَ أَنَّ هَذَا الْكِتَابِ يَخْتَلِفُ عَنْ كُتُبِنَا التَّعْلِيمِيَّةِ السَّابِقَةِ فِى أَشْيَاءَ كَثِيرَةٍ تُمَيِّزُهُ عَنْهَا. وَمِنْ ذَلِكَ مَا يَلِى:

١ - أَنَّنَا زَوَّدْنَا الْكِتَابَ بِالْعَدِيدِ مِنَ الصُّوَرِ التَّوْضِيحِيَّةِ.

٢ - تَوَسَّعْنَا فِى شَرْحِ قَوَاعِدِهِ وَجِئْنَا فِيهِ بِتَمَارِينَ كَثِيرَةٍ تُطَابِقُ أَهَمَّ الطُّرُقِ التَّعْلِيمِيَّةِ الْحَدِيثَةِ الْمُسْتَخْدَمَةِ.

٣ - حَرَصْنَا عَلَى طَبْعِ النُّصُوصِ الْعَرَبِيَّةِ بِحُرُوفٍ كَبِيرَةٍ وَوَاضِحَةٍ، مَعَ تَشْكِيلِهَا تَشْكِيلًا كَامِلًا.

٤ - ذَكَرْنَا بِجَانِبِ الْمُفْرَدَاتِ الْعَرَبِيَّةِ نُطْقَهَا بِالْحُرُوفِ اللَّاتِينِيَّةِ مَعَ وَضْعِ عَلَامَاتِ النَّبْرِ عَلَيْهَا تَيْسِيرًا عَلَى الدَّارِسِ، وَخَاصَّةً عَلَى مَنْ يُحَاوِلُ تَعَلُّمَ هَذَا الْكِتَابِ وَحْدَهُ دُونَ مُعَلِّمٍ.

أَخِيرًا يَسُرُّنِى، عَزِيزِى الدَّارِسَ، أَنْ تَكْتُبَ لَنَا عَنْ رَأْيِكَ، وَتَبْعَثَ إِلَيْنَا

بِاقْتِرَاحَاتِكَ. وَسَوْفَ نَعْمَلُ عَلَى تَنْفِيذِ مَا يَصْلُحُ مِنْهَا فِى الطَّبَعَاتِ الْقَادِمَةِ. وَتَمَنِّيَاتِنَا الْمُخْلِصَةِ لَكُمْ بِالتَّوْفِيق.

الْمُؤَلِّفُ

SCHLUSSWORT

Mit dieser Lektion, meine lieben Studierenden, kommen wir zum Ende des ersten Bandes unseres neuen Lehrbuches **"Ägyptisch-Arabisch für Ausländer,** ein Lehrbuch für die Arabische Umganssprahce Kairos", der für die Grundstufe geschrieben ist. Für die Mittelstufe folgt ein zweiter Band.

Sie sehen, daß sich dieses Buch in verschiedener Hinsicht von unseren früheren Lehrbüchern unterscheidet:

1. In diesem Buch sind viele Illustrationen enthalten.
2. Die grammatikalischen Regeln sind ausführlicher erklärt und durch viele Übungen ergänzt, die den modernsten angewandten Lehrmethoden entsprechen.
3. Die arabischen Texte sind in großer, klarer Schrift gesetzt und voll vokalisiert.
4. Zur Erleichterung für den Lernenden, besonders für einen, der dieses Lehrbuch allein lernt, ist den arabischen Vokabeln die Umschrift mit Betonungszeichen hinzugefügt.

Zuletzt freue ich mich, liebe Studierende, von Ihnen Ihre Meinungen und Anregungen zu erhalten. Ihre Vorschläge werden nach Möglichkeit in den nächsten Auflagen berücksichtigt werden.

Der Verfasser

1 - الْهَمْزَةُ وَكَيْفَ تُكْتَبُ

Hamza-Zeichen und seine Träger

Hamza kann entweder: am Anfang
in der Mitte
oder am Ende
eines Wortes stehen.

2 - الْهَمْزَةُ فِى أَوَّلِ الْكَلِمَةِ

Hamza am Anfang des Wortes

Ist Hamza am Anfang des Wortes, dann ist der Träger ein Alif أَلِفٌ, geschrieben so: أ *ءa*, أ *ءu*, إ *ءi*, (manchmal auch so: إِ *ءi*).

Beispiele:

أَبٌ *ءab(un)*	أُخْتٌ *ءúḫt(un)*	إِكْرَامٌ *ءikrâm(un)*

Beachten Sie!

أَأ → آ und أَأْ → آ

d. h.: statt * أَأْمَنَ *ءáءmana* schreibt man آمَنَ *ءâmana*
und statt * أَأْخذ *ءáءḫuḏu* schreibt man آخذ *ءâḫuḏu*
Die Schreibart beider Wörter (* أَأْمَنَ und * أَأْخُذُ) und ähnlicher Konstruktionen ist nicht belegt.

3 - الْهَمْزَةُ فِى وَسَطِ الْكَلِمَةِ

Hamza in der Mitte des Wortes

a) Hamza mit Sukûn versehen:

Ist Hamza mit Sukûn versehen, so entspricht der Träger dem vorangehenden Vokal, d. h.:

nach ـَ ist der Träger ein alif أَلِفٌ geschrieben ـَأْ

nach ـُ ist der Träger ein wâw وَاوٌ geschrieben ـُؤْ

nach ـِ ist der Träger ein yâˀ يَاءٌ geschrieben ـِئْ

Beispiele:

شَأْنٌ šáˀn(un)	سُؤْدُدٌ šúˀdud(un)	ذِئْبٌ díˀb(un)

b) Hamza nach Sukûn:

Steht Hamza nach einem mit Sukūn versehenen Konsonanten, dann entspricht der Träger dem folgenden Vokal, d. h.:

Ist Hamza mit *a* ـَ vokalisiert, dann ist der Träger ein أَلِف geschrieben so ـْأَ.

Ist Hamza mit *u* ـُ vokalisiert, dann ist der Träger ein *wāw* وَاوٌ geschrieben so ـْؤُ.

Ist Hamza mit *i* ـِ vokalisiert, dann ist der Träger ein *yāˀ* يَاءٌ geschrieben so ـْئِ.

Beispiele:

مَسْأَلَةٌ masˀála(tun)	يَبْؤُسُ yábˀus(u)	يُبْئِسُ yúbˀis(u)

c) Hamza zwischen zwei verschiedenen Vokalen:

Steht Hamza zwischen zwei verschiedenen Vokalen, dann gilt die folgende Regel:

a -	i ist stärker als u und a
b -	u ist stärker als a

Beispiele:

	Schema		Beispiel	
zu a	aءi →	ـَئِـ	سَئِمَ	*sáءim(a)*
	uءi →	ـُئِـ	سُئِلَ	*súءil(a)*
	iءa →	ـِئَـ	فِئَةٌ	*fíءa(tun)*
zu b	aءu →	ـَؤُـ	بَؤُسَ	*báءus(a)*
	uءa →	ـُؤَـ	مُؤَكَّدٌ	*muءákkad(un)*
	uءā →	ـُؤَا	سُؤَالٌ	*suءâl(un)*

Beachten Sie:

1) In einem Wort wie سَأَلَ sáءala ist der Träger ein أَلِفٌ, weil Hamza zwischen zwei a d. h.: *(-aءa →* ـَأَـ) steht.

2) Das Wort *míءa* مِائَةٌ schreibt man ausnahmsweise mit einem stummen Alif أَلِفٌ Der Träger des Hamza ist - nach der Regel - ein *yâء* (d. h. : iءa → ـِئَـ) .

d) Hamza nach langem ī oder nach yâʔ mit Sukûn:

Steht Hamza nach langem ī oder einem mit Sukûn versehenen yâʔ يَاءٌ, dann ist der Träger immer ein yâʔ:

Beispiele:

1 - Hamza nach langem ī

Schema		Beispiel	
īʔa →	ـِيئَـ	مَشِيئَةٌ	mašīʔatun
īʔu →	ـِيئُـ	يُسِيئُكَ	yusīʔuka

2 - Hamza nach yâʔ mit Sukûn

Schema		Beispiel	
ayʔa →	ـَيْئَـ	شَيْئًا	šáyʔa(n)
ayʔu →	ـَيْئُـ	شَيْئُكَ	šáyʔuka(a)
ayʔi →	ـَيْئِـ	شَيْئِكَ	šáyʔika(a)

e) Hamza nach langem ā oder ū:

Steht Hamza nach langem ā oder ū, dann entsteht folgendes:

1) Folgt auf Hamza ein a oder ā, dann hat Hamza keinen Träger.
2) Folgt auf Hamza ein u, dann ist der Träger ein wâw وَاوٌ, ein i, dann ist der Träger ein yâʔ يَاءٌ:

Beispiele zu 1:

	Schema		Beispiel	
auf Hamza	*āʾa* →	ـَاءَ	مَاءَكَ	*mâʾak(a)*
folgt ein a	*ūʾa* →	ـُوءَ	سُوءَكَ	*sûʾak(a)*
auf Hamza	*āʾā* →	ـَاءَا	سَمَاءَانِ	*samāʾân(i)*
folgt ein ā	*ūʾā* →	ـُوءَا	يَسُوءَانِ	*yasūʾân(i)*

Beispiele zu 2:

	Schema		Beispiel	
auf Hamza	*āʾu* →	ـَاؤُ	مَاؤُكَ	*mâʾuk(a)*
folgt ein u	*ūʾu* →	ـُوؤُ	سُوؤُكَ	*sûʾuk(a)*
auf Hamza	*āʾi* →	ـَائِ	مَائِكَ	*mâʾik(a)*
folgt ein i	*ūʾi* →	ـُوئِ	سُوئِكَ	*sûʾik(a)*

f) <u>Langes ū nach Hamza:</u>

Folgt auf Hamza ein langes ū, dann entsteht folgendes:

1) Kann man einen, dem Hamza vorangehenden Buchstaben mit dem folgenden wâw وَاو verbinden, so ist der Träger ein wâw وَاو oder ein yâʾ يَاء . Beide Schreibweisen sind möglich.

Beispiele:

Schema	Beispiel
-ɛū → ـئُو oder -ɛū → ـؤُو	شُئُونٌ *šuɛūn(un)* oder شُؤُونٌ *šuɛūn(un)*

2) Kann der vorangehende Buchstabe nicht mit dem folgenden wāw وَاو oder yāɛ يَاء verbunden werden, dann steht Hamza entweder ohne Träger oder der Träger ist ein wāw وَاو , wenn Hamza nach einem a oder u kommt. Steht Hamza nach einem i , so ist der Träger ein yāɛ يَاء .

Beispiele:

	Schema	Beispiel
Hamza steht nach u	*uɛū* → ـُءُو → oder *ūɛu* →	رُءُوسٌ *ruɛūs(un)* oder رُؤُوسٌ *ruɛūs(un)*
Hamza steht nach a	*aɛū* → ـَءُو → oder *aɛū* → ـَؤُو	يَقْرَءُونَ *yaqraɛūn(a)* oder يَقْرَؤُونَ *yaqraɛūn(a)*
Hamza steht nach i	*iɛū* → ـِئُو	بَادِئُونَ *bādiɛūn(a)*

4 - الْهَمْزَةُ فِى آخِرِ الْكَلِمَةِ

Hamza am Ende des Wortes

a) Hamza nach kurzem Vokal:

Steht Hamza nach kurzem Vokal, so entspricht der Träger dem vorangehenden Vokal, d. h.:

nach a	ـَ	ist der Träger ein alif	أَلِفٌ	geschrieben	ـَأَ
nach u	ـُ	ist der Träger ein wāw	وَاوٌ	geschrieben	ـُؤَ
nach i	ـِ	ist der Träger ein yāɛ	يَاءٌ	geschrieben	ـِئَ

Schema			Beispiel	
aɛa	→	ـَأَ	نَشَأَ	*nášaɛ(a)*
uɛa	→	ـُؤَ	بَطُؤَ	*báṭuɛ(a)*
iɛa	→	ـِئَ	خَطِئَ	*ḫáṭiɛ(a)*

b) Hamza nach langem Vokal oder Sukū́n:

Steht Hamza nach langem ā, ū, ī oder nach einem mit Sukū́n versehenen Konsonant, dann hat Hamza keinen Träger.

Beispiele:

nach ā	مَاءٌ	*mā́ɛ(un)*	مَاءٍ	*mā́ɛ(in)*	مَاءً	*mā́ɛ(an)*
nach ū	سُوءٌ	*sū́ɛ(un)*	سُوءٍ	*sū́ɛ(in)*	سُوءًا	*sū́ɛ(an)*
nach ī	مُضِيءٌ	*muḍī́ɛ(un)*	مُضِيءٍ	*muḍī́ɛ(in)*	مُضِيئًا	*muḍī́ɛ(an)*

nach	شَىْءٌ	*šáyʾ(un)*	شَىْءٍ	*šáyʾ(in)*	شَيْئًا	*šáyʾ(an)*
Sukūn	عِبْءٌ	*ʿíbʾ(un)*	عِبْءٍ	*ʿíbʾ(in)*	عِبْئًا	*ʿíbʾ(an)*

Beachten Sie:

1) مَاءً : Bei Wörtern, in denen dem Hamza ein Alif vorangeht, entfällt das zweite Alif nach Hamza.

2) سُوءًا : Nach Hamza schreibt man, der Regel entsprechend, ein Alif أَلِف Hamza hat trotzdem keinen Träger (s. 2 e).

3) مُضِيئًا , شَيْئًا , عِبْئًا u. ä.: der Träger ist ein yâʾ يَـاء (s. 2 d).

الْمُحْتَوَيَـــــاتُ
INHALTSVERZEICHNIS

الدَّرْسُ Lekt.	الصَّفْحَةُ Seite	نُصُوصٌ ، مُفْرَدَاتٌ ، قَوَاعِدُ ، تَمَارِينُ Texte, Vokabeln, Grammatik, Übungen
Vorwort u. Hinweise	1	Vorwort zur 3. Auflage Arabisch und Deutsch مُقَدِّمَةُ الطَّبْعَةِ الثَّالِثَةِ (بِالْعَرَبِيَّـةِ وَالْأَلْمَانِيَّـةِ)
	3	Vorwort zur 1. Auflage Arabisch und Deutsch مُقَدِّمَةُ الطَّبْعَةِ الأُولَى (بِالْعَرَبِيَّةِ وَالْأَلْمَانِيَّةِ)
	11	Hinweise in Arabisch und in Deutsch إِرْشَادَاتٌ
Einführung	13	die arabischen Konsonanten الْحُرُوفُ الْهِجَائِيَّةُ
	16	Verbindung der arab. Buchstaben وَصْلُ الْحُرُوفِ الْعَرَبِيَّةِ بِبَعْضِهَا
	19	die Vokale الْحَرَكَاتُ
	20	Sukūn السُّكُونُ
	20	Verdoppelung التَّشْدِيدُ
	20	Tāء marbūṭa (Femininzeichen) التَّاءُ الْمَرْبُوطَةُ
	21	Mádda (Dehnung) الْمَـدَّةُ
	21	Hámza الْهَمْزَةُ
	22	der Stimmabsatz und das Verbindungs-Alif هَمْزَةُ الْقَطْعِ وَأَلِفُ الْوَصْلِ
	25	Emphatische und nicht emphatische Laute الْحُرُوفُ الْمُطْبَقَةُ وَغَيْرُ الْمُطْبَقَةِ

الدَّرْسُ Lekt.	الصَّفْحَةُ Seite	نُصُوصٌ ، مُفْرَدَاتٌ ، قَوَاعِدُ ، تَمَارِينُ Texte, Vokabeln, Grammatik, Übungen
Einführung	26	die Silben الْمَقَاطِعُ
	27	vier allgemeine Regeln أَرْبَعُ قَوَاعِدَ عَامَّةٍ
	27	Übungen zum Erlernen der arabischen Buchstaben تَمَارِينُ لِتَعَلّمِ الْحُرُوفِ الْهِجَائِيَّةِ
L. 1	45	Text: **اِنْتَ مِين؟**
	49	Vokabeln: مُفْرَدَاتٌ
	52	Grammatik: قَوَاعِـدُ
		1 - das Verb “sein فِعْلُ الْكَوْن”, 2 - die Konjunktion “wi "و حَرْفُ الْعَطْفِ 3 - Fragesatz جُمْلَةُ الِاسْتِفْهَام, 4 - Verstärkung des Fragesatzes تأْكِيدُجُمْلَةِ الِاسْتِفْهَام 5 - der Vokativ الْمُنَادَى , 6 - Wegfall eines Vokals سُقُوطُ الْحَرَكَةِ 7 - die Kardinalzahlen 1 - 10 الْأَعْدَادُ الْأَصْلِيَّةُ ١ - ١٠
	56	Übungen تَمَارِينُ
L. 2	66	Text: **مِين عَ الْبَاب؟**
	69	Vokabeln: مُفْرَدَاتٌ
	72	Grammatik: قَوَاعِـدُ
		1- die Nisbaform النَّسَبُ 2 - die bei der Nisbaform ausfallenden Buchstaben مَا يُحْذَفُ لِلنَّسَبِ ,

الدَّرْسُ Lekt.	الصَّفْحَةُ Seite	نُصُوصٌ ، مُفْرَدَاتٌ ، قَوَاعِدُ ، تَمارِينُ Texte, Vokabeln, Grammatik, Übungen
L. 2		3 - Nisbaform mit der Endung "-āwíyy" النَّسَبُ بِاللَّاحِقَةِ "ـَاوِيٌّ" 4 - der Artikel أَدَاةُ التَّعْرِيفِ 5 - das Adjektiv الصِّفَةُ , 6 - die Präposition "li" حَرْفُ الْجَرِّ لِـ ; 7 - der Plural الْجَمْعُ , 8 - einige Ländernamen mit ihren Nisbaformen بَعْضُ أَسْمَاءِ الْبِلادِ وَصِيَغُ النِّسْبَةِ مِنْهَا
	77	Übungen تَمارِينُ
L. 3	89	Text: **الْأُسْرَةُ السَّعِيدَةُ**
	91	Vokabeln: مُفْرَدَاتٌ
	95	Grammatik: قَوَاعِدُ
		1 - das Mond- und das Sonnen-Lam اللَّامُ الْقَمَرِيَّةُ وَاللَّامُ الشَّمْسِيَّةُ, 2 - die Genitivverbindung الْإِضَافَةُ, 3 - Die Genitivverbindung von mehr als zwei Wörtern إِضَافَةُ أَكْثَرَ مِنْ كَلِمَتَيْنِ ; 4 - die Ordinalzahlen الْأَعْدَادُ التَّرْتِيبِيَّةُ ١ ـ ١٠ 1 - 10
	100	Übungen تَمارِينُ
L. 4	112	Text: **عَ الْمَاشِي**
	114	Vokabeln: مُفْرَدَاتٌ
	117	*Grammatik:* قَوَاعِدُ
		1 - die Personalpronomen الضَّمَائِرُ الشَّخْصِيَّةُ ,

الدَّرْسُ Lekt.	الصَّفْحَةُ Seite	نُصُوصٌ ، مُفْرَدَاتٌ ، قَوَاعِدُ ، تَمَارِينُ Texte, Vokabeln, Grammatik, Übungen
L. 4		2 - selbständige Personalpronimen الضَّمَائِرُ الْمُنْفَصِلَةُ, 3 - unselbständige Personalpronomen الضَّمَائِرُ الْمُتَّصِلَةُ, 4 - die Numeri الْمُفْرَدُ وَالْمُثَنَّى وَالْجَمْعُ, 5 - das Kollektiv und die Nomina Unitatis اِسْمُ الْجِنسِ الْجَمْعِيِّ وَاسْمُ الْوَحْدَةِ
	123	Übungen تَمَارِينُ
L. 5	137	Text: **أ) مين عَ التِّليفُون؟**
	138	**ب) فِى مَحَلِّ الأَحْذِيَةِ**
	141	Vokabeln: مُفْرَدَاتٌ
	145	Grammatik: قَوَاعِـدُ
		1 - das Partizip Aktiv als Verlaufsform التَّعْبِيرُ بِاسْمِ الْفَاعِلِ عَنِ الزَّمَنِ الْحَالِيِّ 2 - Formen des Partizip Aktiv mit den Personalpronomen صِيَغُ اسْمِ الْفَاعِلِ مَعَ الضَّمَائِرِ الْمُنْفَصِلَةِ , 3 - das Adjektiv nach dem Singular, Dual, Plural und Kollektiv الصِّفَةُ بَعْدَ الْمُفْرَدِ وَالْمُثَنَّى وَالْجَمْعِ , 4 - das Adjektiv nach dem Singular الصِّفَةُ بَعْدَ الْمُفْرَدِ , 5 - das Adjektiv nach dem Dual الصِّفَةُ بَعْدَ الْمُثَنَّى ,

الدَّرْسُ Lekt.	الصَّفْحَةُ Seite	نُصُوصٌ ، مُفْرَدَاتٌ ، قَوَاعِدُ ، تَمَارِينُ Texte, Vokabeln, Grammatik, Übungen
L. 5		6 - das Adjektiv nach dem Plural الصِّفَةُ بَعْدَ الْجَمْعِ;
		7 - das Adjektiv nach dem Kollektiv الصِّفَةُ بَعْدَ اسْمِ الْجِنْسِ الْجَمْعِيِّ ; 8 - die Wochentage أَيَّامُ الْأُسْبُوعِ ;
	150	Übungen تَمَارِينُ
L. 6	157	Text: **عِنْدَ عَمِّ يُسْرِى الْبَقَّال**
	160	Vokabeln: مُفْرَدَاتٌ
	165	Grammatik: قَوَاعِـدُ
		1 - Suffixe an den Präpositionen حُرُوفُ الْجَرِّ مَعَ الضَّمَائِرِ , 2 - die Präpositionen "ɛínda, li und máɛa" حُرُوفُ الْجَرِّ (عِنْدَ ، لِـ ، مَعَ) , 3 - der Dativ الدَّاتِيفُ, 4 - Verneinung der Ausdrücke mit "ɛínda, li, máɛa u. fi" نَفْىُ الْجُمَلِ الْمُسْتَخْدَمِ فِيهَا (فِى ، عِنْدَ ، لِـ ، مَعَ), 5 - Formen der verneinten Präpositionen mit den Personalsuffixen حُرُوفُ الْجَرِّ الْمَنْفِيَّةِ مَعَ الضَّمَائِرِ الشَّخْصِيَّةِ ; 6 - weitere Varianten für einige verneinte Präpositionen أَشْكَالٌ أُخْرَى لِبَعْضِ حُرُوفِ الْجَرِّ الْمَنْفِيَّةِ ; 7 - Verneinung von "fīh" نَفْىُ كَلِمَةِ "فيه" ; 8 - die vier Jahreszeiten فُصُولُ السَّنَةِ ; 9 - die Hidschra-Monate الشُّهُورُ الْهِجْرِيَّةُ ; 10 - die europäischen-

الدَّرْسُ Lekt.	الصَّفْحَةُ Seite	نُصُوصٌ ، مُفْرَدَاتٌ ، قَوَاعِدُ ، تَمَارِينُ Texte, Vokabeln, Grammatik, Übungen
L. 6		Monate الشُّهُورُ الْمِيلَادِيَّةُ ;
	174	Übungen تَمَارِينُ
L. 7	184	Text: **فِي الْفُنْدُقِ**
	187	Vokabeln: مُفْرَدَاتٌ
	191	Grammatik: قَوَاعِدُ
		1 - die Genitivpartikel "bitāʿ" الْإِضَافَةُ بِالْأَدَاةِ "بتاع"; 2 - die Genitivpartikel "bitāʿ" mit den Personalsuffixen الْإِضَافَةُ بِالْأَدَاةِ "بتاع" مَعَ الضَّمَائِرِ الشَّخْصِيَّةِ; 3 - Personalsuffixe am Partizip إِسْمُ الْفَاعِلِ مَعَ الضَّمَائِرِ الشَّخْصِيَّةِ ,
	196	Übungen تَمَارِينُ
L. 8	212	Text: **فِي الْفَصْلِ**
	214	Vokabeln: مُفْرَدَاتٌ
	217	Grammatik: قَوَاعِدُ
		1 - das einfache Präsens الْمُضَارِعُ الْبَسِيطُ ; 2 - Konjugation des einfachen Präsens تَصْرِيفُ الْمُضَارِعِ الْبَسِيطِ ; 3 - die Verlaufsform des Präsens الْمُضَارِعُ الْمُسْتَمِرُّ ; 4 - Konjugation der Verlaufsform des Prä-

الدَّرْسُ Lekt.	الصَّفْحَةُ Seite	نُصُوصٌ ، مُفْرَدَاتٌ ، قَوَاعِدُ ، تَمَارِينُ Texte, Vokabeln, Grammatik, Übungen
L. 8		sens تَصْرِيفُ الْمُضَارِعِ الْمُسْتَمِرِّ ; 5 - Verneinung der Verlaufsform des Präsens ; 6 - Konjugation der verneinten Verlaufsform des Präsens تَصْرِيفُ الْمُضَارِعِ الْمُسْتَمِرِّ مَنْفِيًّا ; 7 - Vergleich zwischen der Verlaufsform des Präsens und dem Partizip Aktiv الْمُقَارَنَةُ بَيْنَ الْمُضَارِع الْمُسْتَمِرِّ وَاسْم الْفَاعِلِ ; 8 - der Imperativ الْأَمْرُ
	222	Übungen تَمَارِينُ
L. 9	241	Text: **فِي الْقَهْوَةِ**
	245	Vokabeln: مُفْرَدَاتٌ
	250	Grammatik: قَوَاعِدُ
		1 - das Futur الْمُسْتَقْبَلُ, 2 - das Nahe Futur الْمُسْتَقْبَلُ الْقَرِيبُ ; 3 - Konjugation des Nahen Futurs تَصْرِيفُ الْمُسْتَقْبَلِ الْقَرِيبِ; 4 - das Ferne Futurs الْمُسْتَقْبَلُ الْبَعِيدُ ; 5 - Konjugation des Fernen Futurs تَصْرِيفُ الْمُسْتَقْبَلِ الْبعيدِ ; 6 - Verneinung des Futurs نفيُ الْمُسْتَقْبَلِ; 7 - das Relativpronomen إِسْمُ الْمَوْصُول ; 8 - das Relativpronomen und sein Nebensatz إِسْمُ الْمَوْصُول وَصِلَتُه; 9 - das Relativpronomen nach dem indetermi-

الدَّرْسُ Lekt.	الصَّفْحَةُ Seite	نُصُوصٌ ، مُفْرَدَاتٌ ، قَوَاعِدُ ، تَمَارِينُ Texte, Vokabeln, Grammatik, Übungen
L. 9		10 - das الْجُمْلَةُ بَعْدَ الاِسْمِ النَّكِرَةِ nierten Substantiv
		Relativpronomen als Substant. اِسْمُ الْمَوْصُول مُبْتَدَأً
	257	Übungen تَمَارِينُ
L. 10	269	Text: **أَحْمَد مسافِر مَصْر**
	272	Vokabeln: مُفْرَدَاتٌ
	276	Grammatik: قَوَاعِدُ
		1 - die Zahl und das gezählte Substantiv الْعَدَدُ وَالْمَعْدُودُ, 2 - die Uhrzeit تَحْدِيدُ الْوَقْتِ ; 3 - die Kardinalzahlen الْأَعْدَادُ الْأَصْلِيَّةُ
	298	Übungen تَمَارِينُ
	303	Schlußwort in Arabisch und in Deutsch كَلِمَةُ خِتَامٍ بِالْعَرَبِيَّةِ وَالْأَلْمَانِيَّةِ
A n h a n g	305	1 - Hamza-Zeichen und seine Träger الْهَمْزَةُ وَكَيْفَ تُكْتَبُ
	305	2 - Hamza am Anfang des Wortes الْهَمْزَةُ فِي أَوَّلِ الْكَلِمَةِ
	306	3 - Hamza in der Mitte des Wortes الْهَمْزَةُ فِي وَسَطِ الْكَلِمَةِ
	311	4 - Hamza am Ende des Wortes الْهَمْزَةُ فِي آخِرِ الْكَلِمَةِ

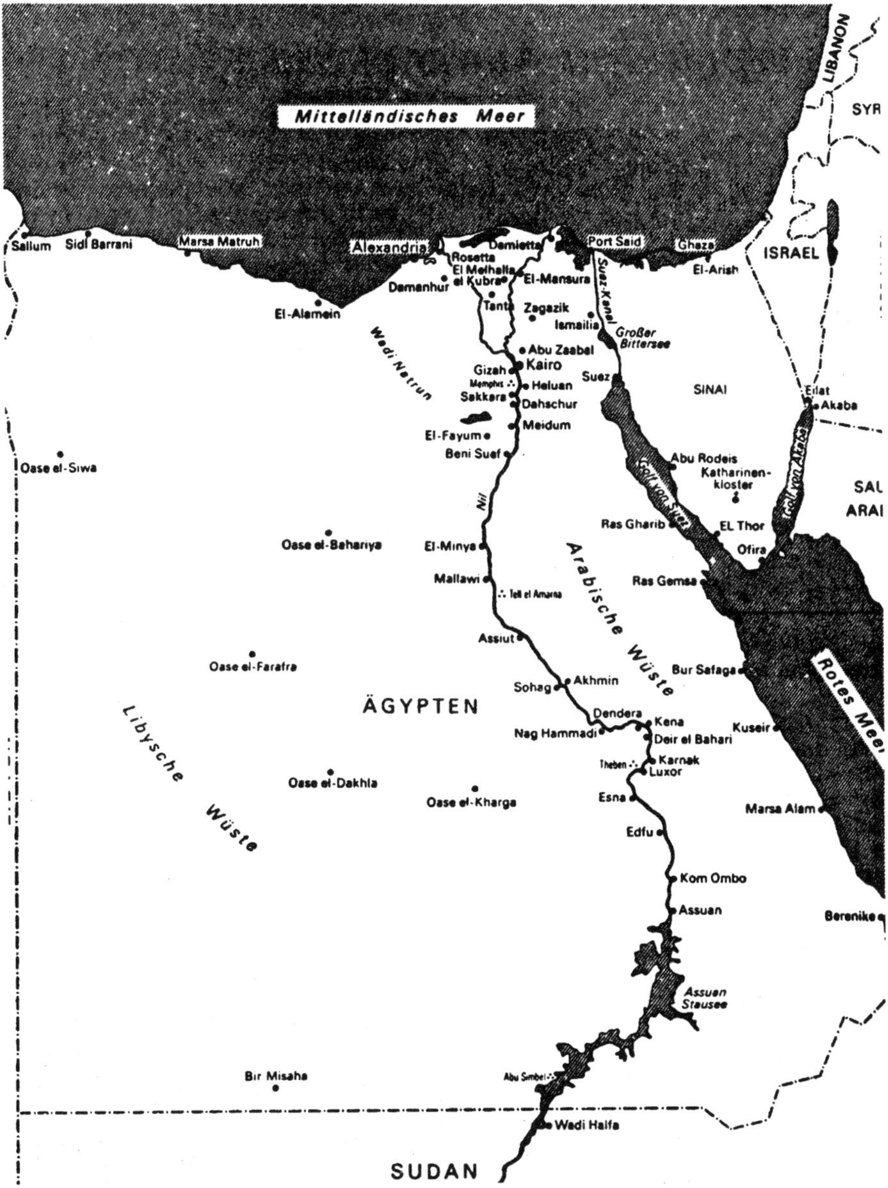

Mittelländisches Meer
LIBANON
SYR
Sallum
Sidi Barrani
Marsa Matruh
Alexandria
Rosetta
Damietta
Port Said
Ghaza
ISRAEL
El Mehalla el Kubra
El-Mansura
El-Arish
Damanhur
Tanta
Zagazik
Suez-Kanal
El-Alamein
Ismailia
Großer Bittersee
Wadi Natrun
Abu Zaabal
Gizah
Kairo
Memphis
Heluan
Suez
SINAI
Eilat
Akaba
Sakkara
Dahschur
Meidum
El-Fayum
Beni Suef
Oase el-Siwa
Abu Rodeis
Katharinen-kloster
Golf von Suez
Golf von Akaba
SAU
ARAI
Nil
Ras Gharib
EL Thor
Ofira
Oase el-Bahariya
El-Minya
Arabische Wüste
Mallawi
Ras Gemsa
Tell el Amarna
Assiut
Oase el-Farafra
Bur Safaga
Rotes Meer
Sohag
Akhmin
ÄGYPTEN
Dendera
Kena
Nag Hammadi
Deir el Bahari
Kuseir
Libysche Wüste
Theben
Karnak
Luxor
Oase el-Dakhla
Oase el-Kharga
Esna
Marsa Alam
Edfu
Kom Ombo
Assuan
Berenike
Assuan Stausee
Bir Misaha
Abu Simbel
Wadi Halfa
SUDAN

B. Reier

mene market